国家自然科学基金项目(72171122)、江苏省软科学项目(BR2021033)资助

江苏船舶海工先进制造业集群高质量发展研究

吴 洁 朱 岩 姚 潇 著

上海大学出版社
·上海·

图书在版编目(CIP)数据

江苏船舶海工先进制造业集群高质量发展研究 / 吴洁，朱岩，姚潇著. — 上海：上海大学出版社，2023.8
ISBN 978-7-5671-4792-8

Ⅰ.①江… Ⅱ.①吴… ②朱… ③姚… Ⅲ.①造船工业-制造工业-产业发展-研究-江苏 Ⅳ.
①F426.474

中国国家版本馆CIP数据核字(2023)第157965号

责任编辑　王悦生
封面设计　柯国富
技术编辑　金　鑫　钱宇坤

江苏船舶海工先进制造业集群高质量发展研究

吴　洁　朱岩　姚潇　著
上海大学出版社出版发行
(上海市上大路99号　邮政编码200444)
(https://www.shupress.cn) 发行热线 021-66135112
出版人　戴骏豪

*

南京展望文化发展有限公司排版
江苏凤凰数码印务有限公司印刷　各地新华书店经销
开本 890mm×1240mm　1/32　印张 9.25　字数 232千
2023年8月第1版　2023年8月第1次印刷
ISBN 978-7-5671-4792-8/F·235　定价 58.00元

版权所有　侵权必究
如发现本书有印装质量问题请与印刷厂质量科联系
联系电话: 025-86688678

前言 | Foreword

产业集群作为以提高产业竞争力为目标的特定区域内关联产业组织群体,具有创新因素集聚和竞争能力放大的作用。党的十九大报告提出"培育若干世界级先进制造业集群",党的二十大报告进一步提出"推动战略性新兴产业融合集群发展",这是党中央对当前我国产业发展的基本现状和主要实践而提出的新思路、新要求与新目标,是建设现代化经济体系的核心内涵和战略指向,也是中国转型发展的最重要抉择。江苏省委省政府在全国率先出台政策,将发展产业集群作为江苏省进行产业转型、集合产业资源、强化发展主体、整合产业空间的重要抓手,着力提升核心技术、夯实产业基础能力、强化产业链,以实功实效突破技术封锁和贸易壁垒,提高产业安全保障水平和经济效益。

船舶海工是为水上交通、海洋资源开发及国防建设提供技术装备的现代综合性和战略性产业,是国家发展高端装备制造业的重要组成部分,是国家实施海洋强国战略的基础和重要支撑。江苏省海洋工程装备制造和高技术船舶产业规模连续14年位居全国第一,海工产品和高技术船舶总产值占全国市场份额1/3以上。2020年,江苏省明确将"高技术船舶"和"海洋工程装备"作为省内30条优势产业链中的2条进行着力打造,并实现"高技术船舶"产业链的卓越提升。江苏省"南通市、泰州市、扬州市海工装备和高技术船舶集群"抓住全球价值链重构的有利时机,以智能制造为基本方向,通过发挥市场和政府的协同作用,构建以实现技术引领为基本目的的创新生态系统,产业能级和国际竞争力不断提升,2022年成功入选国家先进制造业集群。

本书在集群专利发展态势与重点领域专利技术发展方向、集群关键技术融合预测、集群企业技术创新演化规律、集群创新生态系统进化与融通创新、集群高质量发展成效等方面研究了江苏船舶海工先进制造业集群高质量发展问题。

本书的编写,得到了众多专家学者的帮助与指导,陈秋琴、唐畅唱、支含年三位研究生的积极参与,使本书所涉及的研究得以顺利完成,谨此一并致谢。本书所涉及的研究工作得到了国家自然科学基金(72171122)、江苏省软科学项目(BR2021033)等科研项目的资助,谨此致谢。在此,也感谢上海大学出版社对本书的大力支持以及责任编辑的辛勤工作。

本书可作为管理、教育领域的研究者、管理者、高校教师及研究生的参考资料。

目录 | Contents

第1章 绪论 ··· 1
  1.1 研究背景 ······································ 1
  1.2 研究现状 ······································ 3

第2章 集群现状 ····································· 8
  2.1 集群产业现状 ·································· 8
    2.1.1 发展基础 ································ 8
    2.1.2 突出短板 ································ 9
  2.2 集群知识产权现状 ····························· 11
    2.2.1 集群专利总体状况分析 ··················· 11
    2.2.2 集群专利技术主题分析 ··················· 14
    2.2.3 集群专利申请人分析 ····················· 20
  2.3 集群高端海洋油气装备(LNG)专利现状 ············ 24
    2.3.1 高端海洋油气装备产业链 ················· 24
    2.3.2 集群LNG领域专利态势分析 ················ 30
    2.3.3 天然气液化及生产装置重点技术发展方向 ···· 32
    2.3.4 存储装置重点技术发展方向 ··············· 37
    2.3.5 再气化系统重点技术发展方向 ············· 41
  2.4 集群重点企业专利现状 ························· 46
    2.4.1 招商局重工(江苏)有限公司 ················ 46

  2.4.2 惠生(南通)重工有限公司 ………………………… 59
  2.4.3 南通中远海运船务工程有限公司 ……………… 71

第3章 集群关键技术融合预测研究 ………………… 83
 3.1 专利网络视角下的关键技术识别研究 ………………… 83
  3.1.1 问题描述 …………………………………………… 83
  3.1.2 数据获取及预处理 ………………………………… 85
  3.1.3 海洋油气资源开发装备领域专利 IPC 共现网络构建 …………………………………………… 86
  3.1.4 海洋油气资源开发装备领域关键技术识别 …………………………………………………… 93
 3.2 专利网络视角下面向关键技术的技术融合预测研究 …………………………………………………… 99
  3.2.1 问题描述 …………………………………………… 99
  3.2.2 海洋油气资源开发装备领域融合技术对预测指标选择 ……………………………………… 101
  3.2.3 海洋油气资源开发装备领域融合技术对识别 ……………………………………………… 105
 3.3 我国海洋油气资源开发装备领域技术融合路径研究 ……………………………………………………… 109
  3.3.1 问题描述 ………………………………………… 109
  3.3.2 海洋油气资源开发装备领域技术融合状态分析 ……………………………………………… 110
  3.3.3 海洋油气资源开发装备领域技术融合路径分析 ……………………………………………… 114

第4章 集群企业技术创新演化规律研究 ……………… 126
 4.1 内外部因素交互下企业技术创新影响机理 ……… 126

4.1.1　问题描述 ………………………………………… 126
　　　4.1.2　内部因素 ………………………………………… 127
　　　4.1.3　外部因素 ………………………………………… 131
　　　4.1.4　内外部因素交互下企业技术创新产出
　　　　　　过程 …………………………………………… 136
4.2　生态关系与结构洞交互下企业技术创新演化规律 …… 137
　　　4.2.1　问题描述 ………………………………………… 138
　　　4.2.2　构建多主体技术创新产出模型 ………………… 140
　　　4.2.3　模型构建 ………………………………………… 143
4.3　仿真分析 ……………………………………………………… 144
　　　4.3.1　边缘主体之间生态关系变化 …………………… 144
　　　4.3.2　中间主体与边缘主体之间的关系强度变化
　　　　　　………………………………………………… 147
4.4　差异化创新行为选择下企业技术创新博弈分析 ……… 149
　　　4.4.1　问题描述 ………………………………………… 150
　　　4.4.2　提出假设 ………………………………………… 152
　　　4.4.3　基准情形下企业技术创新博弈分析 …………… 154
　　　4.4.4　中间主体引领下企业技术创新博弈分析 ……… 157
　　　4.4.5　中间主体与边缘主体合作引领下企业技术
　　　　　　创新博弈分析 ………………………………… 167
　　　4.4.6　边缘主体与边缘主体合作引领下企业技术
　　　　　　创新博弈分析 ………………………………… 177
　　　4.4.7　结果讨论 ………………………………………… 183
4.5　内外部因素交互下企业技术创新产出提升策略 ……… 185
　　　4.5.1　加强企业外部生态关系管理与网络位势
　　　　　　优化 …………………………………………… 185
　　　4.5.2　加强企业动态能力的培育与发展 ……………… 188
　　　4.5.3　构建动态能力演化与网络位势演化之间的
　　　　　　动态匹配机制 ………………………………… 190

第5章 集群创新生态系统进化与融通创新研究 ………… 193

5.1 集群创新生态系统进化机制分析 ………… 193
5.1.1 理论基础 ………… 194
5.1.2 模型构建 ………… 195
5.1.3 稳定性分析 ………… 196

5.2 集群创新生态系统协同进化机制实证研究 ………… 197
5.2.1 样本选取 ………… 197
5.2.2 模型系数测算 ………… 200

5.3 不同关系下的进化机制分析 ………… 204
5.3.1 竞争关系的进化机制 ………… 204
5.3.2 共生关系的进化机制 ………… 208
5.3.3 捕食关系的进化机制 ………… 211
5.3.4 对策 ………… 216

5.4 集群融通创新主体博弈模型构建 ………… 220
5.4.1 模型基本假设 ………… 221
5.4.2 博弈量子化 ………… 223

5.5 集群融通创新不同情形分析 ………… 227
5.5.1 情形一：产业集群主体间完全不融通 ………… 227
5.5.2 情形二：产业集群主体间融通 ………… 234

5.6 集群融通创新算例分析 ………… 239
5.6.1 情形一：产业集群主体间完全不融通 ………… 240
5.6.2 情形二：产业集群主体间融通 ………… 242
5.6.3 结论 ………… 247

第6章 集群高质量发展成效研究 ………… 249

6.1 集群发展对策措施 ………… 249
6.1.1 优化产业布局 ………… 249
6.1.2 构建集群创新体系 ………… 251

  6.1.3　推进现代造船模式建设 …………………… 254
  6.1.4　加大企业培育力度 ……………………………… 257
  6.1.5　突出要素能力建设 ……………………………… 258
 6.2　集群发展水平提升成效 …………………………………… 261
  6.2.1　集群产业竞争力 ………………………………… 261
  6.2.2　集群协同创新能力 ……………………………… 265
  6.2.3　集群网络化协作水平 …………………………… 268
  6.2.4　集群要素集聚集约水平 ………………………… 270
  6.2.5　集群开放合作水平 ……………………………… 274
  6.2.6　组织保障水平 …………………………………… 277

参考文献 …………………………………………………………… 280

第1章
绪 论

1.1 研究背景

产业集群是现代产业发展的重要组织形式,不仅是地区经济发展的主导力量,更是国际经济竞争的战略性力量。在中国特色社会主义进入新时代、中国经济由高速增长阶段转向高质量发展阶段的新形势下,党的十九大报告提出了要"促进我国产业迈向全球价值链中高端,培育若干世界级先进制造业集群",这是党中央对当前我国产业发展的基本现状和主要实践提出的新思路、新要求与新目标,是建设现代化经济体系的核心内涵和战略指向,也是中国转型发展的最重要抉择。

江苏省政府在全国率先出台《关于加快发展先进制造业振兴实体经济若干政策措施的意见》和《关于加快培育先进制造业集群的指导意见》,指出要聚焦13个先进制造业集群,将发展产业集群作为江苏省进行产业转型、集合产业资源、强化发展主体、整合产业空间的重要抓手,着力提升核心技术、夯实产业基础能力,强化产业链,以实功实效突破技术封锁和贸易壁垒,提高安全保障水平和经济效益。江苏省经济基础雄厚,制造业种类齐全，在全国有着举足轻重的地位。研究江苏省世界级先进制造业集群培育，对于促进我国由制造大国迈向制造强国具有重要的先导和示范作用。

船舶海工是国家层面重点发展的产业，是为水上交通、海洋资源开发及国防建设提供技术装备的现代综合性和战略性产业，是国家发展高端装备制造业的重要组成部分，是国家实施海洋强国战略的基础和重要支撑。江苏省海洋工程装备制造和高技术船舶产业规模连续12年位居全国第一，海工产品和高技术船舶总产值占全国市场份额1/3以上，2020年《江苏省"产业强链"三年行动计划（2021—2023年）》中明确将"高技术船舶"和"海洋工程装备"作为30条优势产业链进行着力打造，并实现"高技术船舶"产业链的卓越提升。

江苏地处长三角经济发达地区，沿江、沿海自然条件优越，劳动力资源丰富，造船基础雄厚，产业发展环境和基础条件具有较大优势。近年来，南通、泰州、扬州等地积极落实国家战略，充分发挥区位和资源优势，携手产业集群。2022年江苏省"南通市、泰州市、扬州市海工装备和高技术船舶集群"成功入选国家先进制造业集群，集群沿长江北岸布局，苏通大桥下游以海工装备为主、上游以高技术船舶为主、内陆腹地以高端关键配套为主的发展格局已经形成。该集群抓住全球价值链重构的有利时机，以智能制造为基本方向，通过发挥市场和政府的协同作用，构建以实现技术引领为基本目的的创新生态系统，产业能级和国际竞争力不断提升，周期性波动逐步烫平，造船皇冠上的两大明珠"豪华游轮、LNG船"成功突破，40多个国际国内首制产品和"大国重器"先后交付，全力打造船舶制造"江苏品牌"，推动国内船舶海工产业由"造壳"迈向"造芯"，促进船舶海工制造业产业链和价值链的整体跃升。

1.2 研究现状

在集群关键技术识别的研究方面,经过梳理和总结国内外近年来关于关键技术识别、技术融合预测等方面的文献,可以发现学者们在这些领域进行了大量的研究,并取得了丰硕的成果。具体如下:① 在技术表达方面,虽然论文数据、智库成果、术语集等可以在关键技术识别或技术融合预测中发挥一定作用,但专利数据仍然是关键技术识别和技术融合预测的重要数据基础。基于专利数据,大量学者进行了相关研究,但大多采用专利文本,结合数理统计、数据挖掘或文本挖掘等方法进行统计、聚类或预测,本质上关注节点的相似度。经过多轮总结或归纳,关键词、术语、主题词等在关键技术与预测技术融合的时效性方面仍存在不足。相比之下,细粒度的 IPC(International Patent Classification,国际专利分类号)数字可以更直接地反映技术本身的特征和功能。② 在关键技术的含义方面,由于研究的问题不同,学术界对此的含义界定也不同,为保证关键技术定义的清晰性,借鉴已有研究的概念界定,且本研究的侧重点偏向特定产业技术领域,故将关键技术定义为"在某一技术领域内占据重要地位并具有引领作用的重要技术门类"。③ 在关键技术识别研究方面,定性方法和定量方法各有优劣,具体方法的选择取决于研究目的、数据来源、可得性等因素。鉴于本书的研究背景是海洋油气资源开发装备领域,因此在识别关键技术时,选择在定量方法的基础上,通过定性方法对数据进行深入地解读和分析,以获取更多的背景信息和细节。④ 技术融合是近年来相关学者重点关注的领域,国内外学者从技术融合内涵的辨析、技术融合的过程及技术融合对产业发展的影响等多方面对技术融合进行广泛且深入的探讨,但是针对直接的技术未来发展趋势的预测研究较少,多数是从现时的融合状态进行总结的,虽然在一定程度上充实了技术融合相关理论与研究方法,但就实践意义来说,无法给予具体产业或某一特定领域比较明确的创新思路。⑤ 就技术融合识别方法研究而言,研究方法逐渐从定性方法(如德尔菲、情景分析)向定量方法或定性与定量相结合的方法发展。此外,目前机器学习等方法也被应用到技术融合机会识别研究中,主要以结构化数据(如引文网络等)或非结构化数据(如关键词)为数据基础,结合网络分析、技术路线图及链路预测等识别方法进行研究。总体上看,目前对技术融合预测的研究主要集中在宏观和中观层面,缺乏微观、精细和全面的研究[1]。

在集群企业技术创新演化的研究方面,以往关于产业集群创新生态系统的研究主要集中于两个关键词:结构和协作。结构的视角强调创新生态系统中不同类型的参与者,如社区、学术、工业和政府等不同的创新主干的作用。Costa 等以历时性视角对可持续的创新生态系统进行了追溯,认为多维度的开放创新可以促进创新生态系统的可持续性[2]。Klimas 等和 Santana 等从类型学的角度通过对不同类型的创新生态系统的收集,认为创新生态系统具有特定的结构与生命周期[3,4]。我国对产业集群的研究始于 20世纪 90 年代,而开始大量研究则是 2000 年以后[5],傅羿芳等认为集群内部创新生态环境和外部创新生态环境是产业集群持续创新生态体系的重要构成部分[6]。产业集群的转型升级应当从集群层面根植创新生态系统并从机制层面完善创新生态系统[7],而产业集群创新生态系统进化机制则是由内部机制和外部机制共同作用的[8]。孙小强从产业集群创新网络与自然生态系统的相似性出发,构建了产业集群创新网络生态系统模型的生态性特征与其内在生态链结构关系。产业集群各主体表现出互惠共生性、协同竞争性等生态特性,为集群创新网络的生态系统进化奠定了基础[9]。协作的视角强调创新生态系统中的共生机制及合作关系。于喜展等发现在特定的城市创新环境下建立有效的共生机制以促进高质量的共生关系生成并促进系统良好运行可实现合作创新高效进行,从而带动产业集群创新能力的提高[10]。史宝娟等从进化心理学角度分析创新组织协同创新的发生及进化原理,提出构建创新生态系统协同创新合作机制[11]。白杨敏等分析了产业集群创新协同进化机制,并以天津物流产业集群为例进行了案例分析[12]。郭丽娟等以硅谷为例对美国产业集群创新生态系统运行机制进行了研究,认为应当构建区域产业集群创新生态支撑系统和协同创新机制[13]。彭晓芳等针对产业集群创新生态系统中的共生机制进行了详细研究,结合案例将三主体共生模型细分为了偏利共生、寄生共生、互惠共生等具体的形式并对其进行了演化分析[14,15]。

在集群创新生态系统融通创新研究方面,主要是基于协同创新的过程和机制展开研究。其中,于娱等通过建立微分对策模型研究产学研协同创新下企业和高校的知识共享问题,并通过三种博弈模式对协同创新中知识共享的演化路径进行了对比分析[16];王耀德等基于协同创新的技术转移信号博弈模型,发现伪装成本和期望风险成本是协同创新技术转移成功运行的关键因素[17];吴洁等构建了政府引导、高校牵头、企业参与的协同创新三方演化博弈模型,分析了政产学研三方在协同创新过程中的策略选择[18];张华通过构建企业、大学和科研机构之间的协同创新重复博弈模型,发现知识溢出的增加有利于提高协同创新的效率并促进形成稳定的合作关系[19]。已有文献主要是对多主体协同创新中知识流动、知识共享及创新策略的研究,并未对知识创新与产业研发的融合问题进行深入研究。

党的十九届四中全会提出融通创新以后,不少学者从理论框架、概念与内涵、支撑体系、影响因素和决策机制等方面研究融通创新,陈劲等提出了关键核心技术突破的"制度—主体—要素—组织"融通创新的理论框架和实现路径[20];余峰等通过对陶瓷薄板产业链协同创新的现状分析,提出了利用区块链等新一代信息技术与知识产权价值来实现陶瓷薄板产业链融通创新的新思路[21];袁伟等从科学研究与应用实践角度分析融通创新的概念和内涵,进一步构建了以政府主办的科技中介服务机构为关键节点,连通企业、高校、研究院所、政府等各类创新主体的共同体网络支撑体系[22];崔维军等从企业和政府两种不同的角度考察了不同类型的政企关系对企业融通创新的影响,以及不同政治背景的企业在政企关系对融通创新决策的影响之间所存在的差异[23];方莹莹等构建了基于知识共享的进化博弈模型,并分析了无激励与惩罚机制条件下、引入不同激励与惩罚机制下企业融通创新的影响因素和决策机制[24]。以上文献为融通创新策略研究提供了良好的理论基础,但针对融通创新的融合和畅通提升策略与实现路径需要在理论和实践层面进行深入研究。

创新联合体主体在融通创新过程中,由于各方关于经费、人力与物力的有效投入中存在难以测度的隐性投入,可用各方努力情况来表征各方的有效投入[25]。因此,现实中创新联合体主体融通创新的过程可视为关于各方努力情况的策略集博弈。而努力情况中还存在"完全努力"和"完全不努力"的中间态,所以应视为关于努力程度的二元连续策略集博弈。该连续状态类似于量子博弈中的叠加态。

量子博弈是运用量子信息论对经典博弈的过程进行量子化研究的产物,是博弈论中的新兴拓展领域之一。20世纪末,国外学者 D. A. Meyer 在一篇关于传统翻硬币博弈的论文中首次提出量子博弈,并发现在量子博弈中,博弈方可以采取量子策略打败对手[26];Eisert 等通过量子博弈从理论上解决了经典博弈中存在的"囚徒困境",初步彰显了量子博弈的优越性[27];Marinatto 等将量子博弈运用到"性别战"中,得到了新的纳什均衡策略,进一步完善了量子博弈的理论框架[28];国内学者杜江峰等在 2002 年用核磁共振方法完成了量子演化实验,并首次成功演示了量子博弈过程,使量子博弈由理论走向现实[29]。此后,国内外众多领域的学者们纷纷对量子博弈进行了深入研究,量子博弈理论得以丰富。

量子博弈作为经典博弈与量子信息的结合,已经成功应用于信息科学、经济学、供应链等众多领域。黄德才等将量子博弈运用于聚类问题,并提出了一种基于网格的量子博弈聚类算法,通过仿真实验表明,该算法在聚类质量上优于传统的 K-means 等算法[30];郑君君等针对风险投资市场中风险投资家与风险企业家对异质外部投资者的选择因存在分歧而形成的退出困境,运用量子博弈实现了风险投资的顺利退出[31];Li 等运用量子博弈研究两级食品供应链中的食品损失和浪费问题,提高了供应商和零售商在减少损失和浪费方面的努力水平[32]。

量子博弈之所以能够兴起且得到广泛应用,是因为量子博弈中量子纠缠这一信息处理机制使参与者之间具有非定域的、非线性的强关联,甚至能够改变博弈规则,这为经典博弈中如"搭便车"、策略冲突等问题提供了一种新思路。对于量子博弈中的量子纠缠,学者们也纷纷给出了不同的思考,Matthias 等在量子化的鹰鸽博弈中认为量子纠缠态是博弈参与者之间的心理状态,受社会经济背景因素的客观影响[33];兰立山等对量子博弈作了哲学上的思考,认为量子纠缠态是量子博弈参与者之间的理性状态[34];Xu 等认为量子博弈中博弈双方的量子纠缠态表征一种彼此间建立的利益相关关系,如结为联盟、形成联合体等[35]。在此基础上,本研究认为仅结为联合体并不一定会产生实质性的利益相关关系,联合体主体之间进行进一步的合作等行为才会发生实质性的利益相关关系。而创新联合体主体在融通创新过程中,创新主体间的融通状态表征了创新主体间的利益相关关系,这类似于量子博弈中的量子纠缠态。

第 2 章
集群现状

2.1 集群产业现状

2.1.1 发展基础

1. 产业规模持续领先

江苏海洋工程装备制造和高技术船舶产业规模连续14年位居全国第一,海工产品和高技术船舶总产值占全国市场份额1/3以上,2021年集群实现主营业务收入达到2 400亿元,连续12年突破2 300亿元,其中营业收入超10亿元的企业有29家。

2. 技术水平领先

海工装备交付产品基本覆盖了从近海到深海的所有种类。已交付半潜式钻井平台、国内首个浮式液化天然气生产储卸装置(FPSO)总包项目"希望六号"FPSO、国内首制浮式天然气液化和存储驳船设施(FLNG)、全球首艘驳船式液化天然气存储和再气化设施(FSRU)等一批高端海洋工程装备,"深海高稳性圆筒型钻探储油平台的关键设计与制造技术"荣获国家科技进步奖一等奖。成功交付国内首制2万标箱超大型集装箱船、40万吨超大型矿砂船、全球首艘4 000车位液化天然气(LNG)双燃料汽车运输船和全球首艘天然气动力多功能远洋运输船等产品。

3. 龙头企业支撑明显

拥有规模以上船舶与海工装备企业465个,形成了以总承包为牵引,工程设计、模块设计制造、设备供应、系统安装调试、技术咨询服务等领域为支撑的企业群,培育了一批具有较强国际竞争力的专业化分包商。龙头企业支柱作用显著,2021年江苏省有9家企业进入全国造船完工量排名前20,占据了近一半席位,5家进入前10名。拥有南通中远海运川崎、南通中远海运船务、招商局重工、扬子江船业集团、新时代造船、振华重工、中集太平洋海工、金陵船厂、扬州中远海重工等一大批骨干企业。

4. 区域分布集中

江苏省海洋工程装备制造和高技术船舶企业主要分布在南通、泰州、扬州等地,目前已形成了海洋工程装备、高技术船舶、核心配套设备、研发服务协同发展的产业集群(图2-1),成为全国重要的海洋工程装备和高技术船舶产业基地[36]。

2.1.2 突出短板

1. 海工装备及高技术船舶设计领域

一是缺乏大型综合性专业设计研发机构,由于国家在船舶产业布局时没有在江苏省布局船舶大型专业研发机构,企业层面的研发实力及层次难以适应及引领、支撑产业发展;二是缺乏国家级船舶海工相关重点实验室、检测机构等公共服务平台;三是由于海工及船舶国际化程度很高,受制于环境因素,难以吸引行业领军人才。

2. 海工装备及高技术船舶生产领域

一是造船效率与日韩相比,差距依然较大;二是生产计划性及综合管理水平还有较大进步空间;三是精益造船推广不够,中间产

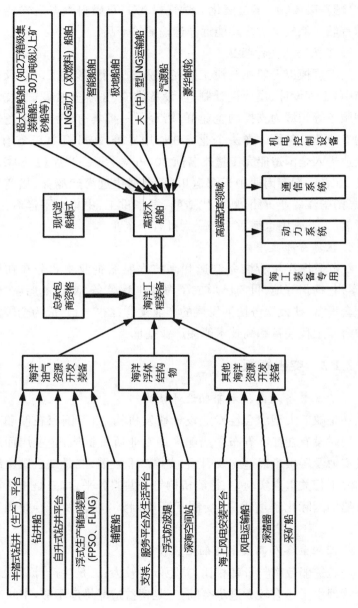

图 2-1 江苏海工装备和高技术船舶产业链图谱

品完整性和期量标准不高;四是海工装备制造企业总承包能力不强,工程化管理水平离国际水平差距依然不小[37]。五是豪华邮轮建造难度高、管理过程极其复杂、技术基础薄弱。

3. 船舶及海工装备配套领域

一是系统集成能力不强,缺乏船舶配套系统解决方案供应商。二是关键动力装备规模偏小。江苏省在动力装置方面存在布局性不足,目前只能够生产马力较小的、批量较小的船用低速动力装置。三是整体技术水平低,企业自主研发能力弱。江苏省生产的主要船用设备产品多数是引进许可证技术和中外合作生产的外国品牌产品,而且这些产品的关键部件依赖进口,目前船用柴油主机、船用辅机零部件的国产化率平均分别为60%和70%左右[37]。四是自主开发的船用设备缺乏全球维修服务网。江苏省一些自行设计制造的、已达到了为远洋船配套标准的产品(如甲板机械、锚链、螺旋桨、灭火装置等),由于没有全球售后服务网及企业对产品的宣传不够,较难被国内远洋公司和国外船东接受。江苏省只有很少的一些配套企业建立全球售后服务网络,而且还是租用其他品牌的服务网络,缺少全球售后服务能力。五是豪华邮轮配套产品种类多,供货周期长,邮轮配套产业还处在初级阶段,尤其是新材料、内装设备基本依赖国外引进,属于"卡脖子"产品。

江苏海工装备和高技术船舶产业短板对标分析如表2-1所示。

2.2 集群知识产权现状

2.2.1 集群专利总体状况分析

1. 专利趋势

图2-2所示为集群全球专利申请、授权及授权占比态势。其

表2-1 海工装备和高技术船舶产业短板对标分析

关键技术产品	掌握控制力的国家(地区)	省内有突破实力的单位名称	已有技术的来源	发展目标
超大型船舶、豪华邮轮、LNG动力船舶、LNG运输船舶、智能船舶、高效绿色船舶、极地运输船舶、特种船舶等高技术船舶	韩国、日本、欧洲	南通中远海运川崎、江苏招商重工、金陵船厂、新扬子造船、扬州中远海运重工	引进消化吸收	以突破豪华游轮设计及建造技术为引领,以打造安全绿色高效的船舶产品为抓手,形成一批高技术船舶产品的设计建造能力,建立自主可控的高端船舶及海工装备设计建造体系、安全管理体系和建造标准
海工装备EPCI总承包能力	美国、英国、韩国、新加坡	南通中远海运船务、启东中远船务、招商局重工、惠生(南通)重工	引进消化吸收	突破高端海工装备设计建造领域
精益制造技术	韩国、日本	南通中远海运川崎、金陵船厂	合资合作	在重中之重企业中实现精益制造
高技术船舶及海工装备配套领域	德国、日本	中船动力、南京中船绿洲、南通振华传动、江苏兰兰、南通力威机械、中天科技海缆、江苏亚星锚链	合资合作,自主研发,引进消化吸收	大幅提升系统集成能力,突破核心机电及通信导航设备,建立全球服务体系

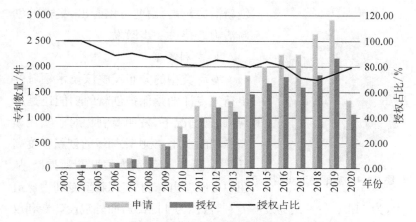

图 2-2 集群全球专利申请、授权及授权占比态势

中专利授权率表明申请的有效率及最终获得授权的提交申请成功率,深灰色代表申请总量,浅灰色表示当前时间段申请专利的被授权量。由图 2-2 可以看出,截至 2020 年,集群的全球专利申请为 21 271 件、专利授权为 16 588 件。该领域的专利申请最早出现在 2003 年,2003—2008 年,该领域的专利申请量呈现出持续缓慢的增长态势,处于慢速增长期[38];自 2009 年开始,该领域的专利申请量进入快速增长期,专利授权总体呈现出不断增长的态势,而专利授权占比总体呈现出不断下降的趋势。

2. 简单法律状态

图 2-3 所示为集群专利的简单法律状态。图中数据显示,该领域的有效专利占比最大,为 55.96%;其次为失效专利及审中专利,占比分别为 35.49%、7.79%,通常情况下,审中状态的专利占比越大,反映该企业近期

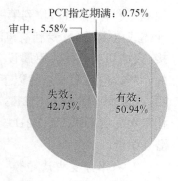

图 2-3 集群专利的简单法律状态

图 2-4 集群专利类型

创新活力越高,由此可以看出,集群的创新活力有待进一步激发。

3. 专利类型

专利类型的分布反映该技术领域的申请人专注的是保护创新的功能还是外观,通常情况下,发明专利相对于实用新型专利的占比,反映该领域的创新程度高低[39]。图 2-4 所示为集群专利类型,从图中可以看出,集群实用新型专利占比最大,为 51.01%;其次为发明专利,占比为 46.42%,而外观设计专利仅占 2.57%。以上数据表明,集群更加专注于保护创新的功能,并且具有较高的技术创新程度,企业布局专利的市场价值较高。

2.2.2 集群专利技术主题分析

1. 技术构成分析

技术构成分析主要技术分支的占比情况,可以帮助了解各技术分支的创新热度。集群专利技术构成情况如图 2-5 所示,在排名前 10 的 IPC 分类号中,B65D90(大型容器的零件、部件或附件)领域专利有 716 件,位列第一;其次为 H01B7(按形状区分的绝缘导体或电缆)领域专利有 619 件,排名第三的为 B23K37(用于焊接、火焰切割机械的附属设备),专利数为 592 件。其他技术分支的专利数量均在 500 件以下,且数量差距相对较小。以上数据表明,B65D90、H01B7、B23K37 技术分支为集群的热点技术,而当前技术布局的 B63B21、B21D5、H01B13 技术分支可能是技术创新的潜在机会。

2. 技术分支申请趋势

图 2-6 所示为集群专利排名前 10 的技术分支的申请趋势。图中数据显示,F16K1 这一技术分支的专利申请出现得最早,近年

B65D90 大型容器的零件、部件或附件（B65D88/34至B65D88/78... 2006.01] 专利数量: 716	F16K1 提升阀，即带有闭合元件的装置，闭合元件至少有打合运动的分力垂直于闭合腔阀入F16K7/00） [2006.01] 专利数量: 459	B65D88 大型容器（零件、部件入B65D90/00；可贮存压缩的、液化的气体储罐入F17B；...气体的容器入F17C...） [2006.01] 专利数量: 402	F16K27 阀壳结构（焊接阀方法入B23K）；...科的应用[2006.01] 专利数量: 344
H01B7 按形状区分的绝缘导体或电缆[2006.01] 专利数量: 619	F16K31 操作装置；释放装置[2006.01] 专利数量: 336	B21D5 沿直线弯曲金属，如形成筒单形（B21D11/0...21D11/18优...06.01] 专利数量: 303	H01B13 制造导电或电造的专用设备、法[2006.01] 专利数量: 300
B23K37 非专门适用于仅包括在本小类其他单一大组中的附属设备...在操作者身体上的或手持的焊工用眼罩入A61F9/00；用于机械但不是钎焊、焊接、火焰切割机械的入B23Q；其他防...P1/06）[2006.01] 专利数量: 592	B63B21 绑系；移动、拖曳或推拨设备；锚定...锚定入B63H25/00；沿海、港口或海上结构物上的航运用设备，如用于... 专利数量: 305		

图 2-5 集群专利技术构成

来排名前 10 的技术分支虽然在专利申请数量上稍有波动但总体均呈现增长的趋势。其中，B23K37 在 2015 年的申请数量达到集群专利技术分支中的峰值，2019 年 B65D90 技术分支的专利申请也达到了 100 件，成为专利数量增长最显著的技术分支。

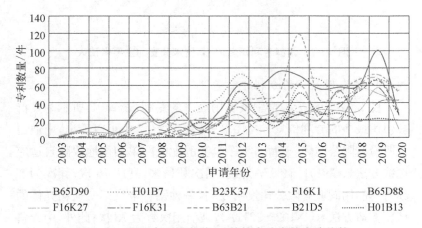

图 2-6 集群专利排名前 10 的技术分支的申请趋势

3. 重要技术分支主要申请人分布

图 2-7 所示为集群专利排名前 10 技术分支的主要申请人。分析各技术分支内领先公司的分布情况可以为企业提供不同技术领域的潜在合作伙伴信息。由图可知,南通中集特种运输设备制造有限公司、中国国际海运集装箱(集团)股份有限公司、南通中集罐式储运设备制造有限公司均涉及 B65D90、B23K37、B65D88 技术,且在该三项技术分支上占据主要的专利申请数量。此外,仅有南通超力卷板机制造有限公司在 B21D5 技术上布局专利 110 件。

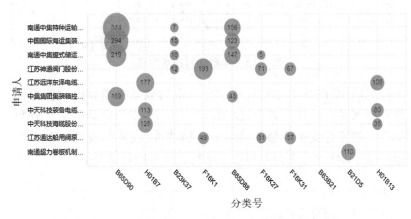

图 2-7 集群专利排名前 10 技术分支的主要申请人

4. 被引用最多的专利

图 2-8 所示为集群中被引用最多的专利,表 2-2 所示为集群被引用最多的专利信息。从图 2-8 和表 2-2 中可以看出,南通通机股份有限公司《基于暂态零序电流的配电网单相接地故障自适应选线方法》(CN101154807A)被引用次数最多,高达 76 次;其次为江苏海达船用阀业有限公司发明专利《一种铝合金汽车变速箱壳体的挤压铸造方法》(CN102363211A),被引用次数为 73 次;此外,中天科技装备电缆有限公司发明专利《一种铁路机车用无卤阻燃电缆护套

材料及其制造方法》、南通盛利重工机械制造有限公司发明专利《一种带 LED 指示灯的弹性紧固机构》的被引用次数也均在 60 次以上。由此表明,以上专利技术是集群的核心创新技术。

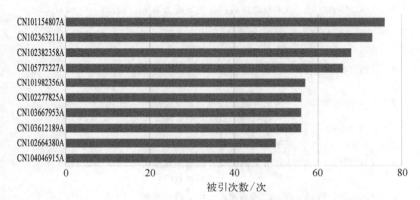

图 2-8　集群中被引用最多的专利

表 2-2　集群被引用最多的专利信息

序号	专利公开号	专利名称	专利申请人	公开(公告)日	被引次数/次
1	CN101154807A	基于暂态零序电流的配电网单相接地故障自适应选线方法	南通通机股份有限公司	2008-04-02	76
2	CN102363211A	一种铝合金汽车变速箱壳体的挤压铸造方法	江苏海达船用阀业有限公司	2012-02-29	73
3	CN102382358A	一种铁路机车用无卤阻燃电缆护套材料及其制造方法	中天科技装备电缆有限公司	2012-03-21	68
4	CN105773227A	一种带 LED 指示灯的弹性紧固机构	南通盛利重工机械制造有限公司	2016-07-20	66

续表

序号	专利公开号	专利名称	专利申请人	公开(公告)日	被引次数/次
5	CN101982356A	汽车制动踏板机构及其踏板感觉模拟器	南通特力锻压机床有限公司,江苏理工学院	2011-03-02	57
6	CN102277825A	一种钢桁架桥及其制作方法	江苏京沪重工有限公司	2011-12-14	56
7	CN103667953A	一种低环境裂纹敏感性超高强韧性洋系泊链钢及其制造方法	江苏亚星锚链股份有限公司	2014-03-26	56
8	CN103612189A	方管多面同步除锈机	南通通州东大机械有限公司	2014-03-05	56
9	CN102664380A	220 kV交联聚乙烯海底电缆软接头及其制作方法	中天科技海缆股份有限公司,江苏中天科技电缆附件有限公司	2012-09-12	50
10	CN104046915A	大截面压铸用高性能热作模具钢及其制备工艺	如皋市宏茂重型锻压有限公司	2014-09-17	49

5. 创新词云

图2-9所示为集群创新词云,其中,创新词云由提取的该技术领域中所有专利中最常见的关键词组成。通过创新词云可以了解技术领域内最热门的技术主题词,得到技术领域内最新重点研发的主题。如图所示,"新型结构""集装箱""罐式集装箱""支撑板""支撑架"等为主要关键词,表明这些技术为集群内的研究热点,较多的企业在以上技术领域开展专利布局工作。

6. 旭日图

图2-10所示为集群旭日图,其中,旭日图内层关键词是从该

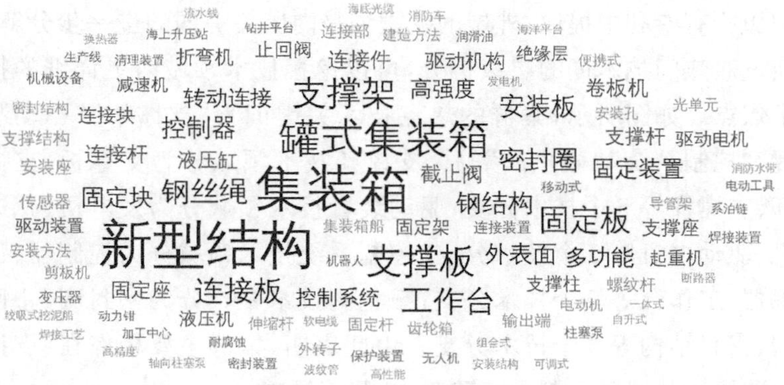

图 2-9　集群创新词云

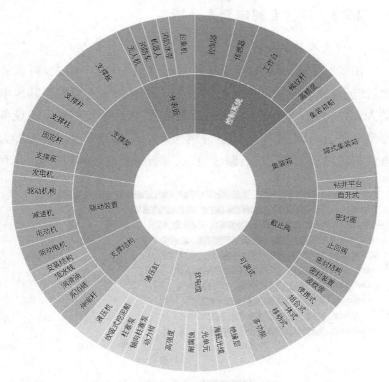

图 2-10　集群旭日图

领域所有专利中提取,外层的关键词是内层关键词的进一步分解,通过对热门技术词的层级拆分,可以挖掘技术领域内更详细的技术焦点。如图所示,集群的热点技术关键词为"支撑架""驱动装置""控制系统""截止阀"等。支撑架技术领域分为支撑板、支撑杆、支撑柱等5个技术分支;驱动装置技术领域分为发电机、减速机、驱动电机等5个技术分支;控制系统技术领域分为控制器、传感器、工作台等5个技术分支;截止阀技术领域分为密封圈、止回阀、密封结构等5个技术分支。由此表明,集群主要聚焦在"支撑架""驱动装置""控制系统""截止阀"等领域。

2.2.3 集群专利申请人分析

1. 申请人排名分析

图2-11所示为集群专利数量排名前10的申请人,可以看出,江苏神通阀门股份有限公司以727件专利遥遥领先于其他申请人,其次为招商局重工(江苏)有限公司、南通中集特种运输设备制造有限公司,专利申请数量分别为492件和443件。紧接着为南通振华重型装备制造有限公司、江苏新扬子造船有限公司,专利

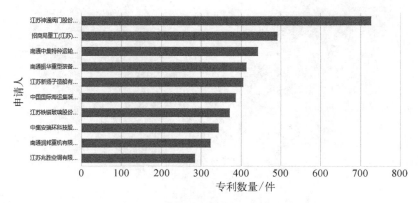

图2-11 集群专利数量排名前10的申请人

申请数量分别为 414 件、406 件。通过以上数据可知,上述申请人拥有的专利总量较多,研发实力较强,技术优势更加明显。

2. 主要申请人技术分布

图 2-12 所示为集群专利数量排名前 10 的申请人技术分支,通过分析主要申请人的技术分布情况可以了解技术领域内的主要申请人分别专注于哪些技术分支。如图所示,招商局重工(江苏)有限公司、南通振华重型装备制造有限公司、南通润邦重机有限公司的专利涉及重要技术分支最多,均为 6 个。其次,排名前 10 的主要申请人中有 9 位申请人均在 B23K37 技术分支上有专利布局;作为主要技术分支的 B65D90、B65D88,南通中集特种运输设备制造有限公司、中国国际海运集装箱(集团)股份有限公司、中集安瑞环科技股份有限公司均在该两项技术分支上有超过 100 件专利数量的布局。

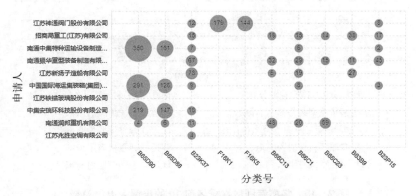

图 2-12 集群专利数量排名前 10 的申请人技术分支

3. 主要申请人申请趋势

图 2-13 所示为集群专利数量排名前 10 的申请人申请趋势,通过分析主要申请人的申请趋势可以了解申请人在该技术领域的申请趋势变化。如图所示,江苏神通阀门股份有限公司专利申请

出现的最早,其次是招商局重工(江苏)有限公司及南通中集特种运输设备制造有限公司。大部分专利申请人的专利数量均呈现增长的趋势,近年来,江苏铁锚玻璃股份有限公司的专利数量增长得最快,招商局重工(江苏)有限公司的专利数量波动最为明显,并在2018年达到最高申请量162件。相比之下,江苏兆胜空调有限公司的专利数量呈现下降的趋势。

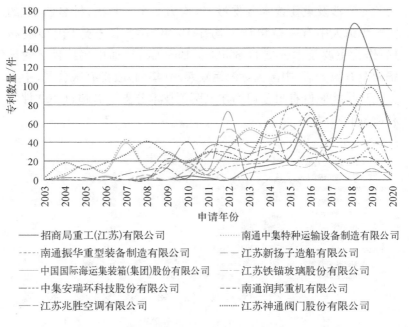

图 2-13　集群专利数量排名前 10 的申请人申请趋势

4. 主要申请人专利地域分布

图 2-14 所示为集群专利数量排名前 10 的申请人专利地域分布,通过分析主要申请人的地域布局情况可以了解该技术领域的主要申请人在地域布局的异同情况。如图所示,该领域专

利数量排名前10的申请人的多数专利主要分布在中国,仅有南通中集特种运输设备制造有限公司和中国国际海运集装箱(集团)股份有限公司在日本开展专利申请;其次,在中国的专利申请中,江苏神通阀门股份有限公司、招商局重工(江苏)有限公司、南通中集特种运输设备制造有限公司排在前三位,专利数量分别为719件、488件、423件。

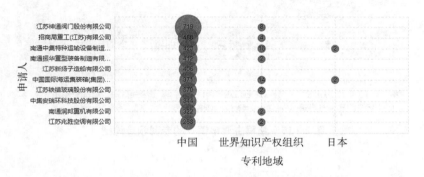

图2-14 集群专利数量排名前10的申请人专利地域分布

5. 领域地图

图2-15所示为集群主要申请人的专利领域地图,其中,领域地图显示了该技术领域内主要公司的专利关键词,图中格子数量表示每家公司的专利覆盖率,每个格子代表相同数量的专利。通过分析领域地图可以了解主要公司相关的技术概念,借此区分不同公司的技术焦点。如图所示,主要关键词为"集装箱",该技术领域最主要的专利申请人为南通中集特种运输设备制造有限公司。招商局重工(江苏)有限公司的专利涉及图中的关键词最多,分布在"新型结构""支撑板""连接板""固定装置"等9个技术方面,江苏神通阀门股份有限公司的专利主要分布在"密封圈""支撑架""固定板""外表面"等6个技术分支。

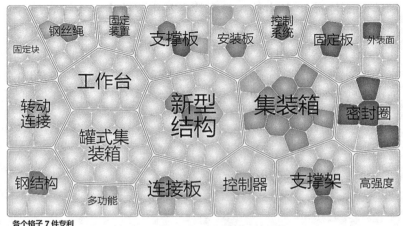

图 2-15 集群主要申请人的专利领域地图

2.3 集群高端海洋油气装备(LNG)专利现状

海洋工程装备制造业是我国战略性新兴产业的重要组成部分和高端装备制造业发展的重点方向,是国家实施海洋强国战略的重要基础和支撑。随着全球及中国能源结构的转移,船舶排放控制要求日益严格,LNG 生产、存储和再气化模块等高技术、高难度、高附加值的高端海洋油气装备,越来越受到海洋工程装备领域的关注。

2.3.1 高端海洋油气装备产业链

1. 高端海洋油气产业链概述

海洋油气资源装备是指用于油气资源勘探、开发、储运与后期服务等诸多方面的大型工程装备,可以划分为勘探装备、生产装备、海洋工程船、建造辅助船舶和水下生产系统等。在油气开发装备方面,美国、挪威等西方发达国家掌握着核心关键技术,特别是在装备的集成化、智能化和配套设备的深水化、专业化方面形成了一定的技术垄断态势,我国则存在着国产化比例小、深水化程度低、配套设备能力差的问题[40]。因此,我国解决此问题的重要手段是打造完整产业链,抢占未来市场制高点。

LNG产业链是高端海洋油气产业链之一。LNG产业经过60年的发展,已经形成了从开发生产、液化存储、低温运输到终端利用的一整套工艺,涉及大量高端装备和相关工程服务(图2-16),发展前景巨大。关键技术是LNG货物围护系统、LNG再液化装置、LNG转运装置、LNG储罐、压缩机等。

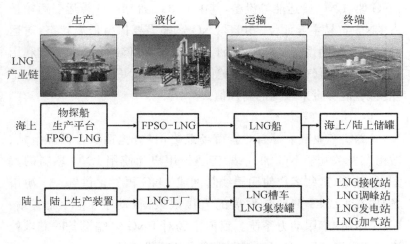

图2-16 LNG产业链

(1) LNG生产

LNG产业链上游是LNG链条最重要,同时也是含金量最高的环节之一,包括天然气的勘探、开发、净化、分离和液化等环节。按照其产地和起源的不同,LNG开发和生产主要分为陆地和海上天然气开发两种。陆上天然气开发涉及常规油气田、页岩气、煤层气、致密气等多个种类。海上天然气勘探和开发主要涉及海上油气田的勘探开采装备,包括物探船、FLNG(浮式液化天然气生产储卸装置)、FSRU(浮式液化天然气储存和再气化装置)等。

(2) LNG 液化

开采出的天然气经过脱硫脱碳、脱水、硫黄回收和尾气回收等工艺净化处理,在常温下冷却到 $-161℃$ 左右形成液体,其体积被压缩为气态时的 1/600。液态天然气被存储到带有冷却加压装置的储罐中进行保存。LNG 液化的关键设备包括压缩机、球阀、储气罐等。

(3) LNG 运输

LNG 运输方式包括 LNG 运输槽车、罐式 LNG 集装箱、大型 LNG 船、LNG 转运船等设备,其中 LNG 船和 LNG 转运船运输量占 LNG 贸易主导地位。由于 LNG 运输需要保持低温状态,对运输存储和辅助设备要求较高,涉及大型 LNG 储罐、LNG 冷能利用设备、LNG 再气化装置等关键设备,因此,LNG 运输船舶建造工艺复杂,能够带来较高的附加值。

(4) LNG 终端

LNG 产业链下游面对着市场最终用户,包括联合循环电站、城市燃气公司、LNG 加气站、工业炉用户和使用 LNG 燃料的汽车、船舶等,这些客户使用干线管网或 LNG 再气化供气。下游市场是拉动 LNG 产业链发展的直接因素,带动了 LNG 加气站、LNG 船用/车用动力系统。目前市场对 LNG 终端设备的需求处于加速发展阶段,未来几年有望迎来井喷式增长[41]。

2. 集群龙头企业主要船舶海工产品

(1) 南通中远海运船务工程有限公司

中远海运集团所属中远海运重工有限公司旗下主力船厂——南通中远海运船务工程有限公司(简称南通中远海运船务),主要从事海洋工程产品的修理、制造和船舶修理、改装及起重机械制造等业务,是国家工信部确认的首批七家海工"白名单"企业,已成为中国乃至世界海洋工程装备技术设计的领跑者。

2009年6月28日,南通中远海运船务向交付挪威SEVANMARINE(塞旺海事)公司第六代半潜式平台"SEVANDRILLER",造价6亿美元,是世界最先进首座圆筒型超深水海洋钻探储油平台。其设计水深12 500英尺,钻井深度40 000英尺,通过八台推进器进行定位,并配置全球最先进的DP-3动态定位系统和系泊系统,可以适应英国北海零下20℃的恶劣海况。平台总高135米,直径84米,平台甲板可变载荷15 000吨,拥有15万桶原油的存储能力。

2017年4月13日,南通中远海运船务为英国DANA石油公司设计建造的圆筒型浮式生产储卸油平台(FPSO)总包项目"希望6号"(WESTERNISLES)进行投入油田使用前的准备工作。"希望6号"圆筒型浮式生产储卸油平台(FPSO)是我国海洋工程装备制造企业从国外获得的第一个从设计、采购、建造、调试,部分海上安装和运输的总包一站式交钥匙工程(EPC)。在技术设计、模块建造和平台调试上首次实现了国内FPSO项目的总体完成,多项技术创新上填补了国内海工空白,达到了世界领先水平,标志着我国海工装备制造业从海工中端产品设计建造向高端产品设计建造里程碑式的重大跨越[42],实现了中国制造的FPSO在海况复杂、要求严格的英国北海投入使用的零突破,打造了海洋工程工装备制造的中国品牌。

2019年8月17日,南通中远海运船务首个浮式生产储油船改装项目"FPSOHELANG"成功交付。"FPSOHELANG"改装历时7个多月,涉及近5 000根管子的预制及安装,2万米Tubing管的安装,280千米的电缆敷设及接线,5个模块的建造,15次模块和大型设备的吊装及集成,17 012个ITR的MC交验,以及模块总装和联调。

2020年,南通中远海运船务成功接获来自马来西亚油服公司云升控股(Yinson Holdings)价值1.74亿美元的改装合同,负责将1艘超大型油轮(VLCC)"FALCON"轮改装为世界最大型浮式生产储卸油船(FPSO)[43]。

(2) 惠生(南通)重工有限公司

惠生(南通)重工有限公司业务领域包括生产销售研制港口物流工程机械、石油工程机械、LNG装置、船舶配套及其他重型钢结构产品;港口物流工程、海洋石油工程的技术服务等。

2012年8月6日,惠生(南通)重工宣布全球首座浮力塔式钻井及生产平台已成功装载并启航,后续将安装于BPZ能源公司位于秘鲁近海的Corvina油田。该项目在合同签订后的11个月内就安全成功地交付给BPZ能源公司,不仅创造了同类规模项目工期最短的世界纪录,同时还取得了HSE损失工时事件发生率为零的骄人成绩。惠生承担了CX-15平台2 500吨浮力塔主体结构及1 500吨上部模块的生产设计、采购与建造工作。这不仅标志着浮力塔式设计的世界首次应用,更标志着惠生位于中国上海、南通及美国休斯敦的三个运营中心通力合作,首次实现了项目执行的国际化整合交付。

2017年7月27日,惠生(南通)重工成功完成全球首个浮式天然气液化和存储驳船设施(CaribbeanFLNG)的最终交付。该FLNG项目由惠生为Exmar以EPCIC模式(设计、采购、施工、调试和安装)总承包建设,并于2016年9月圆满完成性能考核,在全球首次成功实现了浮式设施上的天然气液化生产。该FLNG年液化天然气生产能力为50万吨。在惠生(南通)重工完成该FLNG项目的气试工作和性能考核,实现了未启航之前进行浮式液化生产设施的气试并完成性能考核的全球首创之举[44]。

2019年6月,惠生(南通)重工设计建造的16 100立方米浮式液化天然气装置(FLNG)"Tango"号完成了调试工作并启动投产,其是全球首个浮式天然气液化和存储驳船设施,每日可将7 200万标准立方英尺的天然气转化为LNG。

(3) 招商局重工(江苏)有限公司

招商局重工(江苏)有限公司业务领域主要涉及海工装备及特种工程船舶建造,先后成功建造20多座各类自升式钻井平台、多功能平台等,已成为中国海工装备及特种船舶高端产品建造商。

2016年4月15日,招商局重工(江苏)有限公司生产的"海洋石油944"自升式钻井平台交付,"海洋石油944"是招商局重工(江苏)为中海油田服务股份有限公司建造,是我国首制最先进自升式钻井平台之一,其中采用的大桩靴设计在全球尚属首次,填补了我国海域软层土区作业平台空缺。

2019年3月13日,招商局重工(江苏)有限公司举行首艘45 000 m^3 LNG运输船(CMHI-188)命名仪式。该LNG船是由挪威LNG New Technologies公司(LNT)设计的一种全新的中型LNG运输船,也是有史以来第一艘采用LNTA-BOX液罐系统的LNG船,该系统为独立式的IMOA型的低温常压的棱柱形LNG液罐装置。该系统赋予LNG船舶具有更为有效的船舱利用率和更为高效的船体线型设计,特别适用于区域和沿海LNG运输。

2021年1月,招商局重工(江苏)有限公司新造"CMHI-182"中深水半潜式钻井平台完成编队,该平台不采用动力定位,而采用世界最高强度等级R6级锚链的12点锚泊系统。该钻井平台是为践行国家海洋强国战略和中国制造2025战略而打造的新一代产品,被列入工信部《高科技船舶科研计划项目指南》重点研发创新项目。

2021年2月27日,招商局重工(江苏)有限公司CMHI-220FPSOMPFA项目首艘FPSO顺利出坞完成下水,CMHI-220MPFA项目是为SBMOffshore建造的Fast4ward系列FPSO

项目的首制船。该项目主船体长 333 米,型宽 60 米,型深 33.5 米,满载排水量超过 46 万吨,是名副其实的"海上巨无霸"。该船输油平台系统作为 FPSO 船重要的组成部分,通过软管和输油平台系统可将海底油井与钻井平台连接,实现原油的输入、加工、储存和输出。

2.3.2 集群 LNG 领域专利态势分析

高端海洋油气装备(LNG),包括:天然气液化及生产装置、存储装置、液化天然气再气化装置等。其中,天然气液化及生产装置可进一步细分为预处理系统、液化装置和生产装置锚泊系统等;存储装置主要包括围护系统、蒸发气装置和外输系统等;液化天然气再气化装置主要包括再气化系统、再气化模块和实验方法与装置等,高端海洋油气装备的技术分解表,如表 2-3 所示。

表 2-3 高端海洋油气装备技术分解表

一级分支	二级分支	三级分支
高端海洋油气装备(LNG)	天然气液化及生产装置	预处理系统 液化装置 生产装置锚泊系统
	存储装置	围护系统 蒸发气装置 外输系统
	液化天然气再气化装置	再气化系统 再气化模块 实验方法与装置

1. 专利申请态势

集群 LNG 领域共拥有相关专利 816 件。图 2-17 给出了集群 LNG 领域的专利申请量和授权量分布趋势。图中数据显示,

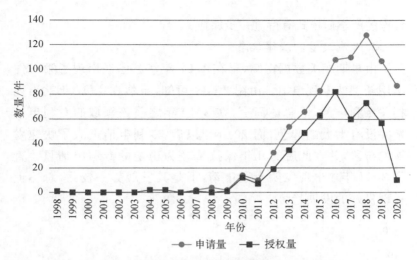

图 2-17 集群 LNG 领域专利申请量分布趋势

2009 年之前,专利申请和授权上发展缓慢且各年份只有零星的几件专利;2009—2011 年间专利发展出现较大波动,并在 2010 年达到这一阶段专利申请量的峰值点,数量为 14 件;2011 年后,专利申请量和授权量进入明显增长阶段,2018 年申请数量达到最大值,为 128 件;2016 年授权数量达到最大值,为 82 件。

2. 申请人和地域分布

图 2-18 给出了集群 LNG 领域专利申请人的主体类型,其中企业申请人有 635 家,占据了申请人总体的 74.36%,在申请人主体类型中占据着绝对的优势;其次是院校,占据 22.13%;而个人仅占了总体的 3.28%。可见,申请人主要以企业申请为主,高校和个人在该领域的研发积极性较低,校企

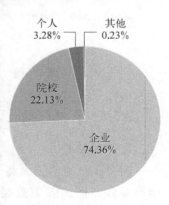

图 2-18 江苏省申请人主体类型

合作的产学研模式有待进一步加强。

3. 专利质量和法律状态

由早期相关数据得知,早在 1997 年江苏已经出现了第一件实用新型的专利申请。由图 2-19 可知,虽然在 1997 年就出现相关专利申请,但总体而言,在 2010 年之前该领域的专利申请量并没有太大的起色;而 2010 年以后,专利申请进入了快速发展的阶段,并在此后的几年保持着较为稳定的专利申请量。直到 2007 年才出现发明专利申请,但是其发展势头较猛,总体上呈现良好的发展趋势。

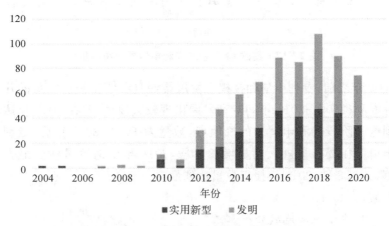

图 2-19 专利申请类型的增长趋势

2.3.3 天然气液化及生产装置重点技术发展方向

1. 申请趋势

图 2-20 给出了天然气液化及生产装置各技术分支的专利申请量分布图。图中数据显示,截至 2020 年,中国天然气液化及生产装置领域专利在三个技术分支上的申请量分别为 342 件、353 件和 520 件,其中锚泊系统技术分支的专利申请量明显

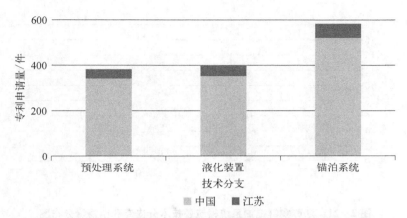

图 2-20　天然气液化及生产装置各技术分支的专利申请量分布图

高于另外两个技术分支的申请量；江苏集群在三个技术分支的专利申请量分别为 41 件、47 件和 63 件，锚泊系统技术分支的专利申请量也明显高于另外两个技术分支的申请量。通过对比中国和江苏集群在各技术分支专利申请量可以看出，中国和江苏集群的天然气液化及生产装置产业主要围绕锚泊系统技术展开，锚泊系统技术分支同时为江苏集群和中国在天然气液化及生产装置技术的重点技术分布，而预处理系统领域的专利产出相对薄弱。

图 2-21 给出了江苏省锚泊系统领域各技术分支的专利申请量分布图。截至 2020 年，江苏集群锚泊系统领域专利在四个技术分支上的申请量分别为 5 件、6 件、17 件和 2 件，其中系泊和浮筒悬链的申请量较高于另外两个技术分支的申请量，由此可见，系泊和浮筒悬链是目前江苏集群锚泊系统领域发展的技术重点，且与我国锚泊系统领域各技术分支发展趋势相同；转塔装置和张紧装置发展较弱，而转塔装置是全球锚泊系统领域技术发展的重点。因此，江苏集群在发展重点技术的同时，也需加强在转塔装置和张紧装置技术上的布局。

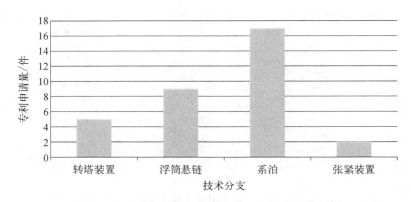

图 2-21 江苏集群锚泊系统领域各技术分支专利申请量分布图

2. 各省实力和技术分支格局

图 2-22 给出了主要省份在天然气液化及生产装置领域三个分支方向的专利申请量情况。图中数据显示,锚泊系统技术分支的专利申请量最多,申请量排名前四的省市分别是北京市、上海市、江苏省和辽宁省。纵向比较来看,江苏集群在生产装置锚泊系统技术分支的专利申请量最多,为 63 件,高于预处理系统和液化

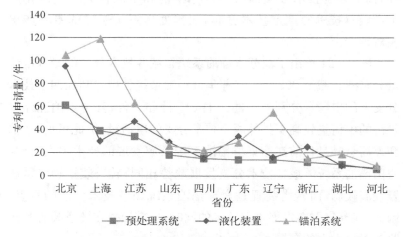

图 2-22 主要省份三技术分支方向的专利申请量

装置的专利申请量。横向比较来看,江苏集群在液化装置的专利申请量仅次于北京市,具有明显的技术优势。

图2-23给出了主要省份在天然气液化及生产装置领域各技术分支方向的专利申请态势。图中数据显示,四省市的专利申请均偏重于锚泊系统,在该技术分支的专利申请量相对较多;具体来看,江苏集群预处理系统与液化装置的专利申请差别不大;北京市、山东省的专利申请在三个技术分支方向的分布较为均衡;上海市在天然气液化及生产装置领域的专利申请主要集中于锚泊系统技术分支,预处理系统和液化装置领域的专利布局较少。

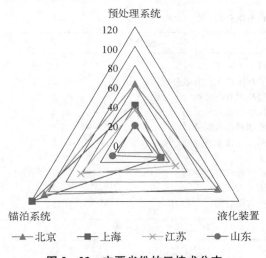

图2-23　主要省份的三技术分支方向专利申请态势

3. 技术热点和龙头企业

表2-4给出了天然气液化及生产装置各技术分支方向的主要申请人,其中江苏科技大学在预处理系统、液化装置和锚泊系统领域均位列第一。表中所示专利申请人均是在重点技术的追踪和研究及我国应对来华专利风险中需要重点关注的对象。

表2-4 天然气液化及生产装置各技术分支方向的主要申请人列表

专利申请人	专利数量/件	专利地域代码
预处理系统		
江苏科技大学	9	CN
启东丰顺船舶重工有限公司	4	CN
惠生(南通)重工有限公司	4	CN
南京蒽天捷能源科技有限公司	2	CN
张家港氢云新能源研究院有限公司	2	CN
江苏大津重工有限公司	2	CN
江苏海企港华燃气股份有限公司	2	CN
东北大学	1	CN
东南大学	1	CN
南京钢铁股份有限公司	1	CN
液化装置		
江苏科技大学	14	CN
南通中集太平洋海洋工程有限公司	4	CN
江苏现代造船技术有限公司	4	CN
张家港富瑞深冷科技有限公司	3	CN
江苏鼎程新能源科技有限公司	3	CN
浙江大学常州工业技术研究院	3	CN
南京工业大学	2	CN
南京酷林美机电技术有限公司	2	CN
惠生(南通)重工有限公司	2	CN
无锡华润燃气有限公司	2	CN
锚泊系统		
江苏科技大学	16	CN
南通中远海运船务工程有限公司	9	CN
惠生(南通)重工有限公司	8	CN
南通中远海运川崎船舶工程有限公司	5	CN
中石化长江燃料有限公司	3	CN
吴植融	3	CN
江苏海企港华燃气发展有限公司	3	CN
江苏省船舶设计研究所有限公司	3	CN
连云港远洋流体装卸设备有限公司	3	CN
上海航盛船舶设计有限公司	2	CN

2.3.4 存储装置重点技术发展方向

1. 申请趋势

图 2-24 给出了液化天然气存储装置各技术分支专利申请量分布图。图中数据显示,截至 2020 年,中国液化天然气存储装置领域专利在三个技术分支上的申请量分别为 829 件、373 件和 477 件,其中围护系统技术分支的专利申请量明显高于另外两个技术分支的申请量;江苏集群在三个技术分支的专利申请量分别为 159 件、67 件和 144 件,外输系统技术分支的专利申请量也明显高于另外两个技术分支的申请量。通过对中国和江苏集群在各技术分支专利申请量对比可以看出,中国和江苏集群的液化天然气存储装置产业主要围绕围护系统技术展开,围护系统技术分支同时为江苏集群和中国在液化天然气存储装置技术的重点技术分布,而蒸发气处理系统领域的专利产出相对薄弱。

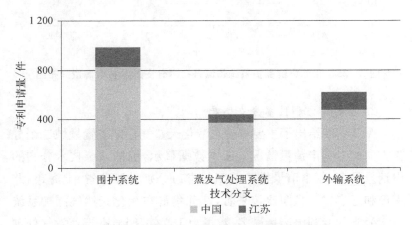

图 2-24 液化天然气存储装置各技术分支专利申请量分布图

图 2-25 给出了江苏集群围护系统领域各技术分支的专利申请量分布图。截至 2020 年,江苏集群围护系统领域专利在四个技术分

支上的专利申请量分别为 69 件、40 件、62 件和 29 件,其中 A 型和 C 型的专利申请量高于另外两个技术分支的申请量,由此可见,A 型和 C 型是目前江苏集群围护系统领域发展的技术重点,且与我国围护系统领域各技术分支发展趋势相同;B 型和薄膜型发展较弱,而薄膜型是全球围护系统领域技术发展的重点。因此,江苏集群在发展重点技术的同时,也需加强在 B 型和薄膜型技术上的布局。

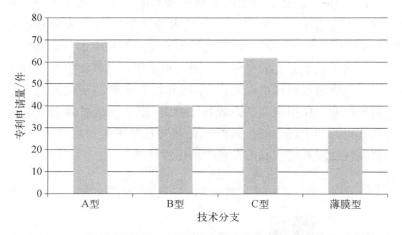

图 2-25　江苏集群围护系统领域各技术分支的专利申请量分布图

2. 各省实力和技术分支格局

图 2-26 给出了主要省份在液化天然气存储装置领域三个分支方向的专利申请量情况。图中数据显示,围护系统技术分支的申请量最多,其申请量排名前四的省市分别是江苏省、上海市、北京市和辽宁省。纵向比较来看,江苏集群在液化天然气围护系统技术分支的专利申请量最多,数量为 159 件,明显高于蒸发气处理系统和外输系统技术分支的专利申请量。横向比较来看,江苏集群在外输系统的专利申请量最多,远高于其他省份,具有明显的技术优势。

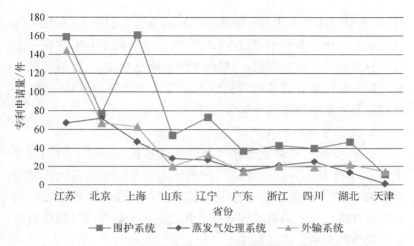

图 2-26 主要省份各技术分支方向的专利申请量

图 2-27 给出了主要省份在液化天然气存储装置领域各技术分支方向的专利申请态势。图中数据显示,四省市的专利申请均偏重于围护系统,在该技术分支的专利申请量相对较多;具体来

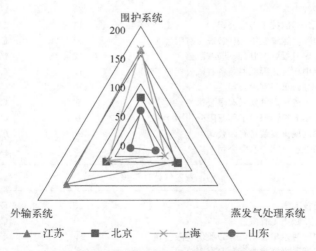

图 2-27 主要省份各技术分支方向的专利申请态势

看,江苏集群围护系统与外输系统的专利申请差别不大,在蒸发气处理系统领域的专利申请较少;北京市、山东省的专利申请在三个技术分支的分布较为均衡,但整体专利申请总量较少;上海市在液化天然气存储装置领域的专利申请主要集中于围护系统,蒸发气处理和外输系统领域的专利布局较少。

3. 技术热点和龙头企业

表2-5给出了液化天然气存储装置各技术分支方向的主要申请人,其中江苏科技大学在围护系统和蒸发气处理系统领域均位于第一,在外输系统也有涉及但相对较少。表中所示专利申请人均是在重点技术的追踪和研究及我国应对来华专利风险中需要重点关注的对象。

表2-5 液化天然气存储装置各技术分支方向的主要申请人列表

专利申请人	专利数量/件	专利地域代码
围护系统		
江苏科技大学	34	CN
江苏现代造船技术有限公司	15	CN
中国国际海运集装箱(集团)股份有限公司	12	CN
中集安瑞科投资控股(深圳)有限公司	12	CN
张家港中集圣达因低温装备有限公司	12	CN
惠生(南通)重工有限公司	10	CN
江苏海企港华燃气发展有限公司	9	CN
南通中集太平洋海洋工程有限公司	6	CN
张家港富瑞重型装备有限公司	6	CN
招商局重工(江苏)有限公司	5	CN
蒸发气处理系统		
江苏科技大学	25	CN
惠生(南通)重工有限公司	6	CN
中国国际海运集装箱(集团)股份有限公司	4	CN
中集安瑞科投资控股(深圳)有限公司	4	CN

续 表

专利申请人	专利数量/件	专利地域代码
蒸发气处理系统		
张家港中集圣达因低温装备有限公司	4	CN
江苏海企港华燃气发展有限公司	4	CN
江苏海企港华燃气股份有限公司	4	CN
南通中集太平洋海洋工程有限公司	3	CN
江苏中圣高科技产业有限公司	3	CN
上海利策科技股份有限公司	2	CN
外输系统		
江苏长隆石化装备有限公司	17	CN
连云港远洋流体装卸设备有限公司	12	CN
江苏现代造船技术有限公司	10	CN
连云港市拓普科技发展有限公司	8	CN
江苏海企港华燃气发展有限公司	7	CN
中国国际海运集装箱(集团)股份有限公司	6	CN
张家港中集圣达因低温装备有限公司	6	CN
江苏科技大学	5	CN
中集安瑞科投资控股(深圳)有限公司	4	CN
优必得流体科技设备(江苏)有限公司	4	CN

2.3.5 再气化系统重点技术发展方向

1. 申请趋势

图 2-28 给出了再气化装置各技术分支的专利申请量分布图。图中数据显示,截至 2020 年,中国液化天然气领域专利在三个技术分支上的专利申请量分别为 1 112 件、866 件和 995 件,其中再气化系统技术分支的专利申请量明显高于另外两个技术分支的申请量;江苏集群在三个技术分支上的专利申请量分别为 228 件、146 件和 171 件,再气化系统技术分支的专利申请量也明显高于另外两个技术分支的申请量。通过对比中国和江苏集群在各技术

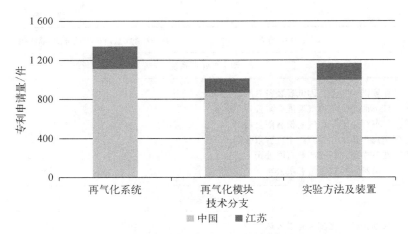

图 2‑28　再气化装置领域各技术分支专利申请量分布图

分支专利申请量可以看出,中国和江苏集群的液化天然气再气化装置产业主要围绕再气化装置技术展开,再气化系统技术分支同时为江苏集群和中国在液化天然气再气化装置技术的重点技术分布,其余技术分支的专利技术产出相对较弱。

图 2‑29 给出了江苏集群再气化系统领域各技术分支的专利申请量分布图。截至 2020 年,江苏集群再气化系统领域专利在三个技术分支上的专利申请量分别为 103 件、225 件和 87 件,其中换热与气化的申请量较高于另外两个技术分支的申请量。由此可见,换热与气化是目前江苏集群再气化系统领域发展的技术重点,且与我国再气化系统领域各技术分支发展趋势相同;增压与供给和计量与输送技术发展较弱。因此,江苏集群在发展重点技术的同时,也需加强在增压与供给和计量与输送技术上的布局。

2. 各省实力和技术分支格局

图 2‑30 给出了主要省份在液化天然气再气化装置领域三个分支方向的专利申请量情况。图中数据显示,再气化系统技术分支的专利申请量最多,其申请量排名前四的省市分别是江苏省、北

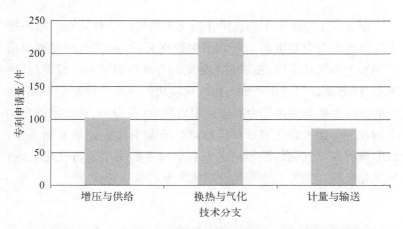

图 2-29　江苏集群再气化系统领域各技术分支的专利申请量分布图

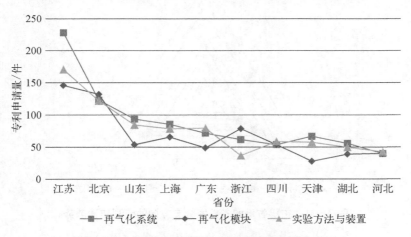

图 2-30　主要省份各技术分支方向的专利申请量

京市、山东省和上海市。其中,江苏集群在液化天然气再气化系统技术分支的专利申请量远超其他省份的,申请数量接近 230 件。江苏集群在液化天然气再气化模块、液化天然气再气化实验方法与装置两个技术分支的专利申请量也居于首位,与其他省份的专利申请量相差不大。

图 2-31 给出了主要省份在液化天然气再气化装置领域各技术分支方向的专利申请态势。图中数据显示，四省市的专利申请均偏重于再气化系统，在该技术分支的专利申请量相对较多；具体来看，江苏集群再气化系统与再气化模块的专利申请差别不大，在实验方法及装置领域的专利申请相对较少；上海市、北京市的专利申请在三个技术分支的分布较为均衡，但整体专利申请总量不多；江苏集群在再气化装置领域的专利申请主要集中于再气化系统，再气化模块和实验方法与装置领域的专利布局较少。

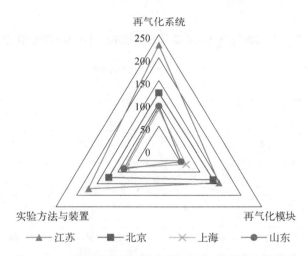

图 2-31 主要省份的各技术分支方向的专利申请态势

3. 技术热点和龙头企业

表 2-6 给出了液化天然气再气化装置领域中各技术分支方向的主要申请人，其中江苏科技大学、江苏现代造船技术有限公司和无锡特莱姆气体设备有限公司等在再气化装置领域的三个技术分支方向均有涉及。表中所示专利申请人均是在重点技术的追踪和研究及我国应对来华专利风险中需要重点关注的对象。

表 2-6　液化天然气再气化装置领域各技术分支方向主要申请人列表

专利申请人	专利数量/件	专利地域代码
再气化系统		
江苏科技大学	30	CN
无锡特莱姆气体设备有限公司	13	CN
江苏现代造船技术有限公司	13	CN
中国国际海运集装箱(集团)股份有限公司	8	CN
中集安瑞科投资控股(深圳)有限公司	8	CN
张家港中集圣达因低温装备有限公司	6	CN
张家港富瑞深冷科技有限公司	6	CN
张家港富瑞特种装备股份有限公司	5	CN
张家港艾普能源装备有限公司	5	CN
航天晨光股份有限公司	5	CN
再气化模块		
江苏科技大学	30	CN
江苏现代造船技术有限公司	10	CN
无锡特莱姆气体设备有限公司	7	CN
南通诺德瑞海洋工程研究院有限公司	5	CN
张家港富瑞特种装备股份有限公司	5	CN
惠生(南通)重工有限公司	5	CN
张家港艾普能源装备有限公司	4	CN
江苏中圣压力容器装备制造有限公司	4	CN
中国国际海运集装箱(集团)股份有限公司	3	CN
中集安瑞科投资控股(深圳)有限公司	3	CN
实验方法与装置		
江苏科技大学	26	CN
江苏现代造船技术有限公司	16	CN
无锡特莱姆气体设备有限公司	7	CN
张家港艾普能源装备有限公司	6	CN
中国国际海运集装箱(集团)股份有限公司	5	CN
中集安瑞科投资控股(深圳)有限公司	5	CN
张家港富瑞特种装备股份有限公司	5	CN
徐工集团工程机械股份有限公司科技分公司	5	CN
江苏德邦工程有限公司	5	CN
航天晨光股份有限公司	5	CN

2.4 集群重点企业专利现状

2.4.1 招商局重工(江苏)有限公司

1. 招商局重工(江苏)有限公司简介

招商局重工(江苏)有限公司(简称江苏招商重工)是招商局集团旗下专门从事海工装备和船舶修造业务的二级集团公司——招商局工业集团有限公司(简称"招商工业")的子公司,位于江苏省南通市。其以建设中国领先海工装备及船舶修造企业为目标,努力开拓市场,实施差异化竞争,已成为具有国际影响力的高端船舶及海工修理品牌,也已成为中国海工装备及特种船舶建造的主要参与者,入围中国首批7家海工白名单企业之列,先后成功建造近40座各类自升式钻井平台、多功能平台和风电安装平台,以及20多艘高端挖泥船、半潜式自航工程船、多功能潜水支持船、LNG运输船等,已成为中国海工装备及特种船舶高端产品建造商,拥有业内最佳的交付记录和经营业绩。

2. 招商局重工(江苏)有限公司整体专利情况

图 2-32 中给出了招商局重工(江苏)有限公司逐年专利申请量和公开量的分布趋势。截至 2020 年 4 月,企业共有专利 482 件。招商局重工(江苏)有限公司于 2013 年成立,其首件专利申请出现在 2010 年,首件专利来源于母公司招商局(深圳)有限公司的专利转让。从总体发展趋势来看,招商局重工(江苏)有限公司专利申请量和公开量的趋势大体一致,2013—2015 年,专利申请量开始迅速增长,2016—2018 年,专利申请量增幅明显,2018 年专利申请数量达到顶峰,2018 年的专利申请量与 2013 年相比,增幅几乎高达 16 倍。这表明招商局重工(江苏)有限公司正

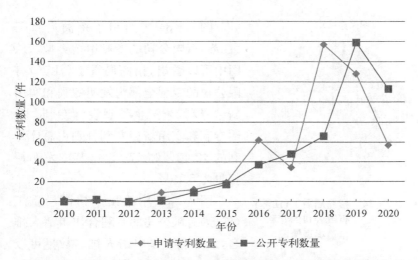

图 2-32　招商局重工(江苏)有限公司专利申请量与公开量逐年分布趋势

处于一个相当活跃、快速发展的阶段,其创新能力和竞争能力与日增加。

图 2-33 中给出了招商局重工(江苏)有限公司专利的法律状态情况。从图中可以看出,其中有效专利占所有专利的 61.71%,实质审查专利占 31.37%,失效专利占 6.92%,专利失效的主要原因有企业的主动撤回、未交年费和避重授权,而被驳回的专利仅占所有专利的 3.35%。综合以上数据分析可知,招商局重工(江苏)有限公司的专利申请质量呈现较高水平,且在船舶领域拥有较高的活跃度。

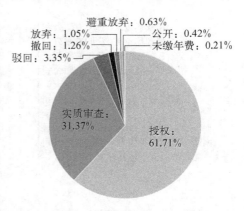

图 2-33　招商局重工(江苏)有限公司专利的法律状态

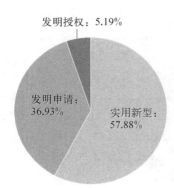

图 2-34 招商局重工(江苏)有限公司的专利申请类型情况

图 2-34 中给出了招商局重工(江苏)有限公司的专利申请类型。从图中可以看出,招商局重工(江苏)有限公司的专利全部为发明专利和实用新型专利,未产生外观设计专利。发明专利和实用新型专利分别占总体专利的 42.12% 和 57.88%,其中发明授权量为 5.19%。

图 2-35 中给出了招商局重工(江苏)有限公司的专利合作申请人排名,从专利合作申请人排名数量可以看出,招商局重工(江苏)有限公司的专利合作申请主要联合招商局重工(深圳)有限公司,以及集团内的招商局金陵船舶(江苏)有限公司、招商局海洋装备研究院有限公司等公司开展。在高校领域的专利合作,主要是与江苏科技大学、上海海事大学两所涉船高校共同开展。

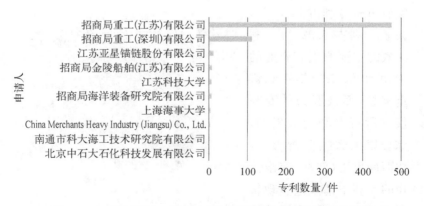

图 2-35 招商局重工(江苏)有限公司的专利合作申请人排名

图 2-36 中给出了招商局重工(江苏)有限公司按照专利数量统计的发明人排名情况。对招商局重工(江苏)有限公司所有专利的相关专利发明人进行统计分析可知,专利拥有量最多的三位发明人为刘建成、徐立新和孔国照,其参与发明创造的专利数量超过 100 件,接近公司专利总数的 1/5,这表明核心发明人积极参与技术研发和专利保护工作,企业核心技术成员稳定,技术成果产出稳定。

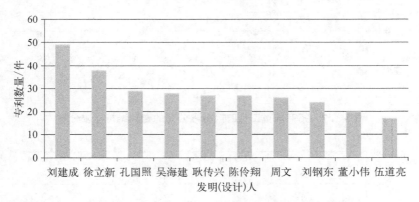

图 2-36 招商局(江苏)有限公司重工的核心发明人排名

图 2-37 中给出了招商局重工(江苏)有限公司的专利维持年限分布情况。从图中可以看出,现有有效专利维持年限超过 5 年的共有 61 件,其中维持年限为 12 年的有 2 件,维持年限为 10 年的有 1 件,维持年限为 8 年的有 10 件。从数据来看,招商局重工(江苏)有限公司的专利维持率较高,专利的重要性和经济效益对企业现阶段的发展产生了积极的促进作用。

图 2-38 中给出了招商局重工(江苏)有限公司不同权利要求数量的专利的数量分布情况。权利要求数量在宏观上表明专利所保护的范围,权利要求数量越多,保护范围越多,一定意义上专利的质量更高。从图中可以看出,权力要求数量超过 5 项的专利共有 156 件,仅占专利总数的 1/3,从数据来看,招商局重工(江苏)

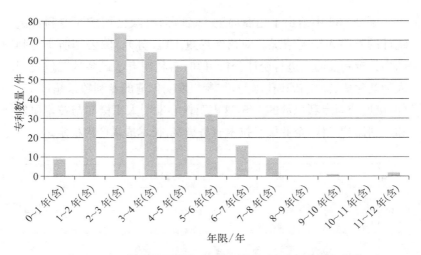

图 2-37　招商局重工(江苏)有限公司的专利维持年限分布

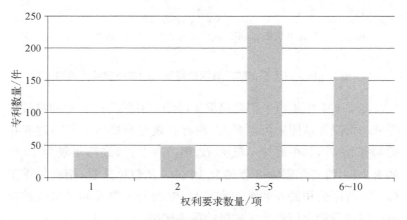

图 2-38　招商局重工(江苏)有限公司的专利权利要求数量分布

有限公司的大部分专利的权力要求保护范围较小,现有的权力要求保护范围不能较好地保护企业的专利技术,其专利撰写质量需要进一步增强。

图 2-39 中给出了招商局重工(江苏)有限公司各技术领域不

同功效的专利数量分布情况。招商局重工(江苏)有限公司的技术主要集中在B63B(船舶或其他水上船只;船用设备)、B23K(钎焊或脱焊;焊接;用钎焊或焊接方法包覆或镀敷;局部加热切割,如火焰切割;用激光束加工)、B66C(起重机;用于起重机、绞盘、绞车或滑车的载荷吊挂元件或装置)三个领域。在B63B领域关注的技术功效特征主要集中在复杂性降低、便利性提高、成本降低、效率提高和安全提高五个方面。

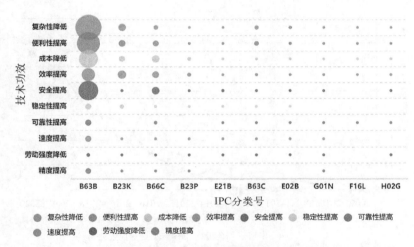

图2‑39 招商局重工(江苏)有限公司专利技术功效的矩阵分布

3. 招商局重工(江苏)有限公司高端海洋油气装备领域研发态势

(1) 专利公开趋势分析

招商局重工(江苏)有限公司海洋油气装备领域相关专利的公开情况如图2‑40所示。截至2020年,招商局重工(江苏)有限公司涉及海洋油气装备的专利技术共计101件,占企业专利总数的1/5,2010—2020年间海洋油气装备领域的相关专利申请-公开分布整体呈上升趋势,专利分布趋势说明招商局重工(江苏)有限公司在海洋油气装备领域的相关技术在近10年间得到了快速发展。其中,2010—2015年专利申请量较少,海洋油气装备作为一个新兴产业,市场风险和技术难度较大,企业发展初期在该领域的技术科研投入较少;2016年后,由于市场需求和政策推动,海洋油气装备领域的相关技术发展迅猛,呈现跨越式上升,2018年相关技术的专利公开量近32件,说明近几年招商局重工(江苏)有限公司在海洋油气装备领域的技术产出成效显著。

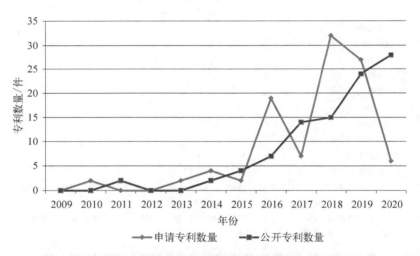

图2-40 招商局重工(江苏)有限公司海洋油气装备相关的专利申请-公开趋势

(2) 技术构成分析

图2-41给出了招商局重工(江苏)有限公司海洋油气装备相关专利的技术领域构成情况。由图2-41可知,前两位的技术领域分别为B63B9和E02B17技术,占比分别为17.17%和16.16%,两者占比之和接近总体技术领域的40%,相关技术的专利申请处于第一梯队;其次是B63B35、E02D5和B63B27技术,占比均在10%以上,相关技术的专利申请处于第二梯队;处于第三梯队的B23K37、B63B21和B63B73等技术,申请占比在5%以上。招商

局重工(江苏)有限公司海洋油气装备领域相关专利的前 10 位技术领域的申请数量和具体的技术含义解释如表 2-7 所示。

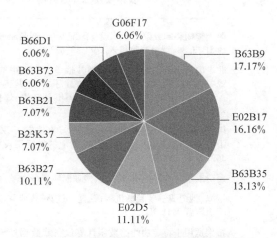

图 2-41 招商局重工(江苏)有限公司海洋油气装备领域技术构成分析

表 2-7 主要技术构成申请量及含义

IPC 分类位置	数量/件	技术领域(IPC 索引)
B63B9	17	船舶或其他水上船只;船用设备(船用通风,加热,冷却或空气调节装置入 B63J2/00;用作挖掘机或疏浚机支撑的浮动结构入 E02F9/06)
E02B17	16	支承在桩基或类似支承物上的人工岛,例如,升降式支柱上的平台;其修建方法(防护物入 E02B3/26;浮动平台的锚定入 B63B21/00;浮动平台,例如,锚定的浮动平台入 B63B35/44;独立的水下结构物入 E02D29/00)
B63B35	13	适合于专门用途的船舶或类似的浮动结构(以装载布置为特征的船舶入 B63B25/00;布雷艇或扫雷艇、潜艇、航空母舰或以其攻击或防御装备为特征的其他舰艇入 B63G)
E02D5	11	基础工程专用的板桩墙,桩或其他结构构件(一般工程构件入 F16)

续 表

IPC 分类位置	数量/件	技术领域(IPC 索引)
B63B27	10	船上货物装卸或乘客上下设备的配置(自卸驳船或平底船入 B63B35/30;浮游起重机入 B66C23/52)
B23K37	7	非专门适用于仅包括在本小类其他单一大组中的附属设备或工艺(戴在操作者身体上的或手持的焊工用眼罩入 A61F9/00;用于金属加工的机械但不是钎焊、焊接、火焰切割机械的入 B23Q;其他防护罩入 F16P1/06)
B63B21	7	绑系;移动、拖曳或推挤设备;锚定(动态锚定入 B63H25/00;沿海、港口或其他固定海上结构物上的航运用设备,如用于起卸的入 E02B)
B63B73	6	建造或组装船只或海洋结构,例如船体或海上平台
B66D1	6	钢绳、钢缆或链条卷扬机构;绞盘(可携带式或移动式提升或牵引装置入 B66D3/00)
G06F17	6	特别适用于特定功能的数字计算设备或数据处理设备或数据处理方法(信息检索,数据库结构或文件系统结构,G06F16/00)

(3) 技术构成集中度分析

图 2-42 给出了招商局重工(江苏)有限公司海洋油气装备领域的专利技术构成集中度情况。由图 2-42 可知,招商局重工(江苏)有限公司海洋油气装备领域的专利技术集中度总体上处于中等偏上水平,说明公司重点关注特定技术领域,专利技术集中度的整体发展趋势呈逐年递增状态。2010—2015 年间基本处于分散状态,专利申请量较少,且技术分支较为分散;2015 年后,技术构成呈现集聚趋势,集中度开始明显递增,说明近年来招商局重工(江苏)有限公司对海洋油气装备领域的技术研发方向明晰,在一定程度上能反映出企业在这一阶段的市场方向和技术动态。

4. 招商局重工(江苏)有限公司技术路线

对招商局重工(江苏)有限公司的建造船型进行分类,绘制各

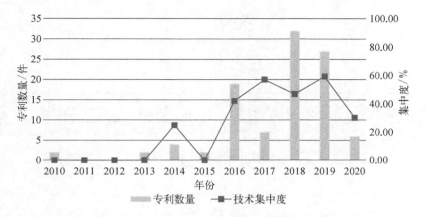

图 2-42 招商局重工(江苏)有限公司海洋油气装备
专利技术构成集中度趋势分析

主营船型及海工装备的技术发展路线,通过专利技术方案描绘技术发展路径和演变趋势。

招商局重工(江苏)有限公司对半潜式平台相关技术研究呈递进式发展,首件专利出现在 2014 年,这一阶段主要关注半潜生活平台的结构分布、连接形式及半潜生活平台改建等相关技术。2015—2019 年,随着半潜生活平台相关技术工艺的发展,招商局重工(江苏)有限公司开始研究半潜式海洋工程平台,专利技术主要关注半潜式海洋工程平台的吃水方法、出坞方法以及关键部件连接结构。2019—2020 年,招商局重工(江苏)有限公司的研究主要围绕半潜式起重平台展开,专利技术主要关注主吊机休息臂结构、起重平台。2020—2021 年,招商局重工(江苏)有限公司在半潜式起重平台的基础上,研究开发半潜式起重拆解平台,专利技术主要关注负载实验方法、链接工装、平台结构、平台控制方法等,同时对非对称半潜式拆解平台展开研究。总体而言,招商局重工(江苏)有限公司在半潜平台的技术演变是从半潜生活平台、半潜式海洋工程平台到半潜式起重平台再到半潜式起重拆解平台的逐渐升级递进。

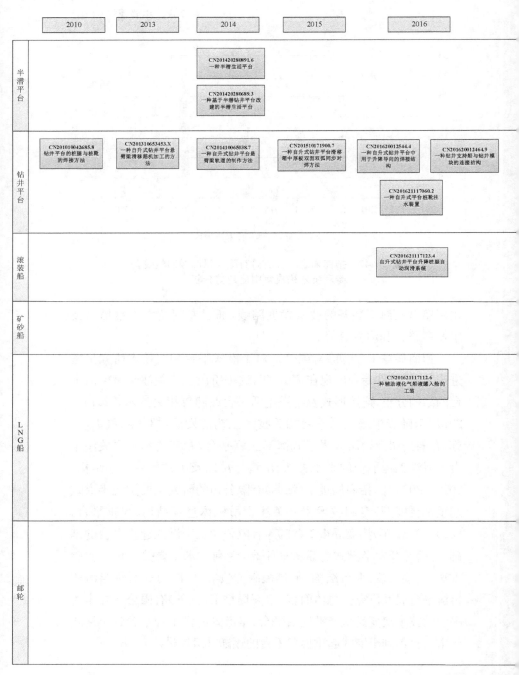

图 2-43 招商局重工(江苏)

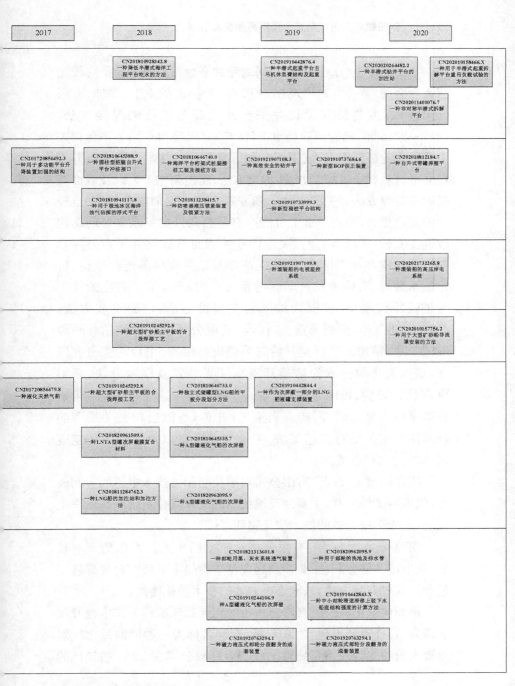

有限公司技术路线图

招商局重工(江苏)有限公司对钻井平台相关技术的研究较为深入和透彻,首件专利出现在 2010 年,由招商局重工(深圳)有限公司转入,主要研究了钻井平台的桩腿与桩靴的焊接方法。2013—2015 年,随着招商局重工(江苏)有限公司对钻井平台相关工艺研究的逐渐深入,该领域专利重点关注的技术主要为自升式钻井平台悬臂梁机加工方法、称重方法、轨道制作工艺以及双面双弧同步对焊方法等工艺工法。随着平台部件更加精密,对平台设计的要求更高,招商局重工(江苏)有限公司开始寻求良好的结构改进,2016—2017 年,重点关注的技术为自升式钻井平台升降导向焊接结构和加强结构、钻井支持船与钻井模块的连接结构、桩靴注水装置、升降桩腿自动润滑系统;2018 年,重点关注的技术为桩腿冲桩接口、桩腿接桩工装及接桩方法、桩腿安装方法。2019—2021 年,招商局重工(江苏)有限公司由对海洋钻井平台工艺工法、结构改进研究开始向关键设备结构、平台功能研究演变,重点关注的技术为防喷器液压锁紧装置及锁紧方法、新型 BOP 扶正装置、极地冰区海洋油气钻探的浮式平台、自升式带罐养殖平台。整体而言,招商局重工(江苏)有限公司钻井平台的技术演变主要是对工艺工法、关键装置设备以及平台多功能应用等的优化和改进。

招商局重工(江苏)有限公司对滚装船相关技术申请的专利较少,仅申请 2 件专利,主要涉及滚装船的电视监控系统和高压岸电系统,未能形成有效的技术演化路线。

招商局重工(江苏)有限公司对矿砂船相关技术申请专利较少,仅申请 2 件专利,主要涉及超大型矿砂船主甲板的合拢焊接工艺和导流罩安装方法,未能形成有效的技术演化路线。

招商局重工(江苏)有限公司对液化天然气船相关技术也开展了研究,首件专利出现在 2016 年,专利名称为一种辅助液化气船液罐入舱的工装。招商局重工(江苏)有限公司在 LNG 船领域的专利技术主要由工艺工装、复合材料、生产设计三个方面组成,工艺工装的专利技术主要包括液货舱辅助工装件、加注工艺、安装方法、货舱密封工艺等;复合材料主要为 A 型罐次屏蔽膜复合材料;生产设计主要为独立储罐 LNG 船甲板分段划分工艺。

招商局重工(江苏)有限公司对邮轮相关技术也开展了研究,首件专利出现在 2018 年,专利名称为一种邮轮用黑、灰水系统透气装置。招商局重工(江苏)有限公司在邮轮领域的专利技术主要由舾装结构、有限元计算方法、生产工艺三个方面组成,舾装结构主要包括邮轮的透气、排水装置、公共区域通风结构等;有限元计算方法包括船底结构强度的计算方法等;生产工艺包括邮轮分段的翻身方法、邮轮分段翻身的成套装置等工艺工装结构。

2.4.2 惠生(南通)重工有限公司

1. 惠生(南通)重工有限公司简介

惠生(南通)重工有限公司是惠生集团旗下的惠生海工业务板块中海洋工程装备制造公司,位于江苏省南通市,惠生海工业务板块是领先的天然气货币化解决方案提供商,依托国际化的专业团队、符合国际标准的项目执行体系及一流的建造设施,致力于为全球能源行业提供创新的系列化天然气货币化多种解决方案、优质的海陆模块建造服务及深远海风电解决方案。

2. 惠生(南通)重工有限公司整体专利情况分析

图 2-44 给出了惠生(南通)重工有限公司逐年专利申请量和公开量的分布趋势。截至 2020 年,企业共有专利 220 件。惠生(南通)重工有限公司于 2004 年成立,其首件专利申请出现在 2009 年,其专利申请趋势和公开趋势总体上都呈周期波动分布,专利申请数量在 2017 年达到顶峰,通过专利数据可以看出,惠生(南通)重工有限公司的技术研发呈现稳定周期性的规律。

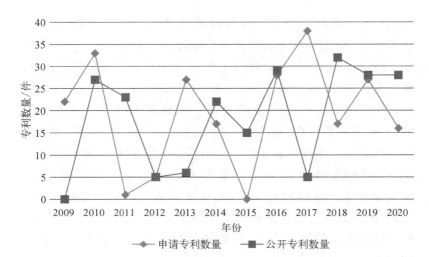

图 2-44 惠生(南通)重工有限公司专利申请量与公开量逐年分布趋势

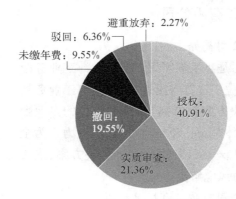

图 2-45 惠生(南通)重工有限公司专利的法律状态

图 2-45 给出了惠生(南通)重工有限公司申请专利的法律状态情况。从图中可以看出,其中授权专利占所有专利的 38.79%,实质审查专利占比 20.26%,失效专利占比 35.77%,专利失效主要原因有企业的主动撤回、未交年费和避重授权,而被驳回的专利仅占比 6.03%。综合以上数据分析,惠生(南通)重工有限公司的专利申请质量呈现较高水平,专利技术水平处于领先水平。

图 2-46 给出了惠生(南通)重工有限公司的专利申请类型。从图中可以看出,惠生(南通)重工有限公司的专利全部为发明专利和实用新型专利,未产生外观设计专利。发明专利和实用新型专利分

别占总体专利的 50% 和 40.95%,其中发明授权量为 9.05%。

图 2-47 给出了惠生(南通)重工有限公司的专利合作申请人排名,从专利合作申请人排名数量可以看出,惠生(南通)重工有限公司的专利申请主要是本公司单独权利人申请,仅有 1 件专利与上海惠生海洋工程有限公司合作申请,专利权属清晰,未与相关高校或企业开展专利合作申请。

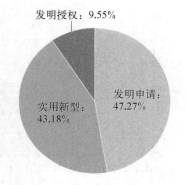

图 2-46 惠生(南通)重工有限公司专利申请类型情况

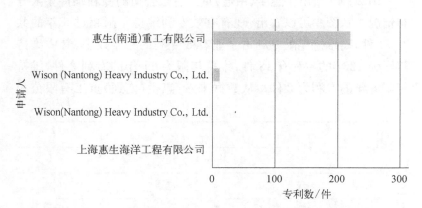

图 2-47 惠生(南通)重工有限公司专利合作申请人排名

图 2-48 给出了惠生(南通)重工有限公司按照专利数量统计的发明人排名情况。通过对惠生(南通)重工有限公司所有专利的相关专利发明人进行统计分析可知,专利拥有量最多的三位发明人为沈建荣、安文新、葛晓强,其参与发明创造的专利数量超过 100 件,超过公司专利总数的 1/2,表明核心发明人积极参与技术研发和专利保护工作,企业核心技术成员稳定,技术成果产出稳定。

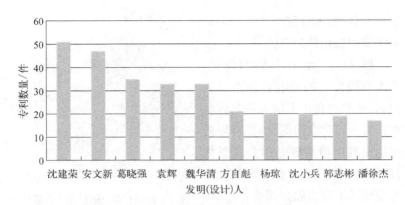

图 2-48　惠生(南通)重工有限公司核心发明人排名

图 2-49 给出了惠生(南通)重工有限公司的专利维持年限分布情况。从图中可以看出,现有有效专利维持年限超过 5 年的共有 71 件,高维持年限专利占企业有效专利的一半以上,其中维持年限为 12 年的专利有 18 件,维持年限为 11 年的专利 2 件,维持年限 8 年的专利为 2 件。从数据来看,惠生(南通)重工有限公司

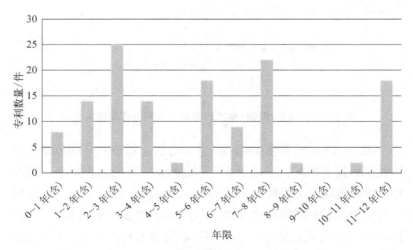

图 2-49　惠生(南通)重工有限公司专利维持年限分布

的专利维持率较高,专利的重要性和经济效益对企业现阶段的发展产生了积极的促进作用。

图 2-50 给出了惠生(南通)重工有限公司不同权利要求数量的专利的数量分布情况。权利要求数量在宏观上表明专利所保护的范围,权利要求数量越多,保护范围越广,一定意义上专利的质量更高。从图中可以看出,权力要求数量超过 5 项的专利共有 89 件,仅占专利总数的 1/3,从数据来看,惠生(南通)重工有限公司的大部分专利的权力要求保护范围较小,现有的权力要求保护范围不能较好地保护企业的专利技术,其专利撰写质量需要进一步增强。

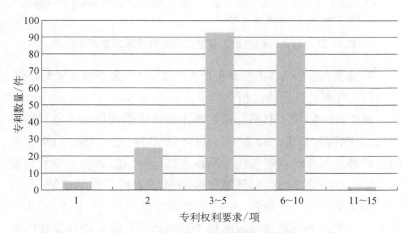

图 2-50　惠生(南通)重工有限公司专利权利要求数量分布

图 2-51 给出了惠生(南通)重工有限公司各技术领域不同功效的专利的数量分布情况。惠生(南通)重工有限公司的技术主要集中在 B63B(船舶或其他水上船只;船用设备)、B66C(起重机;用于起重机、绞盘、绞车或滑车的载荷吊挂元件或装置)、B23K(钎焊或脱焊;焊接;用钎焊或焊接方法包覆或镀敷;局部加热切割,如火焰切割;用激光束加工)三个领域。在 B63B 领域关注的技术功效特征主要集中在便利性提高、成本降低和安全提高三个方面。

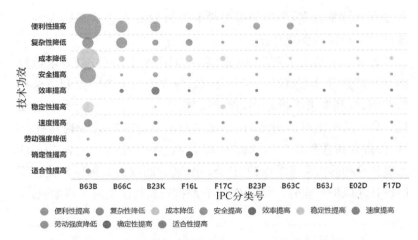

图 2-51　惠生(南通)重工有限公司专利技术功效矩阵分布

3. 惠生(南通)重工有限公司在高端海洋油气装备领域研发态势

(1) 专利公开趋势分析

惠生(南通)重工有限公司在海洋油气装备领域相关专利的申请-公开情况如图 2-52 所示。截至 2020 年,惠生(南通)重工有限公司涉及海洋油气装备的专利技术共计 90 件,占企业专利总数的 1/2;2009—2020 年,海洋油气装备领域的相关专利申请-公开分布整体呈波动上升趋势,专利分布趋势说明惠生(南通)重工有限公司在海洋油气装备领域的相关技术研究开发呈现周期性的发展趋势;其中,2008—2010 年,专利申请量较少,海洋油气装备在这一阶段作为一个新兴产业,市场风险和技术难度较大,企业的投入成效和产出并不显著;2012—2015 年,由于市场需求、技术积累以及重大项目支撑,这一阶段为惠生(南通)重工有限公司海洋油气装备相关专利技术产出的快速递增周期;2016—2020 年,在国家政策、行业政策以及市场清洁能源需求的多重推动下,惠生(南通)重工有限公司在海洋油气装备领域的技术产出又进入了一个新的高速发展周期。

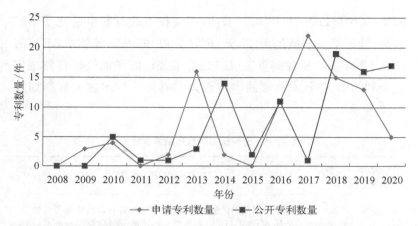

图 2-52　惠生(南通)重工有限公司海洋油气装备相关专利申请-公开趋势

(2) 技术构成分析

图 2-53 给出了惠生(南通)重工有限公司海洋油气装备相关专利的技术领域构成情况。由图 2-53 可知，排名第一的技术领域为 B63B35 技术，占比为 40.54%，相关技术的专利申请处于第一

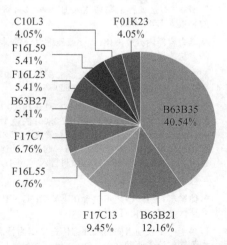

图 2-53　惠生(南通)重工有限公司海洋油气装备领域技术构成分析

梯队；其次是 B63B21、F17C13 技术，相关技术的专利申请处于第二梯队；处于第三梯队的 F16L55、F17C7 和 B63B27 等技术，申请占比在 5% 以上。招商局重工（江苏）有限公司海洋油气装备领域相关专利前 10 位技术领域的申请数量和具体的技术含义解释如表 2-8 所示。

表 2-8 主要技术构成申请量及含义

IPC 分类位置	数量/件	技术领域（IPC 索引）
B63B35	30	适合于专门用途的船舶或类似的浮动结构（以装载布置为特征的船舶入 B63B25/00；布雷艇或扫雷艇、潜艇、航空母舰或以攻击或防御装备为特征的其他舰艇入 B63G）
B63B21	9	绑系；移动、拖曳或推挤设备；锚定（动态锚定入 B63H25/00；沿海、港口或其他固定海上结构物上的航运用设备，如用于起卸的入 E02B）
F17C13	7	容器或容器装填排放的零部件
F16L55	5	在管子或管系中使用的及与管子或管系有关的设备及备件（F16L1/00 至 F16L53/00，F16L57/00，F16L59/00 组优先；在水上或水下检修或连接管子入 F16L1/26；管子的清理入 B08B9/02，例如移去阻塞物入 B08B9/027；防止水管结冰破裂的装置入 E03B7/10）
F17C7	5	从压力容器内排放液化、固化或压缩气体的其他小类内不包含的方法或设备
B63B27	4	船上货物装卸或乘客上下设备的配置（自卸驳船或平底船入 B63B35/30；浮游起重机入 B66C23/52）
F16L23	4	法兰连接（F16L13/00，F16L17/00，F16L19/00 优先；可调连接入 F16L27/00；用于软管的入 F16L33/00；快速型联接入 F16L37/00；用于双壁或多通路管子，或组合管入 F16L39/00；专门适用于塑料制成的或与由塑料制成的管一起使用的连接装置或其他配件入 F16L47/00；专用于脆性材料管入 F16L49/00）
F16L59	4	一般的绝热
C10L3	3	气体燃料；天然气；用不包含在小类 C10G，C10K 的方法得到的合成天然气；液化石油气
F01K23	3	以多于一个发动机向装置外部传送功率为特点的装置，发动机由不同的流体驱动

(3) 技术构成集中度分析

图 2-54 给出了惠生(南通)重工有限公司海洋油气装备领域专利技术构成集中度的情况。由图 2-54 可知,惠生(南通)重工有限公司海洋油气装备领域专利技术集中度的分布情况与企业的技术投入和专利产出周期性的波动变化情况一致,在一个时间周期内,技术集中度呈现由分散到集中再分散的分布状况。2009—2015 年,基本处于分散状态,专利申请量较少,技术分支较为分散;2015 年后,技术构成呈现集聚趋势,集中度开始明显递增;2018 年的技术聚集程度最高,在一定程度上反映出企业在这一阶段的重要技术研发方向。

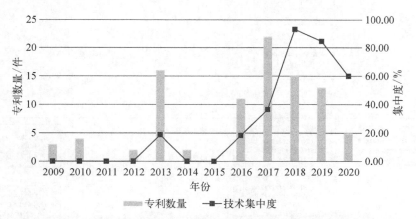

图 2-54 惠生(南通)重工有限公司海洋油气装备专利技术构成集中度趋势分析

4. 惠生(南通)重工有限公司技术路线

对惠生(南通)重工有限公司的建造船型进行分类,绘制各主营船型及海工装备的技术发展路线,通过专利技术方案描绘技术发展路径和演变趋势。

惠生(南通)重工有限公司对海上风电平台的相关技术开展了研究,首件专利申请出现在 2017 年,专利为一种便于安装的浮式

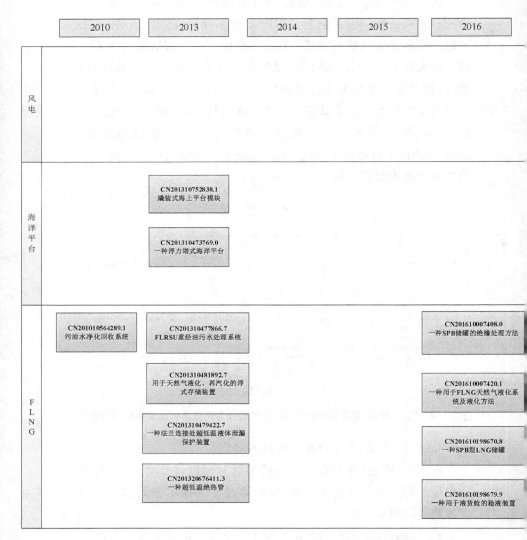

图 2-55 惠生(南通)重工有

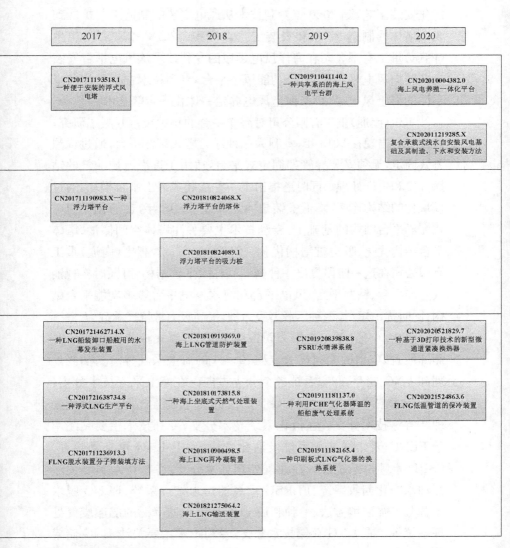

限公司技术路线图

风电塔,通过可调浮力舱和固定浮力舱结构,实现塔体自动扶正,优化安装工艺;到 2020 年专利技术从风电安装的制造工艺扩展到风电塔体的制造、下水和安装工艺全流程。2018—2020 年,惠生(南通)重工有限公司在海洋风电领域的专利技术从风电平台安装工艺转向风电平台群、复合功能风电平台,专利技术主要关注共享系泊的海上风电平台群、海上风电养殖一体化平台等技术。

惠生(南通)重工有限公司对海洋平台的相关技术开展了研究,首件专利出现在 2013 年,专利为一种浮力塔式海洋平台,通过锚泊方式固定,无须安装导管架固定式平台,适用于近海海域油气的钻探开发和生产处理。同时还提出了一种撬装式海上平台模块,通过模块化的结构连接,降低安装成本。2017—2018 年,在简化浮力塔式海洋平台结构的基础上,专利技术主要关注塔体空间储油、塔体平台结构优化、吸力桩结构优化。2019—2020 年,惠生(南通)重工有限公司在这一阶段提出一种新型立柱式平台结构,可同时实现油气生产平台、钻井平台、风电平台和海水发电平台等多功能平台结构,同时提出短/长两种压载型吸力桩,提高吸力桩抗拔承载力。

惠生(南通)重工有限公司围绕 FLNG(浮式液化天然气生产储卸装置)申请的专利技术涉及 FLNG 的海上采气、液化、油气处理和 LNG 储存、卸载系统各个分支方向。在海上采气技术分支,专利技术主要涉及浮式 LNG 生产平台、一种海上坐底式天然气处理装置等技术分支。在液化系统技术分支,专利技术主要关注用于 FLNG 天然气液化系统及液化方法、海上 LNG 再冷凝装置、FSRU 水喷淋系统等。在油气处理技术分支,专利技术主要关注污油水净化回收系统、FLRSU 重烃油污水处理系统、FLNG 脱水装置分子筛装填方法、一种利用 PCHE 汽化器降温的船舶废气处理系统等。在 LNG 存储技术分支,专利技术主要关注 LNG 储罐与保护装置两大方向,在 LNG 储罐方向的专利涉及用于天然气液化再汽化的浮式存储装置、SPB 型 LNG 储罐、液货舱的稳液装置等,在保护装置方向的专利涉及法兰连接处超低温液体泄漏保护装置、SPB储罐的绝缘处理方法等技术。在卸载系统技术分支,专利技术主要关注超低温绝热管、LNG船装卸口船舷用的水幕发生装置、海上LNG管道防护装置、LNG输送装置、FLNG低温管道的保冷装置等技术。在LNG换热器领域,专利技术主要关注印刷板式LNG汽化器的换热系统、基于3D打印技术的新型微通道紧凑换热器等技术。

2.4.3 南通中远海运船务工程有限公司

1. 南通中远海运船务工程有限公司介绍

南通中远海运船务工程有限公司是中远(集团)总公司旗下中远船务工程集团核心企业之一。公司始建于1977年12月,历经交通部南通船厂、南通远洋船务工程有限公司和南通中远船务工程有限公司三大发展阶段。加入中远船务集团后,公司实现了跨越式发展,成为世界领先航运公司在中国沿海首选的合作伙伴,客户遍布世界40多个国家和地区。公司在江苏省启东市规划建设了中国最大、世界一流的现代化海洋工程装备制造基地[45]。

公司主营海洋工程装备制造和船舶修理改装业务,在成功修理和改装散货轮、油轮、滚装船等各类大型常规船和特种船百余艘基础上,全面进军海洋工程制造领域,自行设计并成功建造了世界最先进的首座圆筒型超深水海洋钻探储油平台SEVANDRILLER,以及SUPERM2自升式钻井平台、350POB、GM4000项目等一大批高端海工产品,在中国海洋工程装备制造领域独占鳌头。

2. 南通中远海运船务工程有限公司整体专利情况分析

图2-56中给出了南通中远海运船务工程有限公司逐年专利申请量和公开量的分布趋势。截至2020年,企业共有专利120件。南通中远海运船务工程有限公司首件专利申请出现在2009年,其专利申请趋势和公开趋势总体上都呈现缓慢增长的分布趋

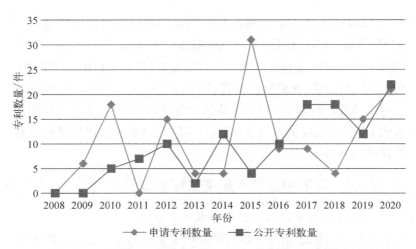

图 2-56　南通中远海运船务工程有限公司专利申请量与公开量逐年分布趋势

势,专利申请数量在 2015 年达到顶峰,通过专利数据可以看出,南通中远海运船务工程有限公司的专利年申请量始终保持在 10 件上下波动,除个别年份专利申请量增幅较大外,其余都较为平缓。

图 2-57 给出了南通中远海运船务工程有限公司专利的法律状态情况。从图中可以看出,其中授权专利占所有专利的 75.86%,实质审查专利占 8.97%,失效专利占 2.76%,专利失效主要原因是期限届满。综合以上数据分析,南通中远海运船务工程有限公司的专利申请质量呈现较高水平,相关技术领域的专利技术水平处于领先水平。

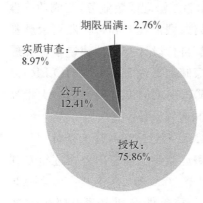

图 2-57　南通中远海运船务工程有限公司专利的法律状态

图 2-58 给出了南通中远海运船务工程有限公司专利申请类型。从图中可以看出,南通中远海运船务工程有限公司的专利中

主要为发明专利和实用新型专利，外观设计专利较少。发明专利和实用新型专利分别占总体专利 81.38% 和 17.93%，其中发明授权量为 60%。

图 2-59 中给出了南通中远海运船务工程有限公司专利合作申请人排名，从专利合作申请人排名数量可以看出，南通中远海运船务工程有限公司的专利申请主要联合启东中远海运海洋工程有限公司，以及中远船务（启东）海洋工程有限公司等公司开展。

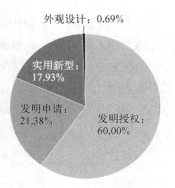

图 2-58 南通中远海运船务工程有限公司专利申请类型情况

在高校领域的专利合作，主要是与江苏大学、东南大学、广东工业大学、江苏科技大学、江苏理工学院开展专利合作申请，与高校合作较为紧密，其中南通中远海运船务工程有限公司联合江苏大学获批江苏省高价值专利培育示范中心项目，江苏大学与其的专利合作申请数量位于高校合作申请中的首位。

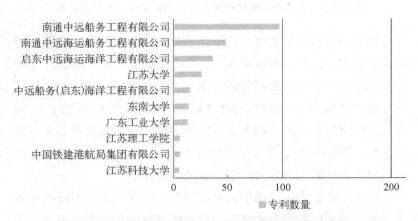

图 2-59 南通中远海运船务工程有限公司专利合作申请人排名

图 2-60 给出了南通中远海运船务工程有限公司按照专利数量统计的发明人排名情况。对南通中远海运船务工程有限公司所有专利的相关专利发明人进行统计分析,专利拥有量最多的三位发明人为张永康、王振刚、郭晓东,其参与发明创造的专利数量接近 100 件,超过公司专利总数的 2/3,表明核心发明人积极参与技术研发和专利保护工作,企业核心技术成员稳定,技术成果产出稳定。

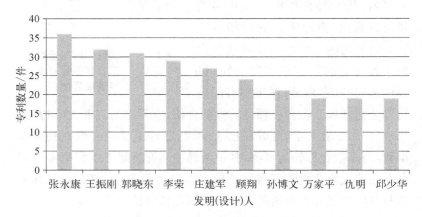

图 2-60　南通中远海运船务工程有限公司核心发明人排名

图 2-61 给出了南通中远海运船务工程有限公司专利维持年限分布情况。从图中可以看出,现有有效专利维持年限超过 5 年的专利共有 78 件,高维持年限专利占企业有效专利的一半以上,其中维持年限为 13 年的专利有 2 件,维持年限为 12 年的专利 18 件,维持年限 10 年的专利为 18 件。从数据来看,南通中远海运船务工程有限公司的专利高年限维持率较高,专利的重要性和经济效益对企业现阶段的发展产生积极的促进作用。

图 2-62 给出了南通中远海运船务工程有限公司不同权利要求数量的专利的数量分布情况。权利要求数量在宏观上表明专利所保护的范围,权利要求数量越多,保护范围越宽,一定意义上专

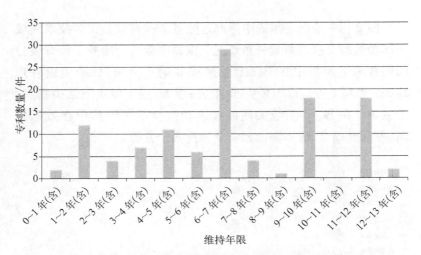

图 2-61　南通中远海运船务工程有限公司专利维持年限分布

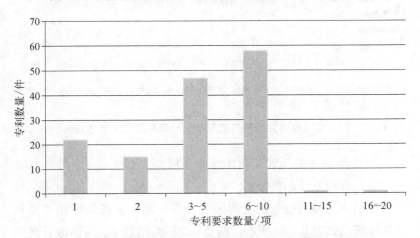

图 2-62　南通中远海运船务工程有限公司专利权利要求数量分布

利的质量更高。从图中可以看出,权力要求数量超过 5 项的专利共有 60 件,少于专利总数的 1/2,从数据来看,中远海运的专利的权力要求保护范围适中,现有的权力要求保护范围基本能够覆盖企业的专利技术,专利撰写质量仍然有提高的空间。

图 2-63 给出了南通中远海运船务工程有限公司各技术领域不同功效的专利的数量分布情况。南通中远海运船务工程有限公司的技术主要集中在 B63B(船舶或其他水上船只;船用设备)、E02B(水利工程)、E02D(基础;挖方;填方;地下或水下结构物)三个领域。在 B63B 领域关注的技术功效特征主要集中在效率提高、便利性提高、成本降低和安全提高四个方面。

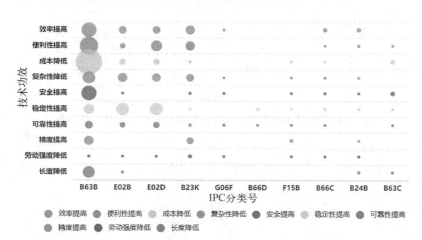

图 2-63 南通中远海运船务工程有限公司专利技术功效矩阵分布

3. 高端海洋油气装备研发态势分析

(1)专利公开趋势分析

南通中远海运船务工程有限公司海洋油气装备领域相关专利的公开情况如图 2-64 所示。截至 2020 年,南通中远海运涉及海洋油气装备的专利技术共计 37 件,占企业专利总数的 1/3 左右,2009—2020 年,海洋油气装备领域的相关专利申请-公开分布整体呈稳定波动趋势,专利分布趋势在一定程度上反映了南通中远船务在海洋油气装备领域的相关技术研究开发投入相对较少,专利产出处于一种稳定偏少状态。其中,2010 年和 2015 年年度专利申请量

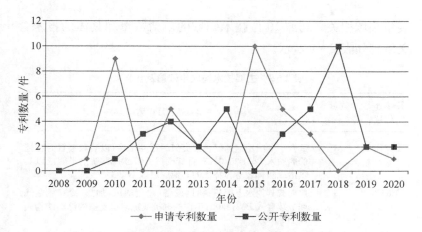

图 2-64　海洋油气装备相关专利申请-公开趋势

较多,但数量也小于等于 10 件,海洋油气装备的专利技术产出数量需要进一步提高。

(2) 技术构成分析

图 2-65 给出了南通中远海运船务工程有限公司海洋油气装备相关专利的技术领域构成情况。由图 2-65 可知,排名第一的技术领域为 B63B35 技术,占比为 20.52%,相关技术的专利申请处于第一梯队;其次是 B63B9、E02B17、B63B27 技术,占比均在 10% 以上,相关技术的专利申请处于第二梯队;处于第三梯队的 B63B21、E02D5 和 G06F17 等技术,申请占比在 5% 以上。南通中远海运海洋油气

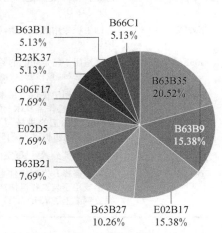

图 2-65　南通中远海运海洋油气装备领域技术构成分析

装备领域相关专利前10位技术领域的申请数量和具体的技术含义解释如表2-9所示。

表2-9 主要技术构成申请量及含义

IPC分类位置	数量/件	技术领域(IPC索引)
B63B35	8	适合于专门用途的船舶或类似的浮动结构(以装载布置为特征的船舶入B63B25/00;布雷艇或扫雷艇、潜艇、航空母舰或以其攻击或防御装备为特征的其他舰艇入B63G)
B63B9	6	船舶或其他水上船只;船用设备(船用通风,加热,冷却或空气调节装置入B63J2/00;用作挖掘机或疏浚机支撑的浮动结构入E02F9/06)
E02B17	6	支承在桩基或类似支承物上的人工岛,例如,升降式支柱上的平台;其修建方法(防护物入E02B3/26;浮动平台的锚定入B63B21/00;浮动平台,例如,锚定的浮动平台入B63B35/44;独立的水下结构物入E02D29/00)
B63B27	4	船上货物装卸或乘客上下设备的配置(自卸驳船或平底船入B63B35/30;浮游起重机入B66C23/52)
B63B21	3	绑系;移动、拖曳或推挤设备;锚定(动态锚定入B63H25/00;沿海、港口或其他固定海上结构物上的航运用设备,如用于起卸的入E02B)
E02D5	3	基础工程专用的板桩墙,桩或其他结构构件(一般工程构件入F16)
G06F17	3	特别适用于特定功能的数字计算设备或数据处理设备或数据处理方法(信息检索,数据库结构或文件系统结构,G06F16/00)
B23K37	2	非专门适用于仅包括在本小类其他单一大组中的附属设备或工艺(戴在操作者身体上的或手持的焊工用眼罩入A61F9/00;用于金属加工的机械但不是钎焊、焊接、火焰切割机械的入B23Q;其他防护罩入F16P1/06)
B63B11	2	船体的内部分舱(舱壁空间结构入B63B3/56)
B66C1	2	用来传递提升力到物件上的,附在起重机提升、降下或牵引机构上或用于与这些机构连接的载荷吊挂元件或装置(紧固到钢绳或钢缆上的入F16G11/00)

(3)技术构成集中度分析

图2-66给出了南通中远海运船务工程有限公司海洋油气装

备领域专利技术构成集中度的情况。由图2-66可知,南通中远船务海洋油气装备领域专利技术集中度分布情况与企业的专利申请波动变化情况一致,从数据来看,专利技术构成集中程度较高,这是由于企业的专利申请数量基数较少,不能全面地反映企业的技术构成集中度的分布情况,在一定程度上技术集中度的发展趋势不能代表企业在海洋油气装备领域的技术研发投入和企业的重要技术发展方向。

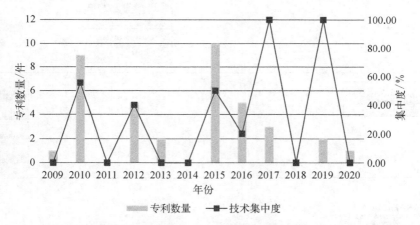

图2-66 南通中远海运海洋油气装备专利技术构成集中度趋势分析

4. 南通中远海运船务工程有限公司技术路线

对南通中远海运船务工程有限公司的建造船型进行分类,绘制各主营船型及海工装备的技术发展路线,通过专利技术方案描绘技术发展路径和演变趋势。

南通中远海运船务工程有限公司对海工钻井平台相关技术研究呈跳跃式发展,首件专利出现在2009年,这一阶段主要关注浮式钻井储油平台总段下水及旋转合拢对接方法等相关技术。2010年,这一阶段主要关注半潜式钻井平台和圆筒形超深海钻井平台,半潜式钻井平台的相关专利主要涉及半潜平台的建造方案、

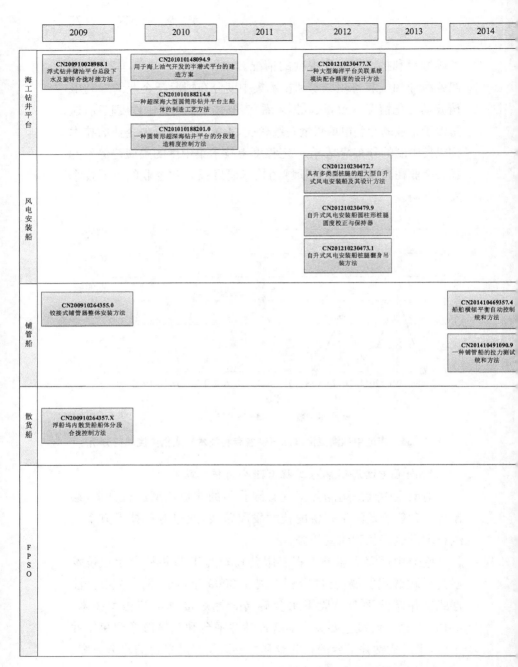

图 2-67 南通中远海运船务

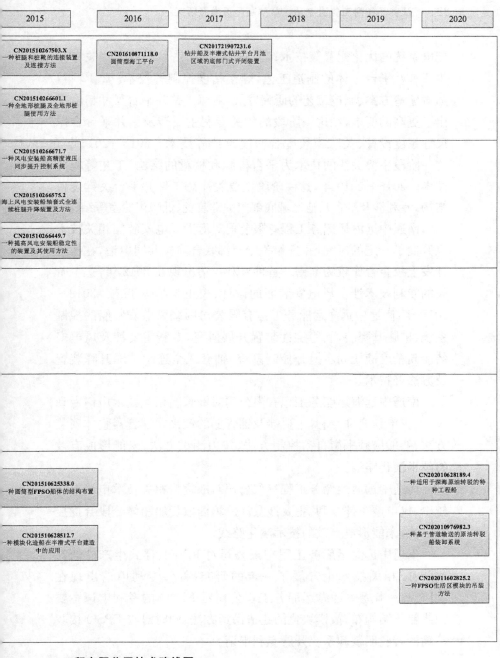

工程有限公司技术路线图

配电系统的优化配置等技术;圆筒形超深海钻井平台的相关专利主要涉及平台主体的制造工艺、焊接精度控制等技术。2012年,随着建造方案、制造工艺的研究发展,对海工钻井平台尺寸精度提出了更高的要求,在这一阶段的相关专利主要涉及钻井平台合拢尺寸精度设计、关联模块配合精度设计等技术。2013—2015年,这一阶段主要关注的技术为平台桩腿和桩靴的结构、工艺等相关技术。2016—2019年,这一阶段主要关注海工钻井平台关键设备结构,专利涉及平台月池区域底部门关键装置、低噪声舱室等结构。

南通中远海运船务工程有限公司对海上风电安装船相关技术也开展了一定的研究,并且相关专利都联合高校共同申请,在技术开发上校企合作较为紧密。首件专利申请出现在2012年,这一阶段的专利技术涉及风电安装船的设计、校正与吊运工艺。2013—2015年,南通中远海运船务工程有限公司围绕风电安装船的控制系统、桩腿升降装置、稳定性装置开展研究,专利主要涉及风电安装船高精度液压同步提升控制系统、轴套式全连续桩腿升降装置及方法等技术。

南通中远海运船务工程有限公司对铺管船相关技术申请专利较少,仅申请3件专利,主要涉及铺管船的铰接式铺管器整体安装方法、船舶横倾平衡自动控制方法、拉力测试方法,未能形成有效的技术演化路线。

南通中远海运船务工程有限公司对散货船相关技术申请专利较少,仅申请1件专利,主要涉及浮船坞内散货船船体分段合拢控制方法,未能形成有效的技术演化路线。

南通中远海运船务工程有限公司对FPSO(浮式生产储油卸油装置)相关技术也开展了一定的研究,首件专利申请出现在2015年。南通中远海运船务工程公司对FPSO的专利申请主要围绕船体结构布置、模块化的建造吊运方法,同时对与FPSO接驳传输的转驳船装卸系统开展专利申请。

第3章
集群关键技术融合预测研究

3.1 专利网络视角下的关键技术识别研究

通过对国内外开展的关键技术研究进行梳理和述评可知,技术识别活动往往依赖于专家的经验和知识、宏观的统计指标以及文献的引用特征。依据这些方法所获得的研究成果在关键技术识别领域中发挥了很大的积极作用,但仍存在主观性强、引用信息时效性滞后等问题。

随着大数据时代的到来,用于科学研究的数据来源开始发生变化,为更加科学准确地识别关键技术,本章将基于专利数据中的IPC分类号数据,构建IPC共现网络,进而针对IPC共现网络,运用社会网络分析,结合结构洞理论识别海洋油气资源开发装备领域关键技术。

3.1.1 问题描述

关键技术的突破和应用对产业发展的目标以及提高产业竞争力尤其重要,科学识别关键技术对于把握技术领域重点、锻造"撒手锏"技术具有重要意义。本研究通过辨析关键技术的概念内涵,基于社会网络分析方法识别关键技术,一方面为实现关键技术突破的研究提供参考,另一方面为后续重点预测关键技术的融合趋势打下基础。

目前学术界对关键技术的内涵界定并没有统一,不同学者在研究关键技术的过程中由于研究视角和关注内容不同,对关键技术的定义也不同。由于产业技术结构复杂且每位专家的知识领域存在差异,同时考虑到专家由于专业领域的不同在关键技术的评估过程中可能存在模糊性从而缺乏科学依据。随着大数据时代的到来,用于科学研究的数据来源开始变多,关键技术的识别必须基于客观的数据来源开展研究,可避免识别过程中专家依据自身经验知识为技术打分、赋权等行为的过度参与。

随着新一轮科技革命迅速发展和数字技术快速渗透,人类社会已经步入复杂网络时代。网络科学已经从数学、物理学、计算机科学等工程技术领域扩展到管理学、社会学等众多不同学科,引起人们的广泛重视。网络科学聚焦于建立能够重现真实网络性质的模型,提供了一种用抽象的点和线表示各种实际网络的统一方法,因此也成为目前各学科的一种共同研究语言。基于此,本研究将关键技术与技术融合问题抽象为复杂网络,关注网络中的节点及连接结构,依次对复杂网络展开研究。在基于复杂网络分析方法的专利研究中,暂未有学者针对海洋油气开发装备领域的关键技术识别进行研究。

本研究选用专利文献作为客观的数据来源。据世界知识产权组织相关统计显示,专利文献承载了世界上90%—95%的技术信息,是进行关键技术识别最有效的客观资料。本研究首先将关键技术定义为处于网络中心位置的节点,为了解决网络中关键节点的挖掘问题,本研究基于结构洞理论进行网络节点重要度评价,用于衡量节点在IPC共现网络中的重要程度,以此进行关键技术的识别研究。其次,本研究在识别结果得出后的评估环节中,将关键技术识别结果与权威数据库的识别结果或相关技术内容作比较，保障模型所得到的结果具有有效性和准确性。

3.1.2 数据获取及预处理

1. 定义数据集

首先，根据研究需求选取适用的数据来源。本研究中，专利数据库采用智慧芽全球专利检索分析数据库，是全面的专利信息数据库，基于全球范围内的标准化专利资料，深度整合了全球 126 个国家/地区超过 1.61 亿条的专利数据，为本研究后续对专利信息的处理提供数据支撑。其次，确定需要分析的技术领域，指定专业检索式获取需要的专利著录数据集合。参照 2021 年发布的《战略性新兴产业分类与国际专利分类参照关系表》构建国家关键技术领域的国际专利分类号（IPC）（IPC 分类号由部、大类、小类、大组、小组 5 个部分组成，如 G06F-017/15，其中 G 为部、G06 为大类、G06F 为小类、G06F-017 为大组、G06F-017/15 为小组）检索式。

2. 收集数据

本研究采用海洋油气资源开发装备领域专利数据对基于链接预测的面向关键技术的技术机会预测模型进行检验与评价，在智慧芽专利数据库检索海洋油气资源开发装备领域的专利，以对其关键技术及技术融合展开研究。海洋油气开发装备主要包括勘探、钻井、生产等系列装备，为使检索数据准确，并使得检索结果有效反映海洋油气资源开发装备领域关键技术及技术融合现象，通过文献调研后，在智慧芽专利数据库中采用关键词和 IPC 号结合的方法制定检索方式，批量导出全部数据，并对检索结果进行筛选，剔除信息错误、信息不全以及信息不相关的专利，以避免对后续分析造成干扰。考虑到关键技术的长周期性特点，将检索时间定为近 20 年（2001—2020 年），检索时间为 2022 年 6 月 30 日。实验所需的必要字段为专利字段中的标题、申请日和 IPC 分类号三个字段,将上述三个字段为空的数据删掉,得到最终检索结果,共10 926条专利数据。

3. 预处理数据

专利的IPC代码揭示了其基本技术和功能,因此本研究将基于专利的IPC号展开。IPC具有多个层级,为了对结果进行更好地解读,本研究初步截取IPC至小类部分来表示其包含的技术元素信息。

3.1.3 海洋油气资源开发装备领域专利IPC共现网络构建

本研究对检索到的信息按专利在我国最早申请年份,以10年为1个时间区间长度,划分为2个时间段的专利信息集合(2001—2010年3 031件专利、2011—2020年7 895件专利)。对两个时间段数据分别提取各时间段专利IPC号的前4位信息。从数据集合中发现各时间段专利信息中存在大量专利的IPC分类号数量为2个或者2个以上(不同的4位IPC),即海洋油气资源开发装备领域专利多数为融合专利。图3-1所示为海洋油气资源开发装备领域专利IPC共现网络构建过程,主要包括专利IPC共现信息提取、专利IPC共现矩阵构建、专利IPC共现网络构建及可视化。

1. 专利IPC共现信息提取

对于大多数由多种技术构成的专利而言,可能会同时拥有多个IPC分类号。既往研究通常以IPC分类号中的小类(4位IPC)表示某一技术领域,一件专利中共现的不同4位IPC分类号则代表不同领域技术的汇聚与交叉,从而反映技术融合,具体过程如图3-2所示。

因此,首先在智慧芽专利数据库中下载海洋油气资源开发装备领域的相关专利数据后,形成待提取信息的领域专利集合,如表3-1所示;其次,按照申请年份分别提取数据集合中的IPC分类号前4位(即保留IPC分类号至小类部分);最后,剔除每件专利重复

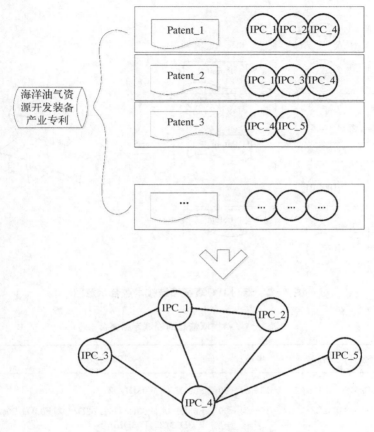

图 3-1 专利 IPC 共现网络构建

的小类 IPC 分类号,通过 Excel 软件从数据集合中提取出专利 IPC 共现信息。

2. 专利 IPC 共现矩阵构建

将提取出的专利 IPC 共现信息导入至 Bibexcel 软件中可完成专利 IPC 共现矩阵的构建,经由 Bibexcel 软件的转化,最终构建出专利 IPC 共现矩阵,如表 3-2 所示。

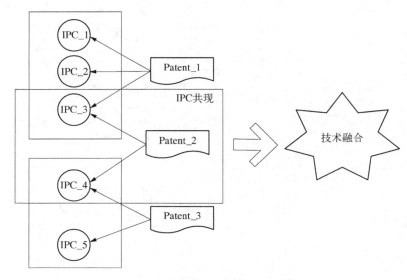

图 3-2　专利 IPC 表征领域技术融合示意图

表 3-1　待提取信息的领域专利集合

公开（公告）号	申请日	IPC 分类号
US20180045179A1	2015-04-30	F03D7/02｜F03D1/02
US10584682B2	2015-04-30	F03D1/06｜F03D9/34｜F03D7/02｜F03D9/30｜F03D13/25｜F03D15/10
WO2013084546A1	2012-08-10	F03D9/00
US20180106135A1	2017-09-28	E21B43/01｜E21B43/36｜E21B43/12｜E21B34/04｜E21B43/16｜E21B33/076
US20180223635A9	2017-09-28	E21B43/01｜E21B43/36｜E21B43/12｜E21B34/04｜E21B43/16｜E21B33/076
US10066465B2	2017-09-28	E21B33/076｜E21B34/04｜E21B43/01｜E21B43/12｜E21B43/16｜E21B43/36｜E21B43/116
WO2016085065A1	2015-04-30	F03D7/02｜F03D9/00｜F03D1/02

续 表

公开(公告)号	申请日	IPC 分类号
US20160177927A1	2015-12-16	F03D11/04∣F03D9/00
US10280901B2	2015-12-16	B63B21/50∣F03D9/25∣F03D9/00∣F03D13/25∣F03D13/20∣B63B35/44
WO2015035904A1	2014-09-10	F03D9/00∣F03D11/04
EP3225839A1	2015-04-30	F03D7/02∣F03D9/00∣F03D1/02

表 3-2 专利 IPC 共现矩阵示例

	B66B	E21D	C08K	B23P	E01F	B63B	B32B	C01D	F22B	F16C	B60H	H02P	C08L
B66B	0	0	0	0	0	0	0	0	0	0	0	0	0
E21D	0	0	0	0	0	0	0	0	0	0	0	0	0
C08K	0	0	0	0	0	0	0	0	0	0	0	0	1
B23P	0	0	0	0	0	1	0	0	0	0	0	0	0
E01F	0	0	0	0	0	0	0	0	0	0	0	0	0
B63B	0	0	0	1	0	0	0	0	0	0	0	0	0
B32B	0	0	0	0	0	0	0	0	0	0	0	0	0
C01D	0	0	0	0	0	0	0	0	0	0	0	0	0
F22B	0	0	0	0	0	0	0	0	0	0	0	0	0
F16C	0	0	0	0	0	0	0	0	0	0	0	0	0
B60H	0	0	0	0	0	0	0	0	0	0	0	0	0
H02P	0	0	0	0	0	0	0	0	0	0	0	0	0
C08L	0	0	1	0	0	0	0	0	0	0	0	0	0
D04B	0	0	0	0	0	0	0	0	0	0	0	0	0
B01J	0	0	0	0	0	0	0	0	0	0	0	0	1
H04L	0	0	0	0	0	0	0	0	0	0	0	0	0
F16K	0	0	0	0	0	0	0	0	0	0	0	0	0
G05B	0	0	0	0	0	0	0	0	0	0	0	0	0
C02F	0	0	0	0	0	0	0	0	0	0	0	0	0
G01W	0	0	0	0	0	0	0	0	0	0	0	0	0
C07C	0	0	0	0	0	0	0	0	0	0	0	0	0
C25C	0	0	0	0	0	0	0	0	0	0	0	0	0
H02K	0	0	0	0	0	0	0	0	0	0	0	0	0

续 表

	B66B	E21D	C08K	B23P	E01F	B63B	B32B	C01D	F22B	F16C	B60H	H02P	C08L
G01D	0	0	0	0	0	0	0	0	0	0	0	0	0
H01L	0	0	0	0	0	0	0	0	0	0	0	0	0
C22C	0	0	0	0	0	0	0	0	0	0	0	0	0
C05F	0	0	0	0	0	0	0	0	0	0	0	0	0
C01B	0	0	0	0	0	0	0	0	0	0	0	0	0
F01D	0	0	0	0	0	0	0	0	0	0	0	0	0

如表3-2所示，典型的专利IPC共现矩阵中，横轴和纵轴均为所研究领域内的专利数据涉及的IPC分类号（技术领域），矩阵中每个单元的取值表示每对IPC在领域内专利数据中共现频次。

3. 专利IPC共现网络构建及可视化

一个无向网络通常由节点集合和边集合构成，在无向的专利共现网络中，任一IPC分类号（技术领域）表示网络中的节点，任两个IPC分类号间的共现关系可表示为节点间存在的边，共现频次的高低代表连接两节点间边的权重大小。由前文已知，IPC共现关系可用来表征技术融合现象。因此，在构建出专利IPC共现矩阵基础上，通过构建专利共现网络（技术融合网络），可从不同时间范围的网络节点数量与边数量、节点度与边权重的变化情况以及结合具体网络结构指标的分析中，了解与掌握已有技术融合状态并预测未来可能发生融合的技术对。将每个实体表示为网络中的节点，基于共现矩阵将相关节点连接起来。将共现矩阵数据文件导入Gephi软件可实现专利共现矩阵与共现网络之间的转化及网络的可视化。

在IPC共现关系构建阶段，本研究以IPC为节点、IPC共现关系为连边，根据演化阶段划分生成技术领域共现网络，将近20年的数据分为两个相同间隔的连续的时间段，网络基本信息如表3-3所示，构建的网络如图3-3所示。在本研究构建的IPC专利图中，节点是 IPC 专利号，IPC 号与 IPC 号之间的关系均为共现关系，节点的类型和边的类型各自相同，为无向同构图，但 IPC 号与 IPC 号共现的次数有所不同，即关系有强弱。

节点数和连边数是网络的基础特征指标；平均度衡量整体网络节点的活跃程度，测度的数值越大，节点之间的交互程度越显著。根据实际数据分析可知，本研究构建的海洋油气资源开发装备领域 IPC 共现网络的网络规模有所增长，具体表现在三个方面：一是节点数量的增加，二是连边数量的增加，三是网络平均度的增长。

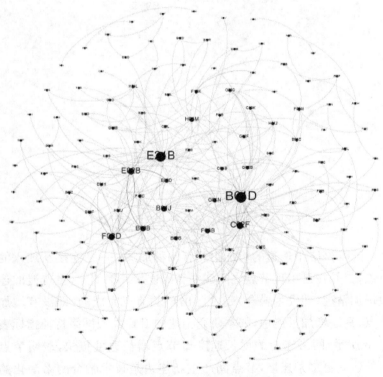

(a) 2001—2010年时间段专利IPC共现网络

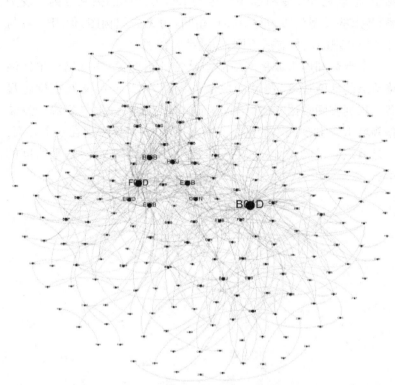

(b) 2011—2020年时间段专利IPC共现网络

图 3-3　两个阶段专利 IPC 共现网络

通常网络中连边的增加主要有两种形式：一是连接新加入的节点，二是在已出现节点之间建立新的连接。事实上，更普遍的连边增加情况（即发生融合）是由已出现的节点完成的，即没有增加节点，只是增加了连边，如本研究构建的IPC共现网络特征指标表3-3所示，网络连边的增长速度比节点增长速度更快，表明节点向外建立更多条连接，节点间产生新连边是技术融合网络演化的主要方式，也是技术融合的预测重点。

表 3-3 海洋油气资源开发装备领域专利 IPC 共现网络基本信息

时间段/年	节点数/个	连边数/条	平均度	聚类系数
2001—2010	166	567	5.024	0.673
2011—2020	260	999	5.877	0.598

聚类系数是反映网络中节点聚集的程度,由表 3-3 所示数据可知,网络聚类系数由 0.673 减小至 0.598,说明由相似性建立的专利技术创新网络整体在不断分化,分化出更多的技术领域。

综上,本研究构建的 IPC 共现网络在两个不同阶段发展中呈现出网络规模快速增长、网络分化聚类程度明显的态势,且在网络规模增长的同时,连边数量的增加主要以已出现节点之间建立新的连接为主。因此,识别节点中的关键节点(关键技术)并预测其新连边趋势是该领域技术创新识别的重要切入点。

3.1.4 海洋油气资源开发装备领域关键技术识别

关键技术的识别是基于图结构展开的,根据不同的需求,针对图展开的任务主要有节点层面、边层面和图层面。本节所要实现的关键技术识别属于节点层面的任务。本研究将领域关键技术定义为处于专利 IPC 共现网络中心位置的节点,基于网络中各节点之间建立了相关联系的特点,使得利用社会网络分析方法对网络进行分析的研究兴起,1992 年,Burt 提出"结构洞"理论,该理论强调,节点在网络中的位置比关系的强弱更为重要,在网络中当两个节点之间没有直接联系时,与双方关系都很密切的第三个节点就占据了一个结构洞,占据结构洞位置的节点在网络关系中通常能够获得更多的异质信息,具有更多创新能力和其他资源上的优势[46]。对于 IPC 共现网络,IPC 节点所占据的结构洞越多,该节点跃居于网络中心,受到的网络约束越小,在网络中的地位越重要,说明其技术关键性就越强。因此,本研究采用社会网络分析的方法构建识别海洋油气资源开发装备领域关键技术的框架,即将关键技术的识别任务转化为识别专利 IPC 共现网络的结构洞。

1. 结构洞的测量

结构洞对个体在群体之中的关键位置进行了深入的解释,处于结构洞位置的个体通过信息过滤获得更多竞争优势和创新能力,作为情报分析与计量领域研究方法的有力补充,结构洞理论更能促进对知识挖掘和知识关联的网络关系和结构的理解,增强分析的强度和深度。在测量方面,本研究采用 Burt 的"结构约束"算法,该算法以节点间紧密程度为测量目标,通过计算网络约束系数(network constraint index)对网络闭合性和结构洞进行测度,该系数描述的是网络中某个节点与其他节点直接或间接联系的紧密程度,系数越小,网络闭合性越低,结构洞越多。

具体步骤如下:

第一步,计算节点 i 要与节点 j 相连受到的约束程度;

$$C_{ij}=(P_{ij}+\sum_q P_{iq}P_{qj})^2 \quad (q\neq i, q\neq j) \quad (3.1)$$

第二步,计算节点 i 的网络约束系数;

$$C_i=\sum_j C_{ij} \quad (3.2)$$

其中,如公式所示,C_i 表示节点 i 的网络限制度,P_{ij} 表示节点 i 花费在节点 j 的时间、精力等占其到所有节点花费的总时间、精力等的比例。如果节点 j 到其他节点均不相连,C_{ij} 取最小值 P_{ij}^2,如果节点 j 是节点 i 的唯一连接点,C_{ij} 取最大值 1。

本研究通过对两个阶段不同 IPC 号所包含的技术元素信息进行网络约束系数的计算,得到各 IPC 的网络约束系数及排名情况后,将海洋油气资源开发装备领域内网络约束系数排名前 10 的 IPC 分类号对应的技术类别视为该领域的十大关键技术,由此作为本研究选出的海洋油气资源开发装备领域关键技术,如表3-4和表3-5所示。

表3-4 2001—2010年时间段网络约束系数值及技术代码注解

排名	IPC	技术代码注解	网络约束系数
1	E21B	土层或岩石的钻进	0.105
2	B01D	分离(从固体中分离固体)	0.133
3	E02B	水利工程(提升船舶)	0.230
4	F03B	液力机械或液力发动机	0.249
5	B01J	化学或物理方法,如催化作用	0.280
6	H01M	转变化学能为电能的方法或装置	0.301
7	C02F	液力机械或液力发动机	0.306
8	F03D	风力发动机	0.384
9	G01N	测定材料的化学或物理性质	0.421
10	B63B	船舶或其他水上船只;船用设备	0.505

表3-5 2011—2020年时间段网络约束系数值及技术代码注解

排名	IPC	技术代码注解	网络约束系数
1	B01D	分离(从固体中分离固体)	0.061
2	E21B	土层或岩石的钻进	0.162
3	H02J	配电的电路装置或系统	0.165
4	G01N	测定材料的化学或物理性质	0.206
5	F03D	风力发动机	0.235
6	E02B	水利工程(提升船舶)	0.251
7	F25B	制冷设备;加热和制冷的联合系统	0.265
8	B63B	船舶等水上船只;船用设备	0.306
9	C02F	液力机械或液力发动机	0.356
10	H04L	数字信息的传输	0.422

2. 关键技术判定

为进一步了解海洋油气资源开发装备领域的技术重点,本研究选取该领域专利中最关键的技术领域,根据结构洞测算结果选取各阶段前 10 名技术领域,共 13 个技术领域(E21B、B01D、E02B、F03B、B01J、H01M、C02F、F03D、G01N、B63B、H02J、F25B、H04L)进行分析。

具体来说,海洋油气工程技术主要涵盖钻井工程、浮式生产平台、水下生产系统等关键技术,海洋油气开发装备主要包括勘探、钻井、开发、生产等系列装备。通过对海洋工程装备领域的专利 IPC 数据揭示的信息作简要梳理和总结可知,当前我国海洋油气开发的技术重点主要集中在以下方面:

在我国海洋油气开发装备领域的 IPC 号中,B 部和 E 部 IPC 出现最多,F 部、G 部和 H 部 IPC 次之。其中 B 部为作业运输相关的专利技术,在海洋工程装备技术当中,B01 物理化学装置和 B63 船舶设备出现最多。由于勘探开发面临着复杂的地质构造、岩石物理特征等问题,同时深水区作业环境复杂,开发设施是十分重要的技术基础,当前我国水下装置尚未完全实现国产化,在良好的知识产权保护及技术保密措施下持续投入研发,攻克海洋油气水下生产系统关键设备难题是重中之重。E 部为固定建筑物相关的专利技术,E02 水利工程和 E21 土层岩石的钻进出现最多,在钻井工程方面,钻井的数量、速度与质量,影响着整个油气田的开发速度和水平。目前我国尚未完全掌握复杂条件下的钻井工艺技术,我国钻井面临高成本和低效率的压力。需要注意的是,H 部为电学相关的 IPC 集合,其中,与发电、变电相关的 H02J 以及与数字信息传输相关的 H04L 和 H01M 也同样揭示了电通信技术在海洋工程装备领域的重要应用,近年来以数字化为支撑,加快信息化、智能化推动高质量发展在海洋油气开发装备领域的发展中得到重视。上述 13 个领域中,各个领域内出现频次较高的技术点如表 3-6 所示。

表 3-6 海洋油气资源开发装备 13 个选定技术领域频次较高技术点

技术领域	领域内详细技术点
E21B	E21B7、E21B47、E21B43、E21B41、E21B33、E21B17
B01D	B01D1、B01D19、B01D45、B01D53
E02B	E02B17、E02B3
F03B	F03B13
B01J	B01J19、B01J8
H01M	H01M8、H01M2
C02F	C02F1、C02F11、C02F3、C02F9
F03D	F03D1、F03D13、F03D17、F03D7、F03D80、F03D9
G01N	G01N1、G01N21、G01N33
B63B	B63B35、B63B21、B63B27、B63B39、B63B9
H02J	H02J3、H02J13
F25B	F25B43、F25B13、F25B39
H04L	H04L29

如现实中的大多数网络一样,节点的特征及其之间构成的关系并非一成不变,而是处于动态变化当中,当有新的专利被发明,会有新的 IPC 组合产生。对于专利 IPC 的共现来说,如果一个 IPC 号最后出现的时间距离现在越久,也就意味着该 IPC 号的时间关注度越小,甚至认为其时效性有所下降。稳定性则是在时间关注度的前提下认为,如果一个 IPC 号在几年当中连续不断地出现在某个相关领域,可以推断 IPC 在该领域有着持续性的贡献,在一定程度上可以证实该 IPC 的重要程度。

由网络控制力较大的关键技术领域分析情况可知,海洋油气资源开发装备核心技术领域或直接相关技术领域(如 E21B、B01D、E02B 等)在时间范围内控制力较大,除此以外的特定领域,特别是部分非海洋油气资源开发装备直接相关技术领域(如信息技术、智能控制、轻量化相关的复合材料等领域)超越大多数海洋油气资源开发装备直接相关技术领域,表现出较高的网络控制力,一定程度上反映出海洋油气资源开发装备智能化、网联化、轻量化状态。

3. 关键技术识别内容评估

为进一步验证本研究识别结果的准确性与有效性,拟对具体的识别结果内容进行评估。识别结果的评价大多利用量化指标对模型的优劣进行评估,少有通过识别结果的具体内容来衡量其有效性。本研究选用智慧芽专利数据库作为数据来源,一方面,由于其全面的专利数据资源;另一方面,因其具有强大的文本挖掘分析功能,包括专利地图和文本聚类,能够从大量的数据中发掘出技术的总体分布、竞争态势、技术发展趋势等重要信息。表 3-7 和表 3-8 所示分别为根据专利数据统计的 2001—2010 年专利技术构成分析与 2011—2020 年专利技术构成分析。通过列举部分分类号在专利中的出现频次,与本研究通过结构洞测算的关键技术识别分析结果相对比,比较分析结果的一致性程度,从而评估识别结果的准确性。

表 3-7 2001—2010 年专利技术构成分析(部分)

分类号	技术代码注释	专利数量/件
E21B33	井眼或井的密封或封隔	714
E21B43	从井中开采油气水等物质的方法或设备	424
E02B17	升降式支柱上的平台	361
F03D11	与进入发动机的气流平行的旋转轴线的风力发动机	323
F03D1	与进入发动机的气流平行的旋转轴线的风力发动机	288
B63B35	适合于专门用途的船舶或类似的浮动结构	261
E21B34	井眼或井的阀装置	202
E21B7	钻井的特殊方法或设备	183
E21B29	井眼或井中管道、封隔器、堵塞物或钢丝绳的切割	181
E21B17	钻杆或钻管、柔性钻杆柱	179

表 3-8 2011—2020 年专利技术构成分析(部分)

分类号	技术代码注释	专利数量/件
E02D27	作为下部结构的基础	862
F03D13	适用于运输风力发动机部件的配置	846
E21B33	井眼或井的密封或封隔	756
B63B35	适合于专门用途的船舶或类似的浮动结构	673
E02B17	升降式支柱上的平台	581
E21B43	从井中开采油气水等物质的方法或设备	474
B01D45	通过重力、离心力等从气体或蒸气中分离弥散的粒子	358
F03D9	风力发动机与受它驱动的装置的组合	354
B01D53	气体或蒸气的分离	339
E21B41	井眼内钻井用驱动装置	288

3.2 专利网络视角下面向关键技术的技术融合预测研究

3.2.1 问题描述

有效的技术融合机会预测可以提高科学研究的效率,实现技术资源的整合,随着链接预测研究的不断深入,在复杂网络演化、产业路径探索、学术合作关系挖掘等领域的不断应用,学者也尝试将其引入到技术融合预测研究中,并证实了该方法的适用性。鉴于此,本研究选取链接预测作为预测方法,将其引入到针对领域关键技术的融合技术对预测过程中。在专利 IPC 共现结构的基础上考虑了 IPC 在专利中共现的特点,使用大数据分析技术对技术融合数据进行了多方面分析,提取了相关的技术特征,并将融合预测问题转化为二分类问题,考虑到技术的数据特点,以 IPC 分类号作为中间桥梁，将对技术融合机会的预测转化成对技术融合机会的IPC列表的预测，从而对两项技术融合后是否能促进新学科发展进行预测，为相关人员找到合适的专利技术组合布局提供参考。

本章以构建的技术融合网络及其结构数据为基础，引入链接预测方法，对第3.1节通过结构洞理论识别出的关键技术进行针对性的领域技术对融合预测。应用链接预测方法的面向关键技术的融合技术对预测本质上是动态链路预测过程，具体预测步骤如下：

（1）确定训练网络、测试网络。从第3.1节构建出的不同时段下基于专利IPC共现的领域内技术融合网络（无向网络）中选取相邻两个时段网络，其中时间较早的为训练网络，时间较晚的为测试网络。由于动态链路预测过程面向整体网，若网络中存在孤立节点会影响预测效果，需要首先移除训练网络、测试网络中孤立节点。从经过处理后的训练网络、测试网络中提取边列表，通过软件实现由边列表到邻接矩阵的转化，得到两个网络的邻接矩阵。

（2）节点间相似度计算。将训练网络、测试网络对应邻接矩阵导入程序中，采用DeepWalk算法学习网络中链接的分布规律，将关键技术融合预测问题转换成网络节点的向量空间相似度计算问题，在此基础上实现缺失关系或未知关系的预测。

（3）融合技术对预测精度评价。本研究采用查准率P(Precision)计算预测中查找准确个数的比率，是针对预测结果而言的指标，采用查全率R(Recall)计算预测中真正预测对的占全的比率，表示的是样本中的正例有多少被预测正确了。由于P和R分别在查准率和查全率两个维度度量了模型的性能，但是实际情况中可能存在模型无法实现P和R指标双高的情况，因此引入$F(k)$值度量查全率和查准率的相对重要性，$k>1$查全率有更大影响；$k<1$查准率有更大影响，本研究采用$F(1)$值，即$k=1$度量模型的相对重要性。基于三个维度的指标能够更全面地评估模型的预测性能。

（4）预测结果分析。针对海洋油气资源开发装备产业呈现的融合特点，结合第 3.1 节识别出的关键技术领域，针对链接预测结果分析 IPC 之间在未来产生链接的关系，进行领域内的技术解读。

3.2.2　海洋油气资源开发装备领域融合技术对预测指标选择

1. 不同预测指标适用性比较

当前链路预测相关研究中，基于相似性的链路预测研究思路较为成熟，应用最为广泛。从网络结构相似性角度，又可具体细分为基于共同邻居相似性的链路预测、基于路径（局部或全局）相似性的链路预测、基于随机游走相似性的链路预测等预测方式。链路预测通常是对网络中两个节点间连接概率进行计算与预测，基于相似性的链路预测中一个重要前提假设是两个节点之间相似性越高，它们彼此之间存在连接的可能性越大。

在已有的应用链路预测进行技术融合预测的研究中，常见的预测方法为基于共同邻居的相似性指标进行融合预测，使用 CN、RA 或 LP 等预测指标，但不同预测方式及预测指标适用情境不同：CN 指标相似性定义为共同邻居数，是基于局部信息的相似；RA 指标受资源分配过程影响，将两节点间共同邻居节点作为进行资源传递的桥接节点，以可接收到的资源数定义两节点间相似性水平；LP 指标是在共同邻居指标的基础上考虑三阶邻居的共现，是基于路径的相似性指标。上述三个指标预测过程计算复杂程度较低。

在网络拓扑结构信息中，相比于节点共同邻居信息以及路径信息，还有一类相似性算法是基于随机游走定义的，基于全局的随机游走指标往往随机复杂度很高，因此很难在大规模网络上实际应用，而叠加的局部随机游走指标可以给邻近目标节点的点更多的机会与目标节点相连，充分考虑了很多真实网络连接上的局域性特点,应用该指标进行预测能更贴合网络真实演化过程。

2. 基于随机游走的指标定义

本研究采用基于深度学习的 DeepWalk 算法学习网络中链接的分布规律,将关键技术融合预测问题转换成网络节点的向量空间相似度计算问题,在此基础上实现缺失关系或未知关系的预测。主要包括以下两个步骤:

第一步,RandomWalk 过程。通过一定深度的随机游走对网络进行节点采样,给定当前访问起始节点,从其邻居中随机采样节点作为下一个访问节点,重复此过程,直到访问序列长度满足预设条件。获取足够数量的节点访问序列后,进行第二步,对采样数据进行 skip-gram 训练,获取节点的向量化表示,最大化节点共现。使用独立性假设,最后条件概率如下式所示,对序列中的每个节点计算条件概率,即该节点出现的情况下序列中其他节点的出现改变了 log 值并借助随机梯度下降算法更新该节点的向量表示。

$$Pr(\{v_{i-w}, \cdots, v_{i+w}\} \backslash v_i \mid \Phi(v_i)) = \prod_{\substack{j=i-w \\ j \neq i}}^{i+w} Pr(v_j \mid \Phi(v_i))$$

(3.3)

3. 对比指标

(1) CN 指标

共同邻居(Common Neighbors,CN)指标的思想是目标 IPC 节点组合的共同邻居数目越多,那么未来产生链接的概率就越大。对于 IPC 节点 A 定义邻居集合 $N(A)$,则 A 和 B 相似性为它们共同邻居数,其计算公式如下:

$$CN_{(A, B)} = \mid N(A) \bigcap N(B) \mid$$

(3.4)

(2) RA 指标

资源分配(Resource Allocation,RA)指标认为如果两个 IPC 节点可以通过公共邻居作为中间媒介产生联系。假设中间节点 IPC

在传递时将 1 个单位的资源传给邻居 IPC,则目标 IPC 节点所接受的资源数即两个 IPC 节点之间的相似度。其计算公式如下:

$$RA_{(A, B)} = \sum_{u \in N(A) \cap N(B)} \frac{1}{N(u)} \tag{3.5}$$

(3) LP 指标

局部路径(Local Path,LP)指标的性能明显优于基于邻域的索引,如 RA、CN。这是因为邻域信息的可区分性较差,并且两个节点对被分配相同的相似度分数的概率很高。其公式定义为:

$$S^{LP} = A^2 + \varepsilon A^3 \tag{3.6}$$

式中,ε 为自由参数。显然,当 $\varepsilon=0$ 时,这个度量退化为 CN。

4. 指标评价结果对比

虽然通过适用性比较,本研究选取基于随机游走的 deepwalk 指标进行融合技术对预测,但是经由该指标是否能从预测过程中获取真实、有效预测结果,有待通过预测精度计算来进一步判断与评价。

链路预测中,通常被用来衡量精度的指标主要有准确率、召回率,ROC、AUC、排序分等,本研究对链接预测结果采用查准率 P[式(3.7)]计算预测中查找准确个数的比率,是针对预测结果而言的指标,采用查全率 R[式(3.8)]计算预测中真正预测对的占全的比率,表示的是样本中的正例有多少被预测正确了。由于 P 和 R 分别在查准率和查全率两个维度度量了模型的性能,但是实际情况中可能存在模型无法实现 P 和 R 指标双高的情况,因此引入 $F(k)$ 值[式(3.9)]度量查全率和查准率的相对重要性,$k>1$ 查全率有更大影响;$k<1$ 查准率有更大影响,本文采用 $F(1)$ 值,即 $k=1$[式(3.10)]度量模型的相对重要性。基于三个维度的指标能够更全面的评估模型的预测性能。

$$P = \frac{tp}{tp + fp} \tag{3.7}$$

$$R = \frac{tp}{tp + fn} \qquad (3.8)$$

$$F(k) = \frac{(1+k) \cdot P \cdot R}{(k \cdot k) \cdot P + R} \qquad (3.9)$$

$$F(1) = \frac{2P \cdot R}{P + R} \qquad (3.10)$$

本研究在对指标分析过程中通过对比 CN、LP、RA 三项经典指标和基于随机游走的 deepwalk 指标,以观察本研究模型是否能提高融合预测效果。对比结果如表 3-9 所示。

表 3-9 不同模型的预测效果

模型	P	R	$F(1)$
CN	0.778 3	0.756 0	0.767 0
LP	0.721 9	0.752 9	0.737 1
RA	0.752 3	0.801 6	0.776 2
DeepWalk	0.826 4	0.855 1	0.840 5

预测效果好的指标对网络演化机理的刻画较为准确,表 3-9 列出了传统预测模型(CN、LP、RA 模型)和基于深度学习的 DeepWalk 模型在三项指标上的预测效果。其中,CN、LP 和 RA 模型的关系预测效果相似,$F(1)$ 系数均保持在 0.776 2 及以下,相较而言,基于深度学习的 DeepWalk 模型的关系预测效果显著,系数可以达到 0.840 5。这一结果表明,对于海洋油气资源开发装备领域 IPC 共现网络中的技术融合预测,传统方法中仅考虑共同邻居数量这一局部信息是远远不够的,而基于随机游走的 deepwalk 指标通过捕捉网络结构信息,能够更好反映网络的连边规律,可提高预测效果,带来更高的准确率,有更好的表现力。

3.2.3　海洋油气资源开发装备领域融合技术对识别

1. 边列表提取

在预测过程中,需要收集整体网络在不同时间下的具体网络结构数据,因此需要首先确定训练网络和测试网络。通常情况下选取相邻两个时段网络,其中时间较早的为训练网络,时间较晚的为测试网络。同时,由于动态链路预测过程面向整体网,若网络中存在孤立节点则会影响预测效果,故在进行边列表提取前,还需要移除已确定的训练网络和测试网络中存在的孤立节点,之后的预测过程中只考虑训练网络与测试网络中共存节点间发生连边概率。

将经过处理的训练网络和测试网络对应的网络结构数据导入程序中,提取两个网络的边列表,进而继续实现由边列表到邻接矩阵的转化,最终得到训练网络邻接矩阵、测试网络邻接矩阵,以完成后续基于随机游走的 deepwalk 指标的预测(节点间相似性计算)。

2. 融合技术对识别

将训练网络和测试网络的邻接矩阵数据输入预测程序进行预测(即计算节点之间的相似性),本研究以 2001—2010 年专利 IPC 共现网络为基础构建邻接矩阵,应用 deepwalk 指标进行相似性计算并确定相关参数,在预测后评估整个预测过程的精度。计算过程中,通过计算 P、R 以及 $F(k)$ 值度量查全率和查准率,完成对指标预测效果的判断,发现基于 deepwalk 指标的预测过程具有一定的精确性,效果较好。在整个预测过程符合评估值的基础上,保持上述相关参数不变,将 deepwalk 指标应用至 2011—2020 年完整专利 IPC 共现网络中进行链接预测,得到相似性矩阵,将矩阵进行整合,获得预测结果。在完成整个预测过程得到预测结果后,还需要对预测结果进行分析,从中识别出未来融合可能性较高的技术对。为了防止动态链路预测过程中可能会出现的虚假链路与错误链路对融合技术对预测及后续融合方向判断造成错误与偏差,在了解海洋油气资源开发装备不同细分领域（技术领域）融合情况的基础上，还需深入了解在技术融合过程中，哪些技术领域主导着技术融合关系变化，或是具有重要的融合控制作用。因此，本研究以前文对海洋油气资源开发装备领域已有的融合技术对和领域关键技术的认识为基础，最终得出海洋油气资源开发装备领域技术与其他技术领域下一时间段较大可能发生技术融合的技术对，部分结果如表3-10所示。

表3-10 海洋油气资源开发装备领域技术融合分析结果（部分）

融合技术领域	对应融合领域代表性技术对
E21B（土层或岩石的钻进）	B63B、E02D、F16L、B66C、G01F、F17D
B01D［分离（从固体中分离固体）］	C02F、C10L、C07C、C01B、B08B、G01N
E02B［水利工程（提升船舶）］	E02D、F03D、B63B、E21B、B66C、E04H
F03B（液力机械或液力发动机）	F03D、B63B、E02B、F01D、H02J、H02S
B01J（化学或物理方法，如催化作用）	B01D、C07C、C10G、F28D、C08J、C07H
H01M（转变化学能为电能的方法或装置）	B01D、E21B、B60L、B01D
C02F（液力机械或液力发动机）	B01D、C01C、E02B、F23G、C10K
F03D（风力发动机）	B63B、E02D、B66C、F03B、E04H、A01K
G01N（测定材料的化学或物理性质）	B01D、G10M、G05D、G01F、H04N、E02D
B63B（船舶或其他水上船只；船用设备）	F03D、E02B、E21B、B66C、A01K、F03B

3. 融合技术对预测结果

海洋油气资源开发装备技术融合呈现以下特点：① 海洋油气资源开发装备专利中半数以上为融合专利，技术融合比较普遍。② 技术融合过程中，融合控制力较强的技术领域会对整体技术融合带来较大影响，即本研究第3.1节通过识别网络关键节点得到的关键技术，这些"结构洞"技术也一定程度上体现融合倾向与偏好。当前，海洋油气资源开发装备呈现与信息技术、智能控制等领域融合的倾向。③ 海洋油气资源开发装备受关键技术转向等因素影响,由早期与以钻井设备、常规海工船为代表的多技术领域广泛融合转变为现阶段与智能控制等特定技术领域深入融合,呈现阶段性由多领域广泛融合转向特定领域深入融合的特点。

根据测算得到的海洋油气资源开发装备领域关键技术,对所有可能的 IPC 对进行预测,针对链接预测结果分析的是 IPC 之间在未来产生链接的关系,得到 IPC 对融合结果即为关键技术的发展趋势,如图 3-4 即为对关键技术 IPC 链接预测后链接的可视化,可对此类技术组合展开研究,针对不同演化路径布局有望得到全新的技术机遇。

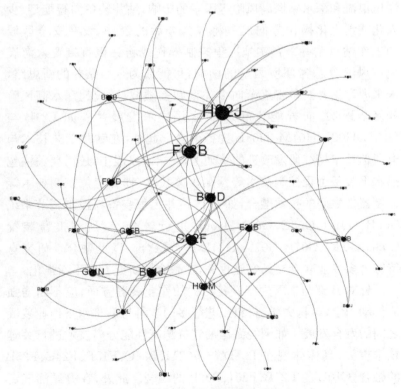

图 3-4　技术融合预测网络(部分)

在海洋油气开发装备领域的诸多节点当中,无论是 IPC 节点邻居的数量,还是作为桥梁传输信息的能力,B 部、E 部及 H 部 IPC 节点都表现出了最强的融合能力。

其中,针对 E 部土层岩石的钻井工艺技术方面,E21 与 H02、H04 在未来可能产生密切的联系。由于海洋深部地层硬度大,井眼轨迹控制困难,且地质情况复杂,油水界面具有不确定性,给地质导向钻井带来挑战;此外,一些地层泥岩易吸水膨胀、坍塌,容易导致起钻下钻困难、卡钻、下套管不到位等井下复杂情况的发生[47,48]。随着信息化、数字化、自动化技术的不断发展进步,受海洋风浪流和深水钻探高风险等因素的影响,钻井装备向智能型、少人化或无人化操作方向发展将成为今后的趋势,设在安全区域的工作站对钻井平台实施远程控制操作或将钻机直接置入海底免遭风浪等恶劣环境因素的影响,可能成为今后钻井的新思路,未来海洋钻井装备将逐渐向多类型和多领域、适应超深水高风险和复杂地层、向智能化和水下钻井技术发展[49]。如 E21B 与 H04L、H02J、H04M、H04B 进行融合。此外,在钻井工艺技术与电通信技术持续研发改进的基础上,在未来发展中,还需要关注包括水下装备远程控制技术等预测报警技术、动力定位控制技术等控制器件之间的技术融合,如 E 部钻井工程装备与控制调节系统 G05B、G01D、G08C、G01N、G06F 进行融合,与预测报警装置 G08B、G08G、G01P、G07C、H04L 进行融合。以上融合性研究有待综合多专业联合交叉实施攻关,在融合性研究方面不断强化。

针对 B 部与水下生产设备相关的作业装置方面,应不断增强流体动力学、结构力学、材料工艺等多门学科与 B 部水下作业装置之间的融合发展。如围绕海洋油气资源高性能分离技术进行关键技术攻关,具体体现在 B01D 与 F02M、B04C、F15B、F24C、F25B 的融合;C10L 与 E21B、F25J、B08B 的融合。此外,在海洋油气资源开发工程装备中,管道作为水下生产系统和水上浮式平台的连接系统,起着"桥梁"的关键作用,主要分为两类:一类是为水下生产系统提供电力、动力、化学药剂以及控制数据信号的脐带缆;另一类是输送油气资源的海洋立管,随着海洋油气资源开采逐渐朝着深水迈进,导致管道与平台连接处的压力增大,且管道在海水的浸泡下会发生腐蚀现象,严重地制约了平台的生产,在此背景下,管道材料性能方面的技术即G01N与水下生产作业技术B01D、B63B、F03D、B08B、B01L的融合有必要得到重点关注。

对于海洋油气开发装备领域技术的市场定位与竞争格局来说,积极开展智能化、数字化转型是未来的应用方向,实现作业智能化不仅能满足我国海上油气工程快速发展的需要,也成为建设海上智能油气田的关键。从实验中网络的共现情况可以看出,H部代表的电学技术元素与油气开发装备相关技术融合次数最为显著。针对水下产品方面,要紧跟形势,实现深水分离器、深水增压泵等国产化,体现在B部IPC号与分离技术、管道、深水材料等学科的密切融合。针对E部的土层岩石钻井工艺技术方面,主要表现在E部与电学学科的融合,还需要关注包括水下装备远程控制技术等预测报警技术、动力定位控制技术等控制器件之间的技术融合,今后在该技术方面应围绕自动化钻井、智能控井、钻井测井工具、监测系统等关键技术进行攻关,建立一套安全高效的油气钻井开发技术体系。

3.3 我国海洋油气资源开发装备领域技术融合路径研究

3.3.1 问题描述

海洋油气资源作为与国民经济、社会发展和国家安全息息相关的能源矿产和战略性资源,近年来开发力度日益加大。作为我国能源战略和海洋战略的重点,海洋油气资源开发是我国实施能源战略和海洋战略的重要举措。目前,海洋油气开发范围已从浅海、半浅海延伸到深海,随着开采难度的增加,对海洋油气资源的开发越来越离不开先进科学技术的支撑。因此,在核心技术、核心装备制造领域寻找突破是提高海洋油气资源开发能力的必然选择。本研究选取我国海洋油气资源开发装备领域为对象进行研究,设计领域关键技术识别与融合方向预测方法体系并在此基础上根据预测结果及结论提出对该领域技术融合发展的对策及思考。

由第 3.2 节可知,基于图神经网络的链接预测方法能同时融合图中节点的属性信息和结构信息进行学习,在验证了模型指标的可信性后,针对我国海洋油气资源开发装备领域的专利数据,加载训练好的模型和得到的向量表示结果,对链接预测结果进行进一步的分析,给出相应的分析与应用思路。对于纯粹的技术组合,专利 IPC 号能够更为直接清晰地表达包含的技术要素,因此,本节将结合第 3.2 节的研究结果对关键技术的融合趋势进行进一步的分析。首先对整体的技术领域作简要统计分析,对该领域当前的技术分布现状及预测的整体融合状态进行简要分析。其次,在产业整体的基础上分为三个方向展开识别和分析:① 两点之间已经存在链接关系,经过预测仍然存在链接关系,则该链接视为强化型链接,识别为持续发展的技术机会;② 两点之间已经存在链接关系,经过预测后续将不存在链接,则视该链接为衰退型链接,识别为寻求转型的技术机会;③ 若两点之间此前并无链接,而经过预测得到未来链接的可能,则视该链接为新生型链接,识别为突破创新的技术机会。对于识别得到的 IPC 组合对,查阅其 IPC 含义,对其组合进行解读,并对各方向的机会作简要分析和讨论。

3.3.2 海洋油气资源开发装备领域技术融合状态分析

在进行具体的细分技术融合链接演化分析之前先对海洋油气

资源开发装备领域的专利 IPC 数据揭示的信息作简要梳理和总结。

1. 技术领域分布现状

在我国整体海洋油气资源开发装备领域当中,IPC 分布并不均匀,提取出所有专利的主 IPC 号后发现,在主 IPC 专利号中,E 族出现最多,共计 5 463 次;其次为 B 族,出现 2 818 次,F 族出现 1 980 次,G 族和 H 族占比较低。

其中,E 部为固定建筑物相关的专利技术,在海洋油气资源开发装备领域技术当中,E21 土层或岩石的钻进和 E02 水利工程出现最多,E21 系列的 IPC 号下,与土层或岩石的钻进、从井中开采油气水可溶解或可熔化物质或矿物泥浆相关的 E21B;E02 系列的 IPC 号下,与挖方、填方、地下或水下结构物相关的水利方面 E02D、E02B 等相关专利已经初步揭示了其在海洋油气资源开发装备领域的重要应用。近年来,海上油气探勘和开发呈现较大程度的增长趋势,海洋油气开采逐渐从浅水发展到深水,深水比例不断增加,土层或岩石的钻进及水利工程方面是十分重要的技术基础,钻井技术与水下生产也是海洋油气资源开采的重要环节,深海勘探、钻井、生产、施工、应急救援等系列装备是常见的海洋油气资源开发装备领域的应用装备。

B 部为作业运输相关的 IPC 集合,其中,与作业运输相关的物理或化学的方法或装置 B01、与船舶或其他水上船舶有关的设备 B63 也同样揭示了与船舶运输生产有关的装备在海洋油气资源开发装备领域的重要应用。

其他不同层级间 IPC 号的分布见旭日图(图 3-5)。

2. 技术领域融合状态

结合第 3.1 节所得海洋油气资源开发装备领域专利 IPC 共现网络结构指标,进行领域整体技术融合分析,为进一步了解海洋油气资源开发装备领域技术与其他技术的融合情况,本节对

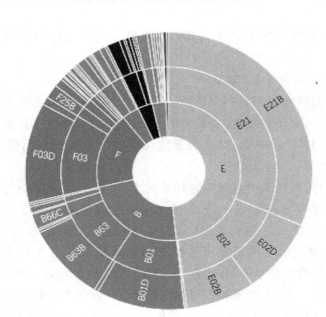

图 3-5 海洋油气资源开发装备领域技术 IPC 分布

技术融合情况进行可视化,即为对关键技术 IPC 原始共现网络链接预测前后的可视化,去除网络自链接以及节点间的重复链接,即原始网络以及预测后网络边之间的联系为其边权重归一化的结果如图 3-6 所示。

由图 3-6 可知,海洋油气资源开发装备的整体技术领域融合广度增大,融合范围扩大,针对第 3.1 节预测出的领域关键技术,选取与海洋油气资源开发装备领域直接相关的技术领域(B01D、B01J、B63B、E02B、E21B)进行分析,图中浅灰色节点展示的是与这五个 IPC 节点所代表的技术领域直接相连的一阶邻居,在上述五个技术领域中,各个领域均展现出越来越高的融合广度。体现在越来越多的节点与海洋油气资源开发装备领域技术点融合,表明整体领域的融合集聚力呈现增大趋势。

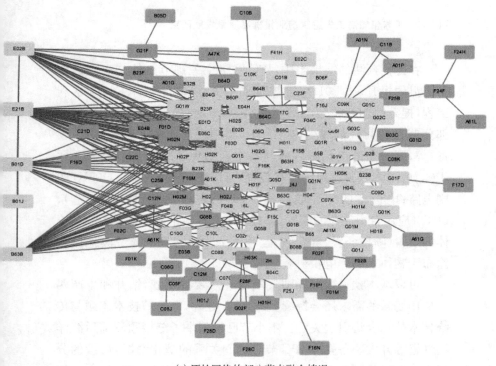

(a) 原始网络的部分节点融合情况

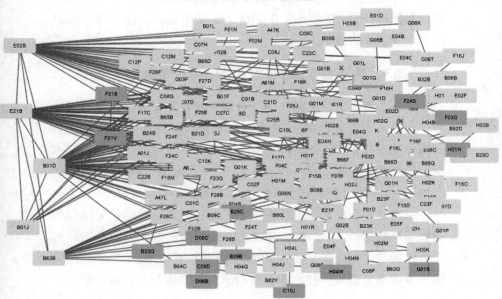

(b) 预测网络的部分节点融合情况

图 3-6　部分节点融合情况

在链接预测的结果当中，IPC 网络中关键节点的共现数得到了明显的提升，如 B01D[分离(从固体中分离固体)]、E02B[水利工程(提升船舶)]和 B01J(化学或物理方法，如催化作用)等；也有部分节点的共现数减少，如 B63B(船舶或其他水上船只；船用设备)等；同时在链接预测后的网络中新出现了一些技术组成要素 IPC，如 H02H(紧急保护电路装置)、H03K(脉冲技术)、H05K(印刷电路；电设备的外壳或结构零部件；电气元件组件的制造)、B04C(应用自由旋流的装置，如旋流器)、B05C[一般对表面涂布流体的装置(喷射装置、雾化装置、喷嘴入 B05B；把液体或其他流体涂布于物体上的静电喷射装置入 B05B5/08)]等。

可以基本预见在海洋油气资源开发装备领域，钻井和生产两个应用场景的需求还会持续上涨，除此之外，电通信技术主题与传统技术的结合将引起关注。本小节已经列举了链接预测前后海洋油气资源开发装备整体 IPC 节点之间关系的演化情况，后续的分析将继续以关键节点为对象，从更细的粒度来分析 IPC 组合之间链接预测的结果，探究当前海洋油气资源开发装备技术领域的研究现状及未来机遇。

3.3.3 海洋油气资源开发装备领域技术融合路径分析

前一节重点关注了海洋油气资源开发装备领域整体的技术分布以及整体技术融合状态，从 IPC 的角度分别揭示了海洋油气资源开发装备技术在不同方向的分布变化。本节将针对具体的技术融合链接演变情况进行分析，基于 IPC 共现网络细分技术演变状态，针对技术组合链变化对关键技术的融合方向做识别。

关键技术在此前相关研究中往往通过对文本数据如关键词和摘要等总结而得，对技术方向的演化趋势具有更抽象的总结。对于纯粹的技术组合链接而言，IPC 号则更加清晰，因此本节面向关键技术的细分领域的技术融合机会识别依旧基于 IPC 这一粒度。

经过第 3.1 节网络结构约束的分析和对比,选取两个时间段共 13 个 IPC 节点作为关键 IPC,追溯原始数据,构建由上述 13 个节点组成的原始 IPC 共现无向图 Graph_Old,由第 3.2 节训练得到的链接预测模型得到各节点的表示及其之间存在链接的关系,重新构建链接预测之后的关键 IPC 与其关联 IPC 的共现无向图 Graph_Pred。对两图进行合并操作,可以直观地看出链接预测前后网络的结构发生了变化:链接有所新增、消失。

1. 持续发展技术机会

本节针对链接预测结果分析的是 IPC 之间原本就存在链接关系,在未来这种关系会仍然保持且有强化趋势的 IPC 节点组合,如图 3-7 所示,体现在强化型链接演变。将这种关系识别为持续发展的技术机会,可以对此类技术组合加大投入和研发力度。

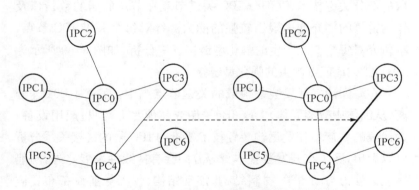

图 3-7 持续发展技术融合机会链接预测效果

采取的方式是将原始网络与通过链接预测得到的技术融合网络进行对比,在原始 IPC 共现网络中存在链接关系的 IPC 组合,在通过链接预测得到的网络中仍然存在连边关系且链接权重高于原始网络的链接权重,将有这种变化的链接视为强化型链接演变,其意义在于通过链接预测发现在未来继续保持甚至有所加强的技术要素组合,这样的组合会在领域发展中始终保持重要地位,在过去已经有了较多的共现次数,在未来这样的链接会保持并强化,那么可以认为这样的技术组合有望展开持续性发展,在未来一段时间内会保持其发展的趋势,可以对此类技术机会加大投资和引导,因此视为持续发展的技术组合。

在对持续发展技术机会进行识别与分析时,主要针对海洋油气资源开发装备领域的关键技术展开。如图 3-7 即为对海洋油气资源开发装备领域关键技术 IPC 原始共现网络链接预测后的强化型链接可视化,预测结果中这样的 IPC 技术组合关系会倾向于再一次产生共现关系,构成技术组合,是可以持续发展并加以强化的技术机会。

图 3-8 标注出了前文识别得到的海洋油气资源开发装备领域的部分关键技术,这部分 IPC 关键节点在节点邻居的数量以及作为链接的中介均表现出较强的能力。针对每个关键 IPC 节点,本研究对每个节点产生的强化型链接逐一分析,如图 3-9 所示为 B01D、B63B 节点产生的强化型链接。

在海洋油气开发装备领域的关键节点当中,通过对 B01D[分离(从固体中分离固体)]、B63B(船舶或其他水上船只;船用设备)为代表的 B 族与作业运输装置技术要素的 IPC 号的链接关系分析可以看出,除了在开发装置本身等方向会有持续性发展之外,与船体流体静力与动力学、材料结构、浮动结构、仪器导航设备布置监控行驶运行参数、水下作业设备、推进装置、发展海洋环境监测系统等相关技术也具有强化发展趋势,在持续推进深海油气开发工具即设备的国产化等方面有进一步发展机会。以 E21B(土层或岩石的钻进)和 E02B[水利工程(提升船舶)]为代表的 E 族关键技术本身代表与海洋油气资源开发装备的钻井系列设备等相关,涉及从井中开采油气水可溶解或可熔化物质或矿物泥浆、土壤调节材料或土壤稳定材料、采矿或采石用的钻机、矿井或隧道中或其自身

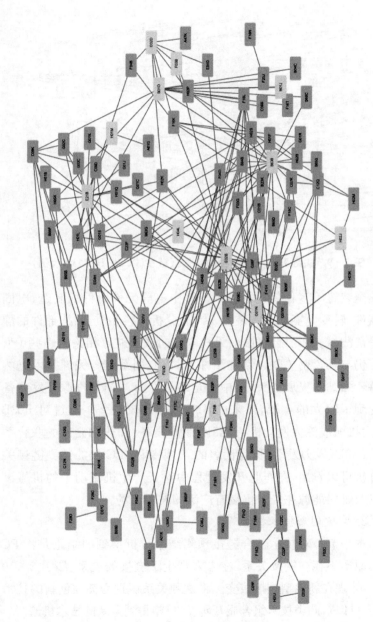

图 3-8 海洋油气资源开发装备领域持续发展型技术机会

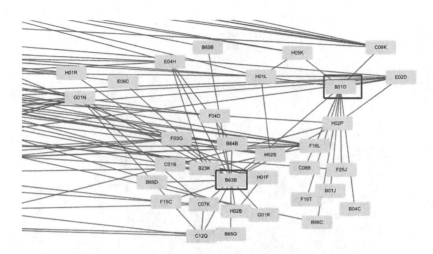

图 3-9 关键 IPC 节点产生的强化型链接(以 B01D、B63B 为例)

的安全装置等多种装置与技术。其中电气元件组件的制造、电固体器件、转变电能的方法装置、传输、分析材料性质、结构部件的静动平衡测试、感光材料处理、无线电定向或导航等相关的一些 IPC 号也仍与其紧密关联。钻井测井工具、监测系统等关键技术仍然保持着强劲的发展势头,其中安全装置在海洋油气资源开发装备中受到了较大的重视,未来的发展机会比较显著。通过对 F03B(液力机械或液力发动机)、F25B(制冷设备;加热和制冷的联合系统)、F03D(风力发动机)为代表的 F 族专利 IPC 号的预测链接关系分析可以看出,在作业开发过程中对于产生机械动力的机械设备以及燃料能源在未来仍然有广泛的技术市场。

2. 突破创新技术机会

本小节针对技术融合链接预测结果分析得到的结论是:IPC 之间原本不存在链接关系,在未来产生了链接的关系,如图 3-10 所示,体现在新生型链接演变。将这种关系识别为突破创新的技术机会,可以对此类技术组合展开研发,有望得到全新的技术机遇。

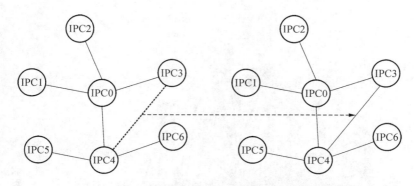

图 3-10 突破创新技术融合机会链接预测效果

采取的方式是将原始网络与通过链接预测得到的技术融合网络进行对比,在原始 IPC 共现网络中不存在链接关系的 IPC 组合,在通过链接预测得到的网络中存在连边关系,将这种新产生的链接视为新生型链接演变。其意义在于通过链接预测发现在未来可能会产生的技术要素组合,这样的组合由于此前并未存在过,在过去两种技术要素没有产生联系,但是通过邻居节点 IPC 的多种联系,或者在当前产业背景下技术的发展演化中实现创新,使得两者具有较高的相似性,在未来可能会实现突破式创新,或者在未来可以作为彼此的替代性技术要素,因此有必要实现高价值的技术机会识别。

根据测算得到的海洋油气资源开发装备领域关键技术,在对突破创新技术融合机会进行识别与分析时主要针对海洋油气资源开发装备领域的关键技术展开,对所有可能的 IPC 对进行预测,得到 IPC 对融合结果即为关键技术的新生型链接关系,如图 3-11 即为对海洋油气资源开发装备领域关键技术 IPC 原始共现网络链接预测后的新生链接的可视化,预测结果中这样的 IPC 技术组合关系会倾向于产生新的共现关系,构成技术组合,可对此类技术组合展开研发,有望得到全新的技术机遇。

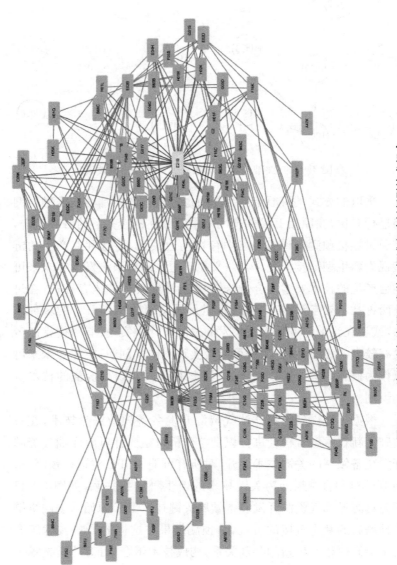

图3-11 海洋油气资源开发装备领域突破创新型技术机会

在海洋油气开发装备领域的关键节点当中，从以 E21B（土层或岩石的钻进）和 E02B[水利工程（提升船舶）]为代表的 E 族关键技术的链接关系分析可以看出，E21 与 H02、H04 在未来可能产生密切的联系。由于海洋深部地层硬度大，井眼轨迹控制困难，且地质情况复杂，油水界面具有不确定性，给地质导向钻井带来了挑战；此外，一些地层泥岩易吸水膨胀、坍塌，容易导致起钻下钻困难、卡钻、下套管不到位等井下复杂情况的发生[47,48]。随着信息化、数字化、自动化技术的不断发展进步，受海洋风浪流和深水钻探高风险等因素的影响，钻井装备向智能型、少人化或无人化操作发展将成为今后的趋势，设在安全区域的工作站对钻井平台实施远程控制操作或将钻机直接置入海底免遭风浪等恶劣环境因素的影响，可能成为今后钻井的新思路，未来海洋钻井装备将逐渐向多类型和多领域、适应超深水高风险和复杂地层、智能化和水下钻井技术发展，如将 E21B 与 H04L、H02J、H04M、H04B 进行融合。此外，在钻井工艺技术与电通信技术持续研发改进的基础上，在未来发展中，还需要关注包括水下装备远程控制技术等预测报警技术、动力定位控制技术等控制器件之间的技术融合，如 E 部钻井工程装备与控制调节系统 G05B、G01D、G08C、G01N、G06F 进行融合，与预测报警装置 G08B、G08G、G01P、G07C、H04L 进行融合。以上融合性研究有待综合多专业联合交叉实施攻关，在融合性研究方面不断强化。通过对 B01D[分离（从固体中分离固体）]、B63B（船舶或其他水上船只；船用设备）为代表的 B 族与作业运输装置技术要素的 IPC 号的链接关系分析可以看出，应不断增强流体动力学、结构力学、材料工艺等多门学科与 B 部水下作业装置之间的融合发展。如围绕海洋油气资源高性能分离技术进行关键技术攻关，具体体现在 B01D 与 F02M、B04C、F15B、F24C、F25B 的融合；C10L 与 E21B、F25J、B08B 的融合。此外，在海洋油气资源开发工程装备中，管道作为水下生产系统和水上浮式平台的连接系统,起着"桥梁"的关键作用,其主要分为两类:一类是为水下生产系统提供电力、动力、化学药剂以及控制数据信号的脐带缆;另一类是输送油气资源的海洋立管。随着海洋油气资源开采逐渐朝着深水迈进,导致管道与平台连接处的压力增大,且管道在海水的浸泡下会发生腐蚀现象,严重地制约了平台的生产,在此背景下,管道材料性能方面的技术即 G01N 与水下生产作业技术 B01D、B63B、F03D、B08B、B01L 的融合有必要得到重点关注,在海上平台使用的高强度钢材、高性能防腐材料、张紧系统等关键材料和部件有待突破。

3. 寻求转型技术机会

在第 1 小节和第 2 小节分别展现了链接预测结果当中,原有的链接可以持续强化以及未来会产生全新链接的技术机会,从而可以分析得到该 IPC 节点未来可能进行的工艺选择、算法改进和应用场景的创新。本小节针对技术融合链接预测结果分析的则是 IPC 之间原本存在链接关系,但在未来这种关系强度减弱消退甚至消失,将这种关系识别为寻求转型的技术机会,如图 3-12 所示,体现在衰退型链接演变。需要及时拆解此前的组合,与其他要素重新组合成其他方向的技术机会。

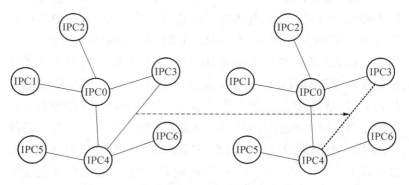

图 3-12 寻求转型技术融合机会链接预测效果

采取的方式与持续发展技术机会的方法相似,是将原始网络与通过链接预测得到的技术融合网络进行对比,在原始网络中已经存在连边的链接在预测得到的网络中连边不存在,视该链接为衰退型链接,这样的技术机会则认为是需要寻求转型的技术机会。其意义在于发现虽然已经在曾经的技术当中作为技术要素共现过,但因为某种原因通过链接预测发现在未来再次产生联系的概率下降的节点组合、科学技术在当代迅速更新迭代,各个领域的技术要素都在市场的发展中不断组合,对于需要更新的技术组合,通过有效的识别后将技术资源转向其他的组合中以实现技术的转型升级是有必要的,此类技术组合由于面临链接退化的可能,因此视为衰退型链接,寻求转型的技术机会不建议投入更多的资源。

根据测算得到的海洋油气资源开发装备领域关键技术,在对寻求转型技术融合机会进行识别与分析时主要针对海洋油气资源开发装备领域的关键技术展开,对所有可能的 IPC 对进行预测,得到 IPC 对融合结果即为关键技术的衰退型链接关系,对关键技术的寻求转型技术机会识别结果简要展示,如图 3-13 所示即为对海洋油气资源开发装备领域关键技术 IPC 原始共现网络链接预测后的衰退链接的可视化,预测结果中这样的 IPC 技术组合关系会由共现转向消失,寻找链接衰退的技术组合,从而发现其在未来进行重组和转型的机会。

综合来看,首先,海洋油气资源开发逐渐从浅水发展到深水,深水化、海底化(水下开发模式)成为今后产业的主要发展方向,但我国在井口管处理系统、深水钻机等方面的应用缺少规范,可靠性尝试方面不足,深水浮式相关研发整体偏薄弱,海工配套产业的水下分离、控制模块等系统的关键部件缺少配套的能力。其次,含一氧化碳可燃气体化学组合物的净化和改性、矿物油或类似物的焦化工艺等方面的技术在预测中的链接衰退,船舶相关的配套设备与角度长度的计量、机械振动测量、气液贮存、物料储存运输、装甲

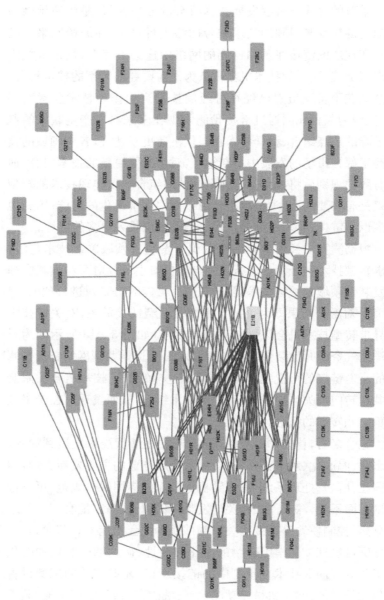

图 3-13 海洋油气资源开发装备领域寻求转型的技术机会

有关的进攻防御手段等方面的关系处于衰退趋势；涉及化合物加工、染料涂料等组合物多集中在细节设计施工方面，明显在海洋油气资源开发过程中不趋向关键研发技术的领域，在与现有技术的结合就处于劣势地位，这与我国各海洋油气资源开发企业争相在关键技术领域有所作为是相符合的。

部分链接虽然面临着衰退消亡，但这部分技术实质上及时拆解与其他 IPC 技术要素构成新生的链接关系，仍然可以进入新一轮的市场发展，及时将技术资源调配至其他技术种类中，市场也不可缺少各要素的组合搭配，需要关注科技市场的敏感性和判断力。

综上可见，掌握当前领域的技术融合状态，结合了解细分领域的关键技术，从中捕捉到对该领域技术融合过程具有一定影响的关键技术领域、主导融合的技术领域、易发生融合的技术领域，进而结合由预测得到的未来技术融合可能性较高的技术对，综合判断未来技术融合的不同情形。基于上述内容，进而判断出未来融合情形（即持续发展型、突破创新型及寻求转型型），为政府制定技术创新引导政策、创新主体进行研发规划提供客观依据。

第4章 集群企业技术创新演化规律研究

4.1 内外部因素交互下企业技术创新影响机理

技术创新是企业创新的重要内容,只有具备强大技术创新能力的企业才能在激烈的市场竞争中构筑持续性优势,实现企业核心竞争力的提升。企业作为技术创新的主体,其进行技术创新活动的最终目的是获得技术成果产出并通过成功转化与应用,取得预期利润。在纷繁复杂的技术经济环境中,受信息不完全性和有限技术资源制约,企业技术创新面临着大量的不确定性。因此,明晰企业技术创新过程中的影响因素,正确把握和利用内外部因素的作用和影响是帮助企业成功创新的重要前提。本章将从企业内部与外部两个维度出发剖析企业技术创新的影响机理,为企业进行技术创新活动提供理论指导。

4.1.1 问题描述

随着经济全球化的不可逆转趋势和深入,融入全球价值链分工体系并与各类主体形成多样化联结,已经成为企业获取创新资源与竞争优势的重要途径。而企业技术创新是获得持续性竞争优势和实现价值创造,完成从全球价值链低端向高端跃进的关键。企业技术创新是一个受内外部因素共同作用的复杂集成活动,明晰企业技术创新的内外部影响因素及各类因素之间的交互,对企业有效开展技术创新活动和进行相关决策具有重要意义。

通过前文的文献梳理发现,关于企业技术创新及其影响因素的研究,国内外学者大多侧重于分析单个因素变动,如企业技术创新能力、R&D投入、网络关系强度以及吸收能力等对技术创新的影响,且大多停留在理论探究阶段,结合企业实际技术创新运营过程中的多重因素,如企业动态能力、企业与相关主体之间的关系联结及网络位置特性等因素进行整合分析,深入剖析内外部交互影响下企业技术创新机理的研究还有待拓展。

企业在进行技术创新的过程中存在着内部和外部的多重因素影响,且内外部因素之间存在着复杂的相互关系,尤其是经济全球化趋势和开放式创新促使企业嵌入社会网络和创新网络之后,使得企业的技术创新活动变得更加复杂。一方面,企业与相关主体存在错综复杂的关系联结,形成了多样化的生态关系,而资源属性的不同又促使企业占据不同的网络位置,造就了企业获取外部信息与资源的途径的迥异;另一方面,企业自身技术和知识积累及资源整合能力又会对新知识的消化、吸收、再创造产生影响。这些内外部因素从不同层面动态交互地影响着企业的技术创新活动。因此,有必要深入探讨和分析企业内外部因素综合作用下的企业技术创新机理,理清内外部因素之间的内在逻辑关系,以帮助企业更有效地进行技术创新活动。

4.1.2 内部因素

1. 资源禀赋

企业是集知识与技术于一身的经济组织,企业内部所拥有的极具自身特性且与众不同的资源既是企业发展核心竞争力的基础,同时也是企业自身能够持续生存和发展的重要前提。根据资源形态可将企业资源基础划分为有形资源和无形资源,前者包括企业的固定资产,如厂房、土地和生产设备等,后者是企业在成长过程中积累的知识基础、技术储备、人力资本等。这类无形资源是企业形成独特创新能力的关键,也是企业创造出其他主体所需的异质性资源的重要保障。

企业技术创新活动建立在自身的技术知识基础上,是通过对现有知识的重新组合和演绎推理实现的。在知识经济时代背景下,良好的技术、知识储备决定了企业在大量的信息和数据中识别出创新源的精准程度,有效整合和利用新旧技术、知识之间的联系,运用新发现、新思想和新知识进行探索式创新,创造新价值的能力。在相同条件下,企业本身知识源和技术源越丰富,对新知识和新技术的解释能力就越强,更有利于企业掌握相应知识来更新和完善技术能力,提高企业技术学习能力和创新效率。此外,企业知识基础和技术储备的不同会造就多样化的思维模式与吸收领悟能力,导致企业对信息资源、新技术知识的整合与创新路径产生较大差异,而不同的创新路径又会反过来影响企业对技术知识的吸收与积累,如此循环往复就形成了企业创新能力和创新绩效的差异化,使得各类企业走上截然不同的创新道路。

2. 研发投入

研发投入是企业技术创新系统的基础要素,是企业开展研发活动的必要资源,其主要用于支持企业的技术研发、产品设计及成果转化等方面[50]。作为企业技术创新的重要支撑,研发投入从不同维度影响着企业的创新绩效。按照研发投入的应用对象可将研发投入分为在研发人员方面的投入和研发物质方面的投入。作为企业内部的知识载体,研发人员在获得研发经费后可充分调动和利用创新物质资源,通过其掌握和积累的专业知识在知识和技术的交互碰撞中激发出新的创新设想,推动企业创新效率和技术创新能力的提升;而研发物质方面的投入则是对企业创新活动的重要保障,研发投入可当作新设备、新材料购入及新技术引进的专用资产[51],帮助企业提高产品性能,降低生产成本,进一步促进企业创新绩效的增长。

已有研究表明,企业研发投入的作用不仅仅局限于上述方面,研发投入与企业获取市场需求信息和知识转移有效性之间存在着密切联系,它是企业技术创新网络能力形成的关键。这是因为企业研发经费投入越高,表明其创新网络能力越大,对技术创新网络中其他创新主体的吸引力越高[52],当创新网络中的参与成员达到一定规模时,不仅网络整体创新效率得到了提升,而且研究与开发出的创新成果成功应用于生产或成为技术标准的机会也随之扩大,进而促使企业创新绩效和市场竞争能力的快速增长,反过来企业技术创新网络整体绩效的提升又会促使企业研发经费投入的增加,以此形成良性循环。

3. 动态能力

(1) 技术学习能力

技术学习能力是企业从合作伙伴或竞争对手身上识别、模仿、消化和吸收先进知识的能力,是企业构筑竞争优势的重要支撑。技术知识本身带有隐含性、模糊性及关联性等特性,克服新技术知识的隐含性和模糊性是企业技术学习能力和创新效率提升的关键,而新旧知识的关联性更能促进企业的吸收和利用。这是因为企业在进行技术学习的过程中必然涉及新知识和多样化信息的传递与释义,进一步促进了企业内部新旧知识的交流与碰撞,更有利于企业实现创新。因此,企业实现外部技术知识内化的过程实际上就是利用式创新的过程。

在市场及技术环境动态变化的状态下,技术创新的复杂程度和不确定性风险日益上升,企业间传统的价格竞争已转为技术创新的竞争,这也促使企业不断嵌入到包含多个主体的社会网络和创新网络中,通过实施新技术引进、专利许可等方式,从企业外部获取技术资源支持,并与相关主体开展交互式学习和创新活动。在这一过程中,技术学习是企业在短期内实现现有技术解译,提升技术创新能力的有效途径。通过技术学习,企业的技术创新能力可以得到不断地强化和完善,进一步增强企业的综合影响力和竞争力,巩固和提升企业在网络中的地位,为企业进行探索式创新提供动力支持。

(2) 资源整合能力

企业内外部资源整合是一个复杂动态的多环节过程。图 4-1 所示为企业资源整合过程示意图,资源整合过程包括企业根据自身的资源需求对外界资源进行筛选和吸纳的过程,将自身资源与所吸纳的资源进行匹配与功能配置、优化的过程,通过资源配置和信息交互形成创新动力和生产力,实现技术、产品和服务的创新过程[48]。

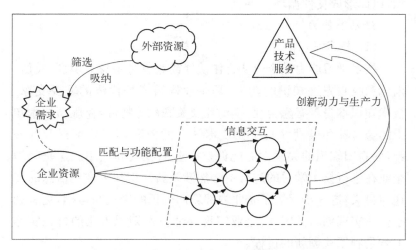

图 4-1 企业资源整合过程示意图

随着开放式创新在企业创新方式中重要性的日益凸显,复杂技术创新中的资源整合能力对于培育企业核心能力与突破式创新具有深远意义。开放式创新趋势促使企业与外部组织形成联盟组合,从外部组织处获取更为丰富的资源和能力,帮助企业实现创新能力的跨越式提升,而这一过程必然涉及不同合作伙伴的不同规模和异质性资源[53]。在企业与外部创新主体间的互动中发生的各类数据与多方信息的交互过程是企业实现技术创新成果的核心来源,创新主体之间的资源交互强度、合作次数、关系强度以及技术数据与信息的融合所产生的新知识对创新成果产出有决定性作用,而依靠资源整合能力完成企业内外部资源有效整合与协同,是企业实现技术价值创造和优质创新服务的重要环节。

4.1.3 外部因素

1. 市场需求

科技的快速发展与技术的交叉融合催生了消费者市场的个性化需求,伴随消费升级与市场竞争的加剧,消费者市场对性能、技术有重大突破和进步的新产品需求与日俱增,这种灵活多变的市场需求要求企业必须加快技术创新的速度和频率,提升产品柔性。在企业进行前沿技术探索与创新的过程中,消费者偏好与购买力决定了企业技术创新成果能否成功地实现商业化应用。此外,消费者需求的灵活多变预示着产品与技术更新换代的速度正逐步加快,产品和技术的生命周期也日益缩减,这意味着企业需要投入更高的研发费用和创新资源才能满足市场需求。因此,精确掌握目标市场中消费者的需求是企业合理开展技术研究与开发,创造出更符合市场需求的适销产品和服务的重要前提。

2. 生态关系

经济全球化发展趋势的增强和竞争环境的日益激烈化与复杂化,均要求企业必须超脱传统的纯竞争模式,通过不同程度的资源共享和风险共担方式,以合作代替对抗,在竞争中合作,在合作中竞争,以寻求持续性竞争优势。在开放式创新背景下,企业与外部主体建立联系,形成以自身为核心的技术创新网络,为企业带来纵向与横向上的创新价值链资源[53]。在纵向价值链方面,企业可与上下游供应商建立纵向合作关系,通过对供应商的知识、技术学习和资源整合,获取技术创新和新产品研发所需的关键信息,以协同创新方式实现优化效应。在横向价值链方面,企业可与高校、科研机构、资源互补型企业,甚至竞争对手建立横向联系,通过与拥有强大基础知识创造能力的高校和科研机构交流和互动,完善自身知识基础与技术储备建设,促进技术创新能力的提升;与资源互补型企业或竞争对手建立横向的技术合作可以使企业更好地掌握技术发展动态,通过企业间密切的知识共享和技术交互活动,促进技术的有效转移,提高企业对高度动态和不确定环境的适应性。这些紧密联结不仅构成了企业技术创新的源泉和动力,也是构筑"企业生态发展环境"的重要途径。

企业之间的生存发展与自然界中的生物物种之间的生存发展呈现出一致的相似性,它们之间均是一种生态关系[54]。根据种群生态学理论,企业与外部主体之间的多样化联结可以归结为竞争共存、互惠共生及寄生共生三大类生态关系。

(1) 竞争共存关系

根据生态学理论,竞争关系是由于资源供应不足及生物生态位重叠共同作用而形成的。图 4-2 所示为企业与外部主体竞争共存示意图,企业与外部主体之间相互抑制,阻碍彼此发展。对于企业而言,定位同类市场与客户,或者生产相同或相似的可替代性

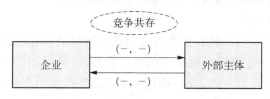

图 4-2　企业与外部主体竞争共存

产品的企业之间容易形成竞争关系。这是因为在环境和资源的有限性条件约束下,若多个企业共同争夺同类创新资源或稀缺资源,必然有损企业的发展和创新,甚至进一步加速企业的衰亡。

(2) 互惠共生关系

企业与外部主体之间互惠共生关系的形成源于彼此之间存在各自所需的互补性资源,资源依赖是合作关系产生的基础。图4-3所示为企业与外部主体互惠共生示意图,企业与外部主体之间相互促进,有利于彼此发展。这是因为资源的稀缺和不均匀分布使得不同主体所掌握的资源存在差异化,而且主体在成长过程中所积累的知识和技术等资源是其他主体难以获取的无形财产。在强调开放式创新的趋势下,由单一企业进行技术创新,尤其是突破性创新已经举步维艰,与多个外部创新主体建立联盟是企业获取丰富外部资源和异质化信息,实现技术轨迹或技术范式转换的重要途径。同外部创新主体建立合作关系意味着企业可以与其他主体既共享创新所需的知识与信息,也可以共同分担高度不确定性研发下的成本和风险。因此,与外部主体建立互惠共生的合作关系,通过优势互补效应实现生存空间拓展和创新已经成为现代企业发展必不可少的一种重要方式。

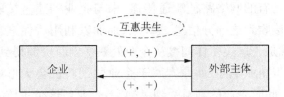

图4-3 企业与外部主体互惠共生

(3) 寄生共生关系

从生态学的角度来看,寄生共生是由寄主个体与寄生个体构成的一种特殊共生模式,寄生个体依靠从寄主个体处获得利益而存活,寄主不需要寄生个体也能存活,但却因寄生个体的依附而受到一定损害。企业与外部主体之间也存在类似的寄生共生生态关系。例如,中小型科技企业由于缺乏必要的核心技术支持和创新能力,无法通过自身的努力获得生存空间,必须依附于拥有雄厚信息资源优势和技术创新能力的核心企业才能发展,此时这两类企业之间就形成了典型的寄生共生关系。图 4-4 所示为企业与外部主体寄生共生示意图,企业促进了外部主体的发展,而外部主体却对企业造成了损害。

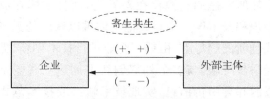

图 4-4 企业与外部主体寄生共生

此外,在企业与外界主体构建联系形成的技术创新网络中,主体间的互动会产生新的知识和技术单元,这部分新知与旧知一起在技术创新网络中流动和传递,构成了主体创新的重要来源。由于技术创新网络的开放性和流动性,构成主体创新来源的信息单元会经由已有的网络路径流通传递,未与企业构建直接联系的主体也可以接收到这部分信息,通过识别加以利用后促进自身创新产出,也就是说这类主体间接从企业处获得创新资源得到发展,相当于寄生于企业生存,而原本属于企业的创新机会无形中被寄主消耗掉了,此时企业的利益受到了损害,企业与这类主体之间也会形成寄生共生的生态关系。

3. 网络位置

企业在技术创新网络中占据的网络位置是企业获取信息和异质性资源,调动和利用联结关系中存在的社会资本为自身创新服务的重要因素。从社会网络视角上看,组织间的二元关系被嵌入到广泛的社会网络中而非孤立存在,关系型嵌入和结构型嵌入是网络产生信息和控制优势的两大主要机制[55]。其中,关系型嵌入强调组织间彼此依赖于相互信任、承诺的重要性,注重紧密关系带来的利益;而结构型嵌入侧重于关系质量和网络结构特征对组织经济活动产生的影响。

已有研究常以网络中心性和网络结构洞来衡量主体的网络位置,考察主体充当网络中心枢纽的程度和对资源获取与控制的程度,进而研究网络位置与主体创新绩效的关系[56,57]。其中,网络结构洞强调处在创新网络中的企业与其他相关主体间共享联系而存在的信息流缺口。图 4-5 是企业网络位置差异示意图。如图 4-5(a)所示,中间主体 S 分别与边缘主体 1、边缘主体 2、边缘主体 3 存在直接联系,可以通过彼此之间的双向路径进行信息传递和交流,边缘主体 1、边缘主体 2、边缘主体 3 没有建立直接联系,如果想要联系三者中任何一个,就必须通过中间主体 S 构建的路径才能进行。因此在该网络中就形成了 12、23、13 三个结构洞,而中间主体 S 同时占据了这三个结构洞,因而享有极高的异质性信

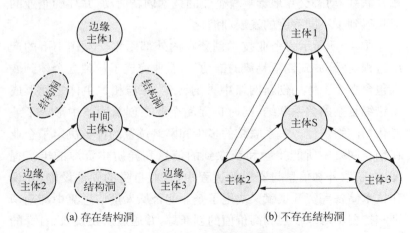

(a) 存在结构洞　　　　　　(b) 不存在结构洞

图 4-5　企业网络位置差异示意图

息获取优势和控制优势,为自身的技术创新提供了有利条件。在图4-5(b)中,除了主体S分别与主体1、主体2、主体3存在直接联系之外,主体1、主体2、主体3之间也分别建立了直接联系,因此在该网络中并不存在结构洞,主体S与主体1、主体2、主体3的网络地位平等,不存在任何优势。

在技术创新网络中,占据结构洞位置的企业为没有建立直接联系的合作伙伴之间搭起了"桥梁",这种联结更强调非冗余的异质性联系和信息控制优势,处在该位置的企业更容易接触到多样化的知识和技术,通过信息筛选和资源整合为自身创新提供有力保障。

4.1.4 内外部因素交互下企业技术创新产出过程

企业技术创新是一个复杂的动态过程,受多种内外部因素共同作用。其中,影响企业技术创新的内部因素主要包含企业自身的资源禀赋、研发投入和动态能力,外部因素主要包括市场需求、企业与外部主体之间的生态关系以及企业在创新网络中所处的网络位置。在企业技术创新过程中,内外部因素之间既相互区别又相互联系,动态交互地影响着企业的技术创新活动,并伴随企业的成长得到了不同程度的发展和演化。

图4-6所示为企业技术创新在内外部因素交互作用下的产出过程,在开放式创新趋势的推动下,企业完成了从独立个体到嵌入包含多个主体的创新网络中去的转变,并与相关主体之间形成了错综复杂的关系联结,同时也促使企业在创新网络中形成了差异化的网络占位。关系联结的多少和网络位置的优劣决定了企业在创新网络中所能接触和获取到的信息和异质化资源的丰富程度,在获取外部信息与资源的过程中,企业自身的硬件设施、知识和技术储备等资源禀赋又决定了企业能否从大量信息流中准确识别和挖掘出可靠性强和高价值的创新源,并通过研发投入、自身的技术学习能力与资源整合能力将新增进的知识和技术进行内化和

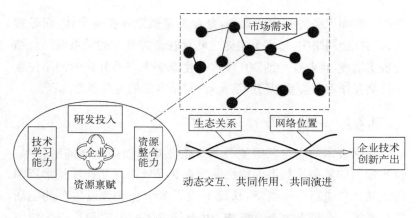

图 4-6　内外部因素交互下企业技术创新产出过程

功能配置,形成应对市场需求和环境变化的内生性动态能力,并在技术创新的循环往复过程中不断地积累知识和技术经验,有针对性地提升和促进企业动态能力和技术创新能力升级与演化。通过尝试着引导和改变自身所处的网络位置与创新网络环境朝向有利于自身的方向发展,培育和发展创新网络能力,吸引更多的创新投资者和创新主体到自身网络中来,帮助企业构筑持续性竞争优势,以实现企业技术创新的"螺旋式"上升,从而跳脱出以往资源基础观中忽视企业发展和外部环境变迁的作用,一味囿于过去的资源基础导致企业技术创新陷入"惯性陷阱"的观点和认识框架。因此,企业技术创新是在内外部因素共同作用下的一种复杂集成活动。

4.2　生态关系与结构洞交互下企业技术创新演化规律

上一节通过对影响企业技术创新的内部因素与外部因素分析,得到了多重内外部因素作用下企业获得技术创新产出的重要机理,为企业技术创新演化规律分析和研发竞争模式选择的研究奠定了基础。在知识经济时代背景下,企业不是孤立存在的个体,而是被嵌入到社会网络中,与多个主体之间存在错综复杂的关系联结。结合现实情境,企业技术创新在多样化生态关系与差异化的网络位置特性交互作用下会呈现何种演化规律,是本章的主要研究内容。

4.2.1 问题描述

科学技术的飞速发展使得单个企业难以独揽全部前沿技术,技术创新的复杂性和不确定性促使企业寻求拥有互补性技术资源的优质伙伴进行合作创新,从而形成了多个企业赖以生存的创新生态系统。在创新生态系统中,由于各主体的资源和竞争优势不尽相同,会使主体占据不同的网络位置,同时也使得各主体之间呈现出不同的生态关系,主体的网络位置特性与主体间的不同生态关系动态交互地影响着各主体的创新活力和创新产出。因此,探究创新生态系统中创新主体间的生态关系及其所占据的不同网络位置对促进创新生态系统的良性发展具有重要意义。

众多学者从不同角度分别针对创新生态系统主体间生态关系和主体所处的网络位置展开了深入研究。一类典型的研究是从创新生态系统中各创新主体间共生演化模式、竞合关系及知识资源差异进行分析和阐述。杨玄酯等结合生态位理论,依据水电工程企业实际案例,运用开放式编码方法研究各个利益相关者之间的相互联结与合作、共生与竞合三类生态关系[58];李金生等围绕高新技术企业自主创新形成的知识生态系统,对企业与消费者之间的知识生态关系进行探讨,发现不同知识生态关系对企业自主创新绩效存在差异化的相关关系[59];吴增源等从开放式创新社区的知识开放角度出发,运用 Lotka-Volterra 模型深入分析主体现有知识存量、知识开放程度及吸收能力对集体智慧涌现与演化的影响[60];欧忠辉等运用动力学模型,探讨核心企业共生单元与配套组织共生单元在不同共生环境下的演化路径[61];叶斌等建立区域创新网络共生演化模型,通过仿真模拟两类创新主体间相互作用下的共生演化态势[62];赵坤等以核心企业和卫星企业为对象,研究众创式创新网络中两主体间的共生关系[63];Mantovani等通过构建博弈模型,探讨企业与其互补配套企业形成的新合作关系对企业价值创造的负面影响[64];吴洁等结合博弈论构建动态控制模型探讨了共生作用系数变动下高校与企业两主体的最优获利能力的变化情况[65];曾塞星等认为重大工程创新生态系统中多主体间共生竞合、多阶段交互演化对创新力的提升具有显著影响[66];Ander等从生态系统视角出发,探究了核心企业与上下游企业之间的技术依赖结构对核心企业创新成果和竞争优势的影响[67]。

也有学者从网络关系嵌入视角出发对创新主体的网络位置与创新产出之间的联系进行了研究。李健等通过分析组织间合作研发网络,指出结构洞正向促进企业探索式创新绩效提升[68]。迟嘉昱等通过探究企业合作创新的影响机制,发现占据结构洞位置正向影响企业合作创新产出[69]。Rijnsoever等从系统层面考察网络位置与创新项目构成对新兴技术创新多样性的影响,发现共享行动者之间相互关联的项目越多,越不利于技术多样性发展[70]。Zobel结合开放式创新视角,通过吸收能力的多维度网络分析,发现企业吸收能力水平与企业获取外部技术资源,实现产品创新竞争优势具有显著正相关关系[71]。Tatarynowicz等基于六个跨行业的组织间技术合作数据,构建基于集体网络智慧涌现的仿真模型,探讨跨行业组织间网络结构变异的根源[72]。

综上可知,已有研究大多以两个或三个创新主体为研究对象,分别从主体间的生态关系演化规律或合作网络中主体所占据的网络位置对创新能力、创新方式选择及创新产出的影响展开了探讨,取得了颇为丰富的研究成果。然而多个创新主体之间存在结构洞时,已有研究没有考虑创新主体间的生态关系与所处网络不同位置特性对各主体创新产出的交互作用,也没有给出间接联系的主体间生态关系及其网络位置两类因素交互影响下各主体的创新产出演化规律。

针对已有研究的不足,本研究建立了多主体技术创新产出模型,通过仿真分析与实际案例相结合,阐明创新主体在网络位置特性与不同生态关系交互影响下创新产出演化的内在机理。

4.2.2 构建多主体技术创新产出模型

1. 不同网络位置主体之间的生态关系

根据结构洞理论,联结两个不存在直接联系的主体的行动者占据了结构洞位置。创新生态系统中创新主体之间的结构洞示意图 4-7 中连接两个无直接联系的创新主体 x_1 和创新主体 x_2 的创新主体 x_S 就处在结构洞位置。为表征各个创新主体所占据的网络位置差异,将占据结构洞位置的创新主体 x_S 称为中间主体 x_S,将位于结构洞边缘位置的创新主体 x_1 和创新主体 x_2 分别称为边缘主体 x_1 和边缘主体 x_2。

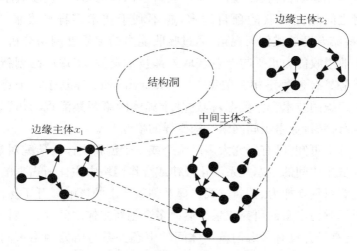

图 4-7 创新主体间结构洞示意图

创新主体间的技术资源异质性及其相互依赖性导致的优势互补决定了创新主体间的复杂生态关系,已有大量研究表明,存在直接联系的主体之间会呈现出多样化的生态关系,其中就包含竞争共存($-$,$-$)、寄生共生($+$,$-$)/($-$,$+$)、互惠共生($+$,$+$)三种不同的关系类型[73,74]。而中间主体 x_S 为原本无直接联系的边缘主体 x_1 与边缘主体 x_2 建立起了传递信息与资源交互的渠道。

创新生态系统中的主体通过开放式创新获取外部资源,实现创新产出的价值增值。结构洞的存在为创新主体搜寻更多创新信息与资源提供了捷径,特别是结构洞形成的边缘主体间接联系可以为创新主体带来异质性外部信息[73],进而影响创新主体的创新活动与创新产出,这也正是处在结构洞边缘的创新主体之间呈现复杂生态关系的主要原因。边缘主体之间的生态关系类型也主要归类为竞争共存、寄生共生、互惠共生三种类型,其产生的原因及特征如表 4-1 所示。

表 4-1 边缘主体之间的生态关系类型

生态关系	产生原因及关系特征
竞争共存	拥有相似外在产品或技术服务的边缘主体都需要从中间主体 x_S 处争夺同种稀缺资源,当中间主体 x_S 传递给两边缘主体的资源不对称分配时,两边缘主体之间会呈现出差异化的发展态势,发展较好的边缘主体相当于抢占了另一个边缘主体的发展资源,并在同一个市场中对其产生了抑制作用,即边缘主体之间传递了间接影响并阻碍了对方的发展;当中间主体对称分配资源时,两边缘主体拥有平等的资源进行创新发展,此时在同一个市场中的竞争可能会加剧,双方的发展均受到抑制,此时边缘主体之间即产生了竞争共存的生态关系。
寄生共生	两边缘主体都需要从中间主体处获取不同资源。边缘主体 x_2 与中间主体 x_S 密切互动的过程中会共享自身的技术信息或知识,部分信息会经由已有的网络路径流通传递。若边缘主体 x_1 感知到并利用该部分信息进行技术创新,获得了新的发展,则相当于边缘主体 x_1 间接受到边缘主体 x_2 促进,而边缘主体 x_2 相当于被边缘主体 x_1 消耗,此时它们之间即产生了寄生共生的生态关系。

续　表

生态关系	产生原因及关系特征
互惠共生	两边缘主体都需要从中间主体 x_S 处获取不同资源,两边缘主体与中间主体的密切联系和技术互动会迸发出新的技术信息或资源,该部分信息经由已有的网络路径传递且可相互促进两边缘主体的发展,此时边缘主体之间即产生了互惠共生的生态关系。

此外,由于各主体的资源和竞争优势不尽相同,与其他主体所存的生态关系必然存在关系强度的差异。关系强度的变化会带来主体间信息和资源传递的差异性,进而影响创新主体的创新产出[74]。因此,在创新生态系统中,中间主体与边缘主体之间、边缘主体之间均呈现出复杂且多样化的生态关系类型,这三类主体的生存和发展受主体间生态关系和位置特性的交互作用而呈现出不同的演化态势,进而影响企业的技术创新活动。

2. 提出假设

基于上述分析,提出以下假设:

假设 1　资源制约。各创新主体在创新过程中所能投入的发展资源有限,三类主体凭借各自的竞争优势争夺资源和市场。在有限资源和有限市场容量的制约下,各主体不会呈现无限增长趋势,而是在经过一段时间的激烈竞争后最终达到稳定状态。

假设 2　生态关系。创新主体间的技术资源异质性及其相互依赖性导致的优势互补决定了创新主体间的复杂生态关系,且创新主体之间的联系既包含直接联系,也包含间接联系,因而各主体之间的生态关系会表现出竞争共生、寄生共生、互惠共生三种不同的关系类型。

假设 3　网络位置特性。创新网络中存在结构洞时,拥有关键性资源和核心技术的创新主体较容易占据结构洞位置,此时由中间主体连接起来的另外两类主体就处在结构洞边缘位置,位于结构洞边缘位置的主体就拥有了向对方传递间接影响的途径。

假设 4 关系强度。关系强度代表着创新网络中主体间关系的强弱程度,关系强度的不同将带来主体间信息和资源传递的差异。中间主体与边缘主体之间的直接关系强度和边缘主体之间的间接关系强度的差异会导致创新主体的创新产出呈现出不同的演化态势。

4.2.3 模型构建

鉴于 Lotka-Volterra 模型对主体间交互现象的良好描述,逐渐被用于研究多主体之间的关系演化[75,76]。本研究在 Lotka-Volterra 模型的基础上引入间接作用系数 β_{ij} 以探究结构洞存在时对各创新主体创新产出的影响。

根据上述四个假设可得到创新生态系统的多主体创新产出模型如下:

$$\begin{cases} \dfrac{\mathrm{d}x_1}{\mathrm{d}t} = r_1 x_1 \left(1 - \dfrac{x_1}{N_1} + \alpha_{1S} \dfrac{x_S}{N_S} + \beta_{12} \dfrac{x_2}{N_2}\right) \\ \dfrac{\mathrm{d}x_S}{\mathrm{d}t} = r_S x_S \left(1 - \dfrac{x_S}{N_S} + \alpha_{S1} \dfrac{x_1}{N_1} + \alpha_{S2} \dfrac{x_2}{N_2}\right) \\ \dfrac{\mathrm{d}x_2}{\mathrm{d}t} = r_2 x_2 \left(1 - \dfrac{x_2}{N_2} + \beta_{21} \dfrac{x_1}{N_1} + \alpha_{2S} \dfrac{x_S}{N_S}\right) \end{cases} \quad (4.1)$$

式中,r_i 表示创新主体 i 创新产出的自然增长率;N_i 表示该类创新主体的最大环境容纳量;β_{ij} 为间接作用系数,表示边缘主体通过已建立的间接联系传递的间接影响,正负号表示在该间接影响作用下两边缘主体呈现的生态关系类型。当 $|\beta_{ij}| < 1$ 时表示边缘主体 j 传递的间接影响较弱,边缘主体 i 基本不受影响;当 $|\beta_{ij}| > 1$ 时表示边缘主体 j 传递的间接影响较强,边缘主体 i 受该间接影响的作用下呈现不同演化态势。α_{ij} 为竞合系数,表示创新主体 i

和创新主体 j 间生态关系对创新主体 i 的影响,正负号表示关系类型。下面以两类创新主体为例,说明竞合系数的生物学含义:

当 $\alpha_{ij}<0$,$\alpha_{ji}<0$ 时,表明创新主体 i 与创新主体 j 为竞争共存关系,即创新生态系统中两个创新主体间的竞争强度大于合作强度,主要表现为竞争关系,相互抑制彼此的发展。

当 $\alpha_{ij}>0$,$\alpha_{ji}<0$ 或 $\alpha_{ij}<0$,$\alpha_{ji}>0$ 时,表明创新主体 i 与创新主体 j 为寄生共生关系,即创新生态系统中技术资源薄弱的主体依赖资源雄厚的主体进行发展。寄生者通过宿主的资源供给不断扩展自身的发展空间,宿主则可能因寄生者的消耗而不利于自身的发展。

当 $\alpha_{ij}>0$,$\alpha_{ji}>0$ 时,表明创新主体 i 与创新主体 j 为互惠共生关系,即创新生态系统中两个创新主体密切合作,互利共赢。

4.3 仿真分析

为探究不同生态关系和结构洞交互作用下各主体技术创新演化规律,本研究采用 Matlab2016a 仿真软件对三类创新主体的技术创新演化态势进行模拟,设定三类主体增长率均为 $r_i=0$,最大环境容纳量 $N_i=500$,竞合系数 $\alpha_{1S}=0.0001$,$\alpha_{S1}=0.0002$,$\alpha_{S2}=0.0002$,$\alpha_{2S}=0.0001$,预设竞合系数的符号全为"+",分类讨论时根据不同的生态关系改变相应竞合系数的正负号,三类主体专利数量初始值为 $n_1=2$,$n_S=10$,$n_2=5$,仿真运行周期 $t=200$。

4.3.1 边缘主体之间生态关系变化

(1) 边缘主体之间竞争共存,均与中间主体竞争共存。图 4-8 是创新生态系统中其他参数不变,间接作用系数变化时各创新主体创新产出演化态势。从图 4-8 可知,三类创新主体同处在竞争共存状态下时,中间主体 x_S 均呈现倒"U"形增长趋势,边缘主体 x_2 通过中间主体 x_S 传递单向性的强间接影响会抑制对方发展;边缘主体 x_1 与边缘主体 x_2 之间传递双向性的强间接影响会加剧双方的竞争激烈程度。这是因为三类主体间相互竞争,各主体的创新产出势必会受到抑制,而结构洞的存在使得中间主体 x_S 不仅可接收来自边缘创新主体的信息,而且为边缘主体提供了传递信息给另一类边缘主体的机会。三类主体间竞争共存的生态关系使得经由结构洞接收的信息反而具有更强的不确定性和风险,导致创新主体不敢轻易利用,而是继续在原有基础上进行激烈竞争,此时结构洞的存在会加剧创新主体间的激烈竞争程度,导致创新生态系统的运转效率低下,总体创新产出不高。

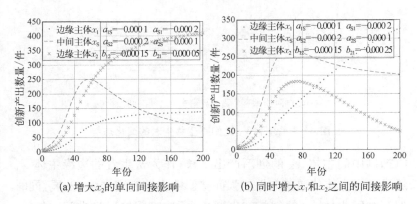

(a) 增大 x_2 的单向间接影响　　(b) 同时增大 x_1 和 x_2 之间的间接影响

图 4-8　x_S、x_1 和 x_2 均竞争共存时的演化态势

(2) 边缘主体之间寄生共生,均与中间主体竞争共存。图 4-9 所示为创新生态系统中其他参数不变,间接作用系数变化时各创新主体创新产出演化态势。

从图 4-9 可知,两类边缘主体均与中间主体 x_S 竞争共存,边缘主体间寄生共生时,作为宿主的边缘主体 x_2 通过中间主体 x_S 传递单向性的间接影响明显促进寄生者——边缘主体 x_1 发展,同

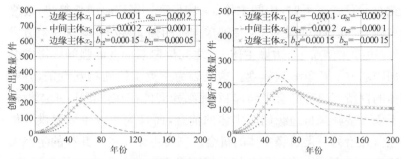

(a) 增大宿主x_2对寄生者x_1的单向间接影响　(b) 增大寄生者x_1对宿主x_2的单向间接影响

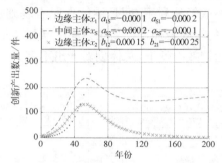

(c) 同时增大寄生者x_1与宿主x_2之间的间接影响

图 4-9　x_1 和 x_2 之间寄生共生时的演化态势

时抑制中间主体 x_S 的创新产出增长;作为寄生者的边缘主体 x_1 通过中间主体传递单向性的强间接影响会抑制宿主 x_2 发展,同时抑制中间主体 x_S 的创新产出增长;两边缘主体通过中间主体 x_S 传递双向性的间接影响会使作为宿主的边缘主体 x_2 和中间主体 x_S 都呈现倒"U"形增长趋势。造成这种结果的原因是边缘主体间寄生共生,作为寄生者的边缘主体 x_1 会不断消耗宿主 x_2 的创新活力,结构洞的存在使得宿主 x_2 的变化革新更容易被作为寄生者的边缘主体 x_1 利用以促进自身的发展,而边缘主体 x_1 与中间主体 x_S 之间的竞争关系又使得中间主体 x_S 举步维艰,此时创新生态系统中只有作为寄生者的边缘主体 x_1 获得了较高增长,系统的技术创新风险上升。

(3) 边缘主体之间互惠共生,均与中间主体竞争共存。图4-10所示为创新生态系统中其他参数不变,间接作用系数变化时各创新主体创新产出演化态势。从图4-10可知,边缘主体之间互惠共生时,边缘主体通过中间主体 x_S 传递单向性或双向性的强间接影响都会促进双方发展,同时削弱中间主体 x_S 的创新产出,中间主体呈现倒"U"形增长,甚至被淘汰出局。这是因为边缘主体 x_1 和 x_2 间互惠共生,结构洞的存在更容易激发它们之间的创新活力,边缘主体通过中间主体传递的间接影响于对方而言是良性的,加以充分利用可获得较高增长,但单向性的间接影响相比双向性的间接影响所带来的促进作用略低。随着边缘主体的发展壮大,与边缘主体保持竞争关系的中间主体的生存空间不断缩减,其竞争优势不断被削弱,生存发展受到两方的强烈抑制,因此更容易被淘汰出局。

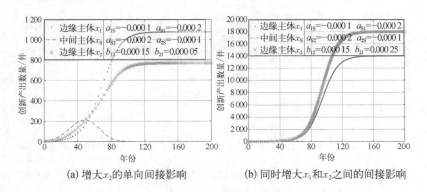

图 4-10　x_1 和 x_2 之间互惠共生时的演化态势

4.3.2　中间主体与边缘主体之间的关系强度变化

中间主体与边缘主体之间存在的直接联系使得它们之间呈现出复杂多样的直接生态关系。本研究选择边缘主体间寄生共生,均与中间主体竞争共存这一典型情况进行分析,以探究主体间所存的直接生态关系强度对各创新主体的影响。

图 4-11 所示为边缘主体之间寄生共生,中间主体与边缘主体的竞合强度变化时各创新主体的创新产出演化态势。由图 4-11 可知,中间主体与边缘主体之间的不同竞合系数变化时,各主体的演化态势存在较大差异:

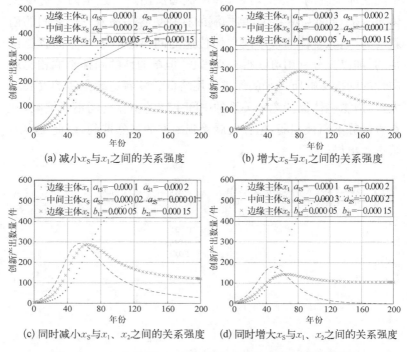

图 4-11　x_S 分别与 x_1、x_2 之间关系强度变化时的演化态势

(1) 如图 4-11(a)所示,边缘主体间寄生共生,作为寄生者的边缘主体 x_1 对中间主体的竞争强度减弱时,中间主体呈现持续增长的趋势,边缘主体均呈现倒"U"形增长。这是由于作为寄生者的边缘主体 x_1 对中间主体 x_S 的抑制作用减小时,中间主体获得

增长空间,并发挥其占据结构洞的资源与信息优势提升自身的创新产出,同时边缘主体 x_2 的生存空间也逐渐减小,因而呈现倒"U"形增长。

(2) 如图 4-11(b)所示,边缘主体间寄生共生,中间主体 x_S 对作为寄生者的边缘主体 x_1 的竞合强度增强时,中间主体 x_S 与作为宿主的边缘主体 x_2 均呈现倒"U"形增长,中间主体 x_S 甚至出现被淘汰出局的现象;而作为寄生者的边缘主体 x_1 却呈现持续增长的趋势,这是因为中间主体对寄生者的抑制作用增大时,中间主体可在短时间内获得较快的增长速度,寄生者 x_1 因受到更强的抑制,其增长速度逐渐减缓,宿主 x_2 的被动消耗降低可促进宿主的发展,同时也挤占了中间主体 x_S 的生存空间,中间主体 x_S 的创新产出逐步下降。此时,寄生者 x_1 开始逐步恢复并从宿主处得到发展所需的资源,其创新产出稳步增长。

(3) 如图 4-11(c)和图 4-11(d)所示,边缘主体间寄生共生,作为宿主的边缘主体 x_2 与中间主体 x_S 的竞合强度同时增大或减小时,宿主与中间主体均出现倒"U"形增长,相比之下,两者在竞合强度同时增大时到达拐点的速度加快,作为寄生者的边缘主体 x_1 在这两种情况下均保持持续增长趋势。这是因为中间主体 x_S 与两边缘主体的竞争激烈程度同时增大或减小时,由于受到两方边缘主体强烈的空间挤占与资源掠夺,中间主体 x_S 即使占据结构洞位置也难以发挥位置优势获得增长,同时结构洞的存在使得寄生者可以从宿主 x_2 处汲取资源以促进自身发展,宿主 x_2 因面临寄生者 x_1 的不断消耗与中间主体 x_S 的持续抑制而出现创新产出低迷的状态。

4.4 差异化创新行为选择下企业技术创新博弈分析

在上一节企业技术创新演化规律分析中,可以发现,各主体在不同生态关系和不同网络位置特性交互作用下，其技术创新规律呈现出差异化的演化态势，因此，相关主体的网络位置特性和复杂生态关系是企业进行创新决策时必须综合考虑的问题。本节将在前两节的基础上，结合结构洞的不稳定性，探究不同企业选择不同技术创新行为时，网络位置特性和新旧产品竞争动态交互作用对企业研发投入与创新产出的作用机理，为企业选择合理的技术创新策略提供相应的理论指导和建议。

4.4.1　问题描述

随着市场需求与竞争环境的升级，消费者市场对于具备性能提升、涵盖重大创新成果等特征的新产品需求与日俱增，国家和政府也多次提出并鼓励新产品研发创新。企业作为技术创新的主体，选择有效的新产品技术创新方式是企业提升核心竞争力的关键，同时也是企业需要解决的重要问题。在企业的实际运营中，由于资源属性差异与能力限制，企业往往需要嵌入具体的社会网络结构中，与网络中的创新主体开展纵向或横向上的技术创新联盟，以寻求外部资源的帮助。嵌入社会网络的方式虽然有助于企业实现技术创新范式转变，但是也使得企业在进行技术创新相关决策时必须综合考虑网络位置特性与相关创新主体的影响和作用。

对于企业技术创新博弈问题，学者们主要从供应链、产业集群及政府作用的角度出发进行探讨。张芳等结合演化博弈理论构建三方博弈模型，运用数值仿真分析政府采用不同支持方式对军民合作技术创新的影响[77]。张陈俊等综合考虑政府补贴对企业技术创新的影响，通过收益模型求解供应商与制造商采取不同行为下的均衡稳定策略[78]。杨国忠等基于前景理论，运用演化博弈分析方法探讨政府对企业进行突破性技术创新决策的作用[79]。Kim等研究了企业研发合作伙伴对不同类型产品创新的影响，发现企业与供应商及竞争对手的研发合作对技术标准化具有正向影响[80]。Wei 等通过微分博弈方法研究成本分担与分散或集中决策下的碳减排技术创新与政府干预之间的相互作用[81]。Deng 等基于税收竞争视角,运用差异化博弈模型探究低碳技术创新的改进策略[82]。苏妮娜等围绕中小企业协同创新网络,探究企业之间技术共享对协同创新联盟的影响[83]。王凤莲等综合考虑技术溢出的距离衰减效应,通过数值模拟分析技术创新参数对企业价格动态博弈均衡的影响[84]。

通过文献梳理发现,企业技术创新问题一直是学术界的研究热点,已有研究采用博弈方法分析企业技术创新问题均取得了丰硕的研究成果,但是结合企业所处网络位置差异特性探讨企业技术创新问题的研究较为少见。根据前文的讨论结果,企业在实现技术创新的过程中被嵌入到了错综复杂的创新网络中,在与相关主体形成多样化的关系联结的同时,也形成了差异化的网络位置。具有强大技术创新能力和竞争优势的企业往往能够占据创新网络中的结构洞位置,这类企业不仅能为处在结构洞边缘的企业提供技术支持和服务,还可以运用网络位置优势带来的多样化信息和资源进行自主创新,研发出具有自身品牌的新产品,并参与相关市场,甚至是下游市场的竞争,瓜分利润。而对于处在结构洞边缘的企业而言,其本身的网络位置存在一定劣势,自身可以获取的异质化信息和资源十分有限,进一步限制了技术创新能力的发展和提升,因此,处在结构洞边缘的企业具有强烈动机进行结构洞填充与网络位势优化。也就是说,占据不同网络位置的不同企业均存在结合和运用网络位置进行差异化技术创新决策的动机,从而使创新网络中的结构洞产生不稳定性,促使各个主体所处的网络结构发生变化。

此外,现有研究大多以具有较强竞争优势的领导企业为研究对象,而以资源匮乏和技术创新能力较弱的企业为主体的研究还需要进一步发展。这是因为在创新网络中,位于结构洞边缘的主体由于资源优势的缺乏,往往是技术创新和研发服务的主要需求群体。同时,边缘主体的配合和支持更是占据结构洞位置的主体取得异质化资源和持续性竞争优势的关键。因此,研究处在不同网络位置上的企业在位置特性与相关主体之间的交互作用下的技术创新决策,不仅对边缘主体自身的生存和发展极为关键,还对与结构洞相关的各类主体,甚至对整个创新网络和创新生态系统的发展均具有重要意义。

综合上述讨论,本章将企业的网络位置特性纳入研究范围,考虑一个占据结构洞位置且具有自主创新能力的企业(即中间主体)和两个处在结构洞边缘位置的企业(即边缘主体)组成的竞合供应链,提出以下研究问题:① 企业的网络位置特性如何作用于企业技术创新决策?② 不同企业差异化的创新行为选择会对不同网络位置上的企业产生何种影响?③ 当企业之间存在新旧产品竞争时,网络位置特性影响下的不同企业的技术创新结果如何?为解决上述问题,本章分别构建了不同情况下的企业技术创新博弈模型,通过模型求解得到各企业在不同模式下的研发投入与产量,探究网络位置特性差异与新旧产品之间的竞争对企业研发投入和产量竞争的作用机理,为企业主体进行技术创新相关决策提供理论指导。

4.4.2 提出假设

基于前文讨论,考虑一个占据结构洞位置且具有自主创新能力的中间主体 S 和两个处在结构洞边缘位置的主体,分别为边缘主体 1 和边缘主体 2 组成的竞合供应链,中间主体为两个边缘主体提供最终产品所必需的关键零部件,两个边缘主体生产同类异质产品,并在市场上开展产量竞争。结合三个主体所处的网络位置差异,提出如下假设:

(1) 市场的线性反需求函数具体形式如下:

$$p_i = a - q_i - \theta q_j, \quad i,j=1,2\,(i \neq j)$$

式中，p_i，q_i 分别为企业 i 的产品价格和产量，a 表示市场规模，θ 表示两边缘主体旧产品之间的替代程度，$\theta \in (0,1]$。由于下文分析中还需要考虑新旧产品之间的替代程度，因此以 β 表示主体间新旧产品之间的替代程度，$\beta \in (0,1]$。当 $\theta = \beta = 1$ 时，表明新旧产品之间完全同质，竞争强度最高；θ 和 β 越接近于 0，表明新旧产品之间的差异程度越高，竞争强度越低。

（2）假设中间主体以 w 的价格将关键零部件批发给边缘主体，且边缘主体生产一单位的最终产品需要消耗一单位的关键零部件，如边缘主体 i 的产量为 q_i 时，则需要向中间主体支付 wq_i 的费用。

（3）产品研发创新需要投入研发成本。借鉴 Amir 和赵凯的研究[85,86]，假设主体研发投入 x_i 与研发成本 C_i 之间的关系为：$C_i(x) = v x_i^2 / 2$。其中，v 为企业技术创新的成本参数，反映企业的创新活动效率。为简化计算，令 $v=1$。根据学者们的研究[87]，创新主体研发投入还受到主体所处的网络位置约束，本研究考虑的与结构洞相关的三类主体之间存在网络位置的差异，因而主体的研发投入必然存在不同。

根据 Burt 的结构洞理论，用于衡量结构洞位置的指标包括限制度、有效规模、效率和等级度[88]。其中，限制度表示该主体拥有的运用结构洞的能力，同时也表明结构洞存在时主体自身对其他相关主体的依赖程度。限制度的数值越大，表明该主体受单一关系的影响程度越大，即约束越强。结合上述讨论，以结构洞限制度系数 h 表示创新主体所受的网络位置约束。其中，占据结构洞位置的中间主体的限制度系数为 h_S，两个边缘主体的限制度为 h_i，且 $0 < h_S < h_1 = h_2 < 1$。当主体间的网络结构未发生变动时，$0 < h_S < h_1 = h_2 < 1$ 恒成立；当主体间的网络结构发生变化，如边

缘主体 1 与边缘主体 2 建立了直接联系，即结构洞被填充，此时中间主体 S 的结构洞位置优势消失，三个主体的网络位置对等，此时三个主体受到的约束一致，即 $h_S=h_1=h_2=1$。因此，受企业网络位置特性差异的影响，企业的研发投入应为 $C_i(x)=h_i x_i^2/2$。

（4）假设各主体最终产品的原始单位生产成本均为 c，研发成本的投入可以削减单位产品的边际生产成本，以 x_i 代表研发投入创新带来的成本下降程度，因此，各主体最终产品的边际生产成本为 $c-x_i$。

4.4.3 基准情形下企业技术创新博弈分析

1. 博弈模型构建

基于上述假设，以图 4-12 描述未涉及新产品技术创新的基准情形。如图 4-12 所示，中间主体以批发价 w 将关键零部件分别提供给两个边缘主体，两个边缘主体分别投入单位研发成本 $h_i x_i$ 进行旧产品生产。

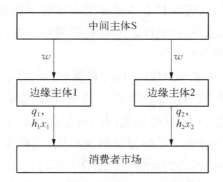

图 4-12 基准情形下的企业市场竞争示意图

基准情形的博弈过程描述如下：第一阶段，中间主体决定关键零部件的批发价格；第二阶段为研发阶段，两个边缘主体同时进行旧产品研发投入决策；第三阶段为产量竞争阶段，两个边缘主体同时决定旧产品产量并在市场上进行古诺竞争。采用逆向归纳法求解上述博弈过程。

根据前文假设，构建基准情形下企业技术创新博弈模型。各主体的目标利润函数如下：

$$\begin{cases} \pi_S^N = w(q_1^N + q_2^N) \\ \pi_i^N = [a - q_i^N - \theta q_j^N - w - (c - x_i)]q_i^N - \dfrac{h_i x_i^2}{2}, \\ i, j = 1, 2 \ (i \neq j) \end{cases} \quad (4.2)$$

式中，上标"N"代表未涉及新产品研发的基准情形。

2. 博弈过程求解

根据逆向归纳法，在产量竞争阶段，由一阶条件 $\dfrac{\partial \pi_1^N}{\partial q_1^N} = \dfrac{\partial \pi_2^N}{\partial q_2^N} = 0$ 求解可知，两类边缘主体在均衡状态下的产量分别为

$$\begin{cases} q_1^N = \dfrac{(2-\theta)(a-w-c) + 2x_1 - \theta x_2}{4 - \theta^2} \\ q_2^N = \dfrac{(2-\theta)(a-w-c) + 2x_2 - \theta x_1}{4 - \theta^2} \end{cases}$$

相应地，均衡状态下的利润为

$$\begin{cases} \pi_S^N = \dfrac{w(2-\theta)[2(a-w-c) + x_1 + x_2]}{4 - \theta^2} \\ \pi_1^N = \left[\dfrac{(2-\theta)(a-w-c) + 2x_1 - \theta x_2}{4 - \theta^2}\right]^2 - \dfrac{h_1 x_1^2}{2} \\ \pi_2^N = \left[\dfrac{(2-\theta)(a-w-c) + 2x_2 - \theta x_1}{4 - \theta^2}\right]^2 - \dfrac{h_2 x_2^2}{2} \end{cases} \quad (4.3)$$

在研发投入阶段，两类边缘主体均需要通过最优研发投入实现利润最大化，由此可得一阶条件：

$$\begin{cases}\dfrac{\partial \pi_1^N}{\partial x_1}=0\\ \dfrac{\partial \pi_2^N}{\partial x_2}=0\end{cases}\Rightarrow \begin{cases}2q_1^N\dfrac{\partial q_1^N}{\partial x_1^N}-h_1x_1=0,\\ 2q_2^N\dfrac{\partial q_2^N}{\partial x_2^N}-h_2x_2=0,\end{cases}\dfrac{\partial q_1^N}{\partial x_1}=\dfrac{\partial q_2^N}{\partial x_2}=\dfrac{2}{4-\theta^2}$$

(4.4)

为方便求解和展开讨论,考虑对称情况,即 $x_1=x_2$,此时两边缘主体之间进行完全信息对称博弈,求解可得 x_1 和 x_2 的表达式如下:

$$x_i^N=\frac{4(2-\theta)(a-w-c)}{h_i(4-\theta^2)^2+4\theta-8},\quad i=1,2 \tag{4.5}$$

在第一阶段,中间主体通过向边缘主体收取关键零部件的批发价获得利润。由一阶条件 $\dfrac{\partial \pi_S^N}{\partial w}=0$ 可知,中间主体应收取的关键零部件批发价格为

$$w=\frac{(2-\theta)(a-c)}{4-\theta} \tag{4.6}$$

此时,各主体的最终研发投入、产量和利润分别为

$$\begin{cases}x_i^N=\dfrac{8(2-\theta)(a-c)}{h_i(4-\theta^2)^2+4\theta-8}\\ q_i^N=\dfrac{2(a-c)[h_i(4-\theta^2)^2+4\theta-4]}{(4-\theta)(2+\theta)[h_i(4-\theta^2)^2+4\theta-8]}\\ \pi_S^N=\dfrac{4(2-\theta)(a-c)^2[h_i(4-\theta^2)^2+4\theta-8]+16(a-c)}{(2+\theta)(4-\theta)^2[h_i(4-\theta^2)^2+4\theta-8]^2}\\ \pi_i^N=\dfrac{4(a-c)^2[h_i(4-\theta^2)^2+4\theta-4]^2-16h_i(a-c)(4-\theta)(2-\theta)(2+\theta^2)}{(2+\theta)^2(4-\theta)^2[h_i(4-\theta^2)^2+4\theta-8]^2}\end{cases}\quad i=1,2$$

(4.7)

根据学者们的研究[89,90]，$a-c>0$，由式(4.6)可知，$a-c>w$，所以 $a-c-w>0$。在下文的讨论中，探讨重点在于网络位置差异对各主体研发投入和产量决策的影响，因此，在此设定各模式下中间主体收取的关键零部件批发价格不变，均为 w，且 $a-c-w>0$。通过上述分析可以发现，与结构洞相关的各主体均未进行新产品技术创新时，中间主体的利润与边缘主体之间的产品替代程度及结构洞限制度系数有关，同处结构洞网络位置的边缘主体将平分市场，获得相同的竞争利润。

3. 网络位置对各主体研发投入的影响

根据式(4.5)，对边缘主体的结构洞限制度系数求一阶导数，可得

$$\frac{\partial x_i^N}{\partial h_i} = -\frac{8(2-\theta)(a-c)(4-\theta^2)^2}{[h_i(4-\theta^2)^2+4\theta-8]^2} < 0 \quad (4.8)$$

由此可知，基准情形下，未出现新产品技术创新时，边缘主体的研发投入随自身结构洞限制度的增大而减小，与其他主体的结构洞限制度系数无关。

4.4.4 中间主体引领下企业技术创新博弈分析

1. 博弈模型构建

为简化叙述，下文将中间主体引领下企业技术创新博弈分析简称为CL模式。图4-13所示为中间主体参与下游市场竞争示意图。如图4-13所示，CL模式下，占据结构洞位置的中间主体除了为边缘主体供应关键零部件之外，还可以通过利用位置优势获得的多样化信息和异质性资源，发挥自身的技术创新能力，独立研发自主品牌的新产品，参与边缘主体的市场竞争，

此时下游市场的竞争环境发生变化。CL模式的博弈过程为：第一阶段为研发投入阶段，两个边缘主体进行旧产品研发投入决策，中间主体进行新产品研发投入决策，各主体的研发投入决策同时进行；第二阶段为产量竞争阶段，三类主体同时决定产品产量并在市场上进行新旧产品之间的古诺竞争。采用逆向归纳法求解上述博弈过程。

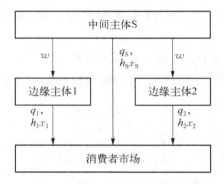

图 4-13　CL 模式下企业市场竞争示意图

与基准情形一致，为方便求解和展开讨论，考虑对称情况，设定边缘主体在旧产品中的研发投入相等，即 $x_1 = x_2 = x$，边缘主体之间进行完全信息对称博弈。因此，在 CL 模式下，三类主体的目标利润函数如下：

$$\begin{cases} \pi_S^{CL} = w(q_i + q_j) + [a - q_S - \beta(q_i + q_j) - (c - x_S)]q_S - \dfrac{h_S x_S^2}{2} \\ \pi_i^{CL} = [a - q_i - \theta q_j - \beta q_S - w - (c - x_i)]q_i - \dfrac{h_i x_i^2}{2}, \\ \quad i, j = 1, 2 \ (i \neq j) \end{cases}$$

(4.9)

式中,上标"CL"代表中间主体自主研发新产品参与下游市场竞争的情形。

2. 博弈过程求解

在产量竞争阶段,由一阶条件 $\dfrac{\partial \pi_S^{CL}}{\partial q_S} = \dfrac{\partial \pi_i^{CL}}{\partial q_i} = 0$,求得各主体在均衡状态下的产量分别为

$$\begin{cases} q_S^{CL} = \dfrac{(2+\theta)(a-c+x_S) - 2\beta(a-w-c+x)}{2(2+\theta-\beta^2)} \\ q_i^{CL} = \dfrac{[4(2+\theta)-2\beta^2](a-w-c+x) - \beta(2+\theta)(a-c+x_S)}{4(1+\theta)(2+\theta-\beta^2)}, \\ i=1,2 \end{cases}$$

(4.10)

相应地,各主体在均衡状态下的利润分别为

$$\begin{cases} \pi_S^{CL} = \dfrac{\begin{aligned}&[2(1+\theta)(2+\theta)^2 + \beta^2(\theta^2-4)](a-c+x_S)^2 \\ &-4\beta^2(\beta^2-2)(a-w-c+x)^2 + 4w(2+\theta \\ &-\beta^2)\{[4(2+\theta)-2\beta^2](a-w-c+x) \\ &-\beta(2+\theta)(a-c+x_S)\} \\ &-4\beta[(\theta+2)^2 - 2\beta^2](a-w-c+x)(a-c+x_S)\end{aligned}}{8(1+\theta)(2+\theta-\beta^2)^2} - \dfrac{h_S x_S^2}{2} \\ \pi_i^{CL} = \dfrac{\begin{aligned}&(2-\beta)\{2\beta[4(2+\theta)-2\beta^2](a-w-c+x)^2 \\ &+\beta(2+\theta)^2(a-c+x_S)^2 \\ &-4(2+\theta)^2(a-w-c+x)(a-c+x_S)\end{aligned}}{16(1+\theta)(2+\theta-\beta^2)^2} - \dfrac{h_i x^2}{2}, \\ i=1,2 \end{cases}$$

(4.11)

在研发投入阶段，三类主体都需要通过最优研发投入以实现利润最大化目标。与基准情形相同，两类边缘主体均选择不进行新产品研发，则其在旧产品中的研发投入一致，即 $x_1=x_2=x$。由一阶条件

$$\frac{\partial \pi_S^{CL}}{\partial x_S} = \frac{\partial \pi_i^{CL}}{\partial x} = 0$$

可求得

$$\begin{cases} x_S^{CL} = \dfrac{[P_{S1}(a-c)-P_{S2}-P_{S3}(a-w-c)]\cdot T \\ \qquad -P_{S3}\cdot[K_i(a-w-c)-(2+\theta)^2(a-c)]}{T_S\cdot T-(2+\theta)^2 P_{S3}} \\[2pt] x^{CL} = \dfrac{[K_i(a-w-c)-(2+\theta)^2(a-c)]\cdot T_S \\ \qquad -(2+\theta)^2[P_{S1}(a-c)-P_{S2}-P_{S3}(a-w-c)]}{T_S\cdot T-(2+\theta)^2 P_{S3}} \end{cases} \quad (4.12)$$

式中，

$$\begin{cases} T_S = 8h_S(1+\theta)(2+\theta-\beta^2)^2 - 2[(1+\theta)(2+\theta)^2 \\ \qquad + \beta^2(\theta^2-4)] \\ T = 4h_i(1+\theta)(2+\theta-\beta^2)^2 - \beta[4(2+\theta)-2\beta^2] \\ P_{S1} = 2[(1+\theta)(2+\theta)^2 + \beta^2(\theta^2-4)] \\ P_{S2} = 4\beta w(2+\theta)(2+\theta-\beta^2) \\ P_{S3} = 4\beta[(2+\theta)^2 - 2\beta^2] \\ K_i = \beta[4(2+\theta) - 2\beta^2] \end{cases} \quad (4.13)$$

将式(4.12)代入式(4.10)，即可得到各主体的最终产品产量如下：

$$\begin{cases} q_S^{CL} = \dfrac{\begin{array}{l}[T_S \cdot T - (2+\theta)^2 P_{S3}][(2+\theta-2\beta)(a-c)+2\beta w] \\ +[P_{S1}(a-c)-P_{S2}-P_{S3}(a-w-c)] \\ \cdot [(2+\theta)T+2\beta(2+\theta)^2] \\ -[K_i(a-w-c)-(2+\theta)^2(a-c)] \\ \cdot [(2+\theta)P_{S3}+2\beta T_S]\end{array}}{2(2+\theta-\beta^2)[T_S \cdot T-(2+\theta)^2 P_{S3}]} \\[2em] q_i^{CL} = \dfrac{\begin{array}{l}[T_S \cdot T-(2+\theta)^2 P_{S3}]\{[4(2+\theta)^2-2\beta^2] \\ \cdot (a-w-c)-\beta(2+\theta)(a-c)\} \\ +[K_i(a-w-c)-(2+\theta)^2(a-c)] \\ \cdot [(4T_S+\beta P_{S3})(2+\theta)-2\beta^2 T_S] \\ -[P_{S1}(a-c)-P_{S2}-P_{S3}(a-w-c)] \\ \cdot \{[4(2+\theta)^2-\beta T](2+\theta)-2\beta^2(2+\theta)^2\}\end{array}}{4(1+\theta)(2+\theta-\beta^2)[T_S \cdot T-(2+\theta)^2 P_{S3}]} \end{cases}$$

(4.14)

3. 中间主体引领下网络位置特性对各主体研发投入的影响

(1) 各主体自身结构洞限制度对其研发投入的影响

根据式(4.12),由各主体研发投入对结构洞限制度系数求一阶导数,可得

$$\begin{cases} \dfrac{\partial x_S^{CL}}{\partial h_S} = -\dfrac{\begin{array}{l}\{[P_{S1}(a-c)-P_{S2}-P_{S3}(a-w-c)] \cdot T \\ -P_{S3} \cdot [K_i(a-w-c)-(2+\theta)^2(a-c)]\} \\ \cdot 8(1+\theta)(2+\theta-\beta^2)^2 \cdot T\end{array}}{[T_S \cdot T-(2+\theta)^2 P_{S3}]^2} \\[2em] \dfrac{\partial x_i^{CL}}{\partial h_i} = -\dfrac{\begin{array}{l}\{[K_i(a-w-c)-(2+\theta)^2(a-c)] \cdot T_S \\ -(2+\theta)^2[P_{S1}(a-c)-P_{S2}-P_{S3}(a-w-c)]\} \\ \cdot 4(1+\theta)(2+\theta-\beta^2)^2 \cdot T_S\end{array}}{[T_S \cdot T-(2+\theta)^2 P_{S3}]^2} \end{cases}$$

(4.15)

由假设条件可知,$\theta \in (0,1]$,$\beta \in (0,1]$,因此,T_S,T,P_{S1},P_{S2},P_{S3},K_i均大于0,且$P_{S1}(a-c)-P_{S2}-P_{S3}(a-w-c)>0$;$K_i(a-w-c)-(2+\theta)^2(a-c)<0$,得到

$$\begin{cases} [P_{S1}(a-c)-P_{S2}-P_{S3}(a-w-c)] \cdot T \\ -P_{S3} \cdot [K_i(a-w-c)-(2+\theta)^2(a-c)] > 0 \\ [K_i(a-w-c)-(2+\theta)^2(a-c)] \cdot T_S \\ -(2+\theta)^2[P_{S1}(a-c)-P_{S2}-P_{S3}(a-w-c)] < 0 \end{cases}$$

所以

$$\frac{\partial x_S^{CL}}{\partial h_S} < 0, \quad \frac{\partial x^{CL}}{\partial h_i} > 0$$

(2) 各主体自身结构洞限制度对其他主体研发投入的影响

根据式(4.12),由各主体研发投入对其他主体的结构洞限制度系数求一阶导数,可得

$$\begin{cases} \frac{\partial x_S^{CL}}{\partial h_i} = \dfrac{\begin{array}{l}4(1+\theta)(2+\theta-\beta^2)^2 \\ \cdot \{[P_{S1}(a-c)-P_{S2}-P_{S3}(a-w-c)] \\ \cdot [T_S \cdot T-(2+\theta)^2 P_{S3}] \\ -T_S \cdot \{[P_{S1}(a-c)-P_{S2}-P_{S3}(a-w-c)] \cdot T_S \\ -P_{S3} \cdot [K_i(a-w-c)-(2+\theta)^2(a-c)]\}\}\end{array}}{[T_S \cdot T-(2+\theta)^2 P_{S3}]^2} \\ \\ \frac{\partial x^{CL}}{\partial h_S} = \dfrac{\begin{array}{l}8(1+\theta)(2+\theta-\beta^2)^2 \\ \cdot \{[K_i(a-w-c)-(2+\theta)^2(a-c)] \\ \cdot [T_S \cdot T-(2+\theta)^2 P_{S3}] \\ -T \cdot \{[K_i(a-w-c)-(2+\theta)^2(a-c)] \cdot T_S \\ -(2+\theta)^2[P_{S1}(a-c)-P_{S2}-P_{S3}(a-w-c)]\}\}\end{array}}{[T_S \cdot T-(2+\theta)^2 P_{S3}]^2} \end{cases} \quad (4.16)$$

由假设条件可知$T_S \cdot T-(2+\theta)^2 P_{S3}<0$;$K_i(a-w-c)-$

$(2+\theta)^2(a-c)<0$,进一步得到

$$\begin{cases} [P_{S1}(a-c)-P_{S2}-P_{S3}(a-w-c)] \\ \cdot [T_S \cdot T - (2+\theta)^2 P_{S3}] \\ -T_S \cdot \{[P_{S1}(a-c)-P_{S2}-P_{S3}(a-w-c)] \cdot T_S \\ -P_{S3} \cdot [K_i(a-w-c)-(2+\theta)^2(a-c)]\} < 0 \\ [K_i(a-w-c)-(2+\theta)^2(a-c)] \cdot [T_S \cdot T - (2+\theta)^2 P_{S3}] \\ -T \cdot \{[K_i(a-w-c)-(2+\theta)^2(a-c)] \cdot T_S \\ -(2+\theta)^2[P_{S1}(a-c)-P_{S2}-P_{S3}(a-w-c)]\} > 0 \end{cases}$$

所以

$$\frac{\partial x_S^{CL}}{\partial h_i} < 0, \frac{\partial x^{CL}}{\partial h_S} > 0$$

由上述分析可知,各主体的研发投入不仅受自身结构洞限制度的影响,还受到其他相关主体的结构洞限制度影响,且各主体的结构洞限制度对新旧产品的研发投入存在差异化的相关关系。由此可以得到引理1如下:

引理1 CL模式下,中间主体自主研发新产品参与下游市场竞争,此时中间主体的新产品研发投入随自身结构洞限制度的增大而减小,随边缘主体结构洞限制度的增大而减小;边缘主体的旧产品研发投入随自身结构洞限制度的增大而增大,随中间主体结构洞限制度的增大而增大。

对于中间主体而言,中间主体自身结构洞限制度增大意味着中间主体对相关主体的依赖程度增大,受单一关系的影响较大,原有结构洞位置优势正逐步被外部削弱,且由信息优势和控制优势逐步转向依赖外部资源,原有网络位置优势所提供的非冗余异质性信息和资源大幅减少,进一步影响中间主体的创新活力。因而,当中间主体自身的结构洞限制度增大时,中间主体在新产品上的

研发投入积极性会逐步降低，自主研发新产品进入下游市场参与竞争的可能性会逐步减小。边缘主体的结构洞限制度增大意味着与中间主体的单一关联性更为紧密，其对中间主体的资源依赖程度大幅增强，若中间主体采取自主研发新产品参与下游市场竞争的行为策略，则其不仅挤占了边缘主体的生存和利润空间，而且边缘主体的慢性衰亡还会逐步削弱中间主体现有的网络位置优势，进而影响自身的长远发展。这也表明中间主体应该重点针对和面向边缘主体的真正需求进行技术创新，为边缘主体研发提供更为优质的技术服务和产品质量，进一步促进边缘主体的发展，才能维持和不断扩大自身的竞争优势和影响力。因此，当边缘主体的结构洞限制度增大时，中间主体在新产品上的研发投入意愿会逐步减小。

对于边缘主体而言，自身结构洞限制度的增大意味着自身所处的网络位置劣势越来越明显，逐步成为阻碍自身发展的关键因素。缺少自主创新能力的边缘主体依靠引进中间主体的关键零部件才能完成旧产品的生产和创新，而要想赢得市场竞争利润就必须加大在旧产品上的研发投入，进一步提高产品性能和质量，以获得更高的市场接受度和市场份额。因而，边缘主体在旧产品上的研发投入随自身结构洞限制度的增大而增大。此外，中间主体结构洞限制度的增大表明中间主体的创新活动受外部因素的影响正逐步增大，同时其所面临的不确定性风险也逐步上升，并且这种影响还会通过现有的直接联系传递给边缘主体，进而影响边缘主体的产品研发投入决策。当中间主体结构洞限制度增大，意味着中间主体为边缘主体提供的技术服务和产品支持会发生相应改变，为应对外部不确定性，边缘主体加大在旧产品上的研发投入力度，加快完成旧产品的转型升级和性能提升进度，是边缘主体摆脱中间主体的控制和依赖的重要途径。因此，边缘主体在旧产品上的研发投入随中间主体结构洞限制度的增大而增大。

(3) 算例分析

为了能够更加直观地探讨各主体网络位置特性变化对主体研发投入的影响,本章通过给变量赋值,并运用 MATLAB2016a 软件对上述研究结论进行数值模拟分析。根据前文假设,取 $a=10$, $c=5$, $w=2$, $\theta=0.50$, $\beta=0.75$。由于 $0<h_S<h_1=h_2<1$,当验证 h_S 对 x_S 的影响效应时,取定 $h_1=h_2=0.8$;验证 h_i 对 x_i 的影响效应时,取定 $h_S=0.1$。同理,当验证 h_i 对 x_S 的影响效应时,取定 $h_S=0.1$;验证 h_S 对 x_i 的影响效应时,取定 $h_1=h_2=0.8$。模拟结果如图 4-14 所示。

由图 4-14 可知,在中间主体自主研发新产品参与边缘主体的下游市场竞争情形下,中间主体的新产品研发投入与自身结构洞限制度及边缘主体的结构洞限制度均呈现负相关关系;边缘主体的旧产品研发投入与自身结构洞限制度及中间主体的结构洞限制度均呈现正相关关系,验证了引理1。

4. 中间主体引领下各主体产量对比分析

由式(4.14)可知,CL 模式下,$q_S^{CL}-q_i^{CL}>0$,即中间主体的新产品产量高于边缘主体的旧产品产量,拥有自主创新能力的中间主体在新旧产品研发竞争中赢得了胜利。与基准情形相比,$q_i^{CL}-q_i^N<0$,即 CL 模式下两类边缘主体的旧产品产量均低于基准情形下的旧产品产量,边缘主体的旧产品产量降低表明其对关键零部件的需求也会随之减少,此时,中间主体与边缘主体的利润均存在不同程度的下降。这也进一步表明,中间主体自主研发新产品加入下游市场竞争的行为决策加剧了产品市场的竞争激烈程度,各主体之间属于恶性竞争状态。

对于中间主体而言,受结构洞位置特性影响,拥有自主创新能力的中间主体运用和发挥结构洞位置优势实现自主创新的概率很高,但是当中间主体选择自主研发新产品进入边缘主体所在的下游市场竞争时,其结构洞位置优势反而会对自身的发展

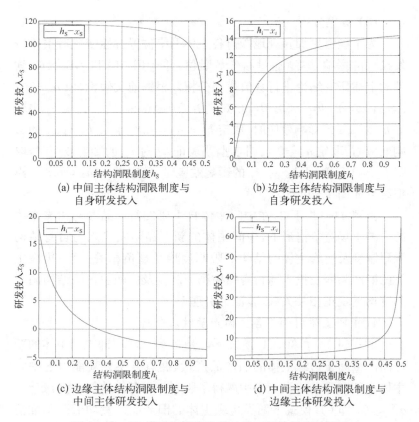

图 4-14 CL 模式下网络位置特性对研发投入的影响

产生不利影响。首先,选择自主研发新产品意味着中间主体需要投入更高的创新资源和研发经费才能成功获得创新成果产出;其次,即使中间主体在新旧产品竞争中赢得胜利,但是新产品的直接加入严重挤占了边缘主体的生存和利润空间,致使边缘主体的旧产品产量下降。而两类边缘主体的旧产品产量降低意味着中间主体需要承受关键零部件销量的双倍减少。综合来看,中间主体选择自主研发新产品进入下游市场的行为决策在其自身和边缘主体的网络位置特性作用下,出现了"既不利己,也不利他"的消极状态，因此，中间主体盲目进入下游市场并非明智之举。

对于边缘主体而言，中间主体自主研发新产品的竞争加入，并不能促使边缘主体的旧产品产量增加，这与张娟等人的研究结论截然不同。张娟等通过构建博弈模型分析纵向供应链中供应商自主研发新产品进入制造商的下游市场竞争情形，认为当市场中存在特定偏好的消费者群体时，供应商的新产品竞争会形成"广告信号"作用，刺激制造商大幅增加研发投入，提升制造商的产品产量，从而增加制造商对供应商的零部件需求[91]。然而，在本研究中，中间主体作为关键零部件的供应商，其自主研发新产品的行为选择却严重阻碍了下游市场中边缘主体的发展。其原因在于边缘主体自身的网络位置约束导致其在面对市场竞争环境变化时难以做出良好的应对策略。一方面，边缘主体对中间主体的技术依赖，使得边缘主体处在了结构洞边缘位置，旧产品的竞争利润并不能完全被边缘主体收纳，还需要向中间主体缴纳一定的关键零部件引入费用；另一方面，由于自身资源限制，应对同类型竞争对手的产品进攻已经相当不易，中间主体新产品竞争的出现更会对边缘主体的生存和发展形成极大压制。因此，仅依靠旧产品创新的边缘主体并不能达到稳固市场利润和发展的目标。这也进一步表明，面对动态变化的市场竞争环境，边缘主体若想获得可持续的生存和发展机会，就必须寻求新的技术创新路径，重构和完善自身所处的创新网络结构，减小网络位置劣势带来的影响，才能实现更好的发展。

4.4.5 中间主体与边缘主体合作引领下企业技术创新博弈分析

1. 博弈模型构建

为简化叙述，下文将中间主体与边缘主体合作引领下企业技术创新博弈分析简称为 CEL 模式。若边缘主体 2 选择不研发新产品,边缘主体 1 选择与中间主体进行新产品研发,则边缘主体 1 和中间主体相当于在新产品研发基础上建立了新的企业联盟,联系更为紧密。在 CEL 模式下,边缘主体不会轻易放弃旧产品竞争利润,此时,市场竞争中包含新旧产品竞争。而中间主体和边缘主体 1 的优势互补,使得其所建立的新产品企业联盟 L 具有领导者优势,引领新产品创新。图 4-15 所示为中间主体与边缘主体 1 合作研发新产品参与下游市场竞争示意图。CEL 模式的博弈过程描述如下:① 第一阶段为研发阶段,边缘主体 1 与中间主体建立新产品企业联盟 L,新产品企业联盟 L 和两类边缘主体分别同时进行新旧产品研发投入决策;② 第二阶段为产量竞争阶段,联盟 L 先决定自身的新产品产量,两类边缘主体在联盟 L 的产量基础上决定自身的旧产品产量,最终三类主体在市场上展开竞争。新产品竞争利润以 φ 和 $1-\varphi$ 的比例进行分配,φ 为边缘主体 1 所获得的利润,$1-\varphi$ 为中间主体所获得的利润。采用斯坦克尔伯格博弈分析上述博弈过程,整个博弈过程以逆向归纳法进行求解。

在最终的产量竞争阶段,各主体之间的目标利润函数如下:

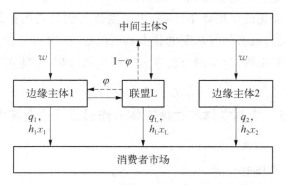

图 4-15 CEL 模式下企业市场竞争示意图

$$\begin{cases} \pi_S^{CEL} = w(q_1+q_2)+(1-\varphi)\pi_L \\ \pi_1^{CEL} = [a-q_1-\theta q_2-\beta q_L-w-(c-x_1)]q_1-\dfrac{h_1 x_1^2}{2}+\varphi\pi_L \\ \pi_2^{CEL} = [a-q_2-\theta q_1-\beta q_L-w-(c-x_2)]q_2-\dfrac{h_2 x_2^2}{2} \\ \pi_L^{CEL} = [a-q_L-\beta(q_1+q_2)-(c-x_L)]q_L-\dfrac{h_L x_L^2}{2} \end{cases}$$

(4.17)

式中,上标"CEL"代表中间主体与边缘主体 1 形成新产品联盟 L,合作研发新产品参与市场竞争的情形。

2. 博弈过程求解

与基准情形一致,为方便求解和展开讨论,考虑对称情况,设定边缘主体在旧产品中的研发投入相等,即 $x_1=x_2=x$,边缘主体之间进行完全信息对称博弈。由一阶条件 $\dfrac{\partial \pi_1}{\partial q_1}=0$, $\dfrac{\partial \pi_2}{\partial q_2}=0$,可求得两类边缘主体的均衡产量分别为

$$\begin{cases} q_1^{CEL} = \dfrac{(2-\theta)(a-w-c+x)+\beta(\theta-2\varphi-2)q_L^*}{4-\theta^2} \\ q_2^{CEL} = \dfrac{(2-\theta)(a-w-c+x)+\beta(\theta+2\varphi-2)q_L^*}{4-\theta^2} \end{cases}$$

(4.18)

将式(4.18)代入联盟 L 的利润函数,并对其产量求一阶导数可得联盟 L 的最优产量决策为

$$q_L^{CEL*} = \dfrac{(4-\theta^2)(a-c+x_L)-2\beta(2-\theta)(a-w-c+x)}{2(4-\theta^2)+4\beta^2(\theta-2)}$$

(4.19)

令 $\begin{cases} P_1 = 2(4-\theta^2)+4\beta^2(\theta-2), \\ P_2 = (4-\theta^2)(a-c+x_L)-2\beta(2-\theta)(a-w-c+x), \end{cases}$

则 $q_L^* = \dfrac{P_2}{P_1}$。将式(4.19)代入式(4.18),可求出边缘主体的最优产量为

$$\begin{cases} q_1^{CEL*} = \dfrac{(2-\theta)(a-w-c+x)P_1 + \beta(\theta-2\varphi-2)P_2}{(4-\theta^2)P_1} \\ q_2^{CE*} = \dfrac{(2-\theta)(a-w-c+x)P_1 + \beta(\theta+2\varphi-2)P_2}{(4-\theta^2)P_1} \end{cases} \quad (4.20)$$

将式(4.19)和式(4.20)代入各主体的利润函数,可得相应的利润为

$$\begin{cases} \pi_S^{CEL*} = \dfrac{2w(2-\theta)[(a-w-c+x)P_1 - \beta P_2]}{(4-\theta^2)P_1} + (1-\varphi)\pi_L \\ \pi_1^{CEL*} = \dfrac{\begin{aligned}&(2-\theta)^2(a-w-c+x)^2 P_1^2 \\ &+\beta^2 P_2^2(2+2\varphi-\theta)[2\varphi(\theta-1)+\theta+2] \\ &+\beta(2-\theta)(4-2\theta\varphi)(a-w-c+x)P_1 P_2\end{aligned}}{(4-\theta^2)^2 P_1^2} - \dfrac{h_1 x^2}{2} + \varphi\pi_L \\ \pi_2^{CEL*} = \dfrac{\begin{aligned}&(2-\theta)^2(a-w-c+x)^2 P_1^2 \\ &+\beta^2 P_2^2(2+2\varphi-\theta)[2\varphi(\theta-1)+\theta+2] \\ &-\beta(2-\theta)(4-2\theta\varphi)(a-w-c+x)P_1 P_2\end{aligned}}{(4-\theta^2)^2 P_1^2} - \dfrac{h_2 x^2}{2} \\ \pi_L^{CEL*} = \dfrac{\begin{aligned}&P_2^2[2\beta^2(2-\theta)^2 - (4-\theta^2)] \\ &+ P_1 P_2[(4-\theta^2)(a-c+x_L) \\ &- 2\beta(2-\theta)(a-w-c+x)]\end{aligned}}{(4-\theta^2)P_1^2} - \dfrac{h_L x_L^2}{2} \end{cases}$$

$$(4.21)$$

在研发投入阶段,各主体都需要通过最优研发投入以实现利润最大化目标。由一阶条件 $\dfrac{\partial \pi_L}{\partial x_L} = \dfrac{\partial \pi_1}{\partial x_1} = \dfrac{\partial \pi_2}{\partial x_2} = 0$ 可求得

$$\begin{cases} x_L = \dfrac{4\beta F_1(2-\theta)[(a-w-c)\Phi_2+\varepsilon_1]}{\Phi_1\Phi_2-M} \\ x = \dfrac{\varepsilon_1\Phi_1+F_1(2-\theta)(4-\theta^2)\cdot\{[\Phi_1-4\beta E_1(2-\theta)](a-c)-4w\beta E_1(2-\theta)\}}{\Phi_1\Phi_2-M} \end{cases}$$

(4.22)

式中

$$\begin{cases} E_1 = 2\beta^2(\theta^2-2\theta+4)-4 \\ F_1 = 4\beta^3[4\varphi^2(1-\theta)+\theta^2-2\theta\varphi(2+\theta^2)-48] \\ F_2 = 2P_1^2+8\beta^2\{4(\varphi-2)+\theta\beta(4-\theta^2) \\ \qquad +2\beta^2[\theta^2(\varphi+\beta^2)+2\theta(1-\beta)+4]\} \\ \varepsilon_1 = 2(2-\theta)^2(a-w-c)\{P_1^2+2\beta^2 P_1[\theta\varphi(\theta+1)-2]\} \\ M = 4\beta(2-\theta)^2(4-\theta^2)F_1 E_1 \\ \Phi_1 = h_i(4-\theta^2)^2 P_1^2+(2-\theta)\{2\beta \\ \qquad +4\beta^3(2+2\varphi-\theta)[2\varphi(\theta-1)+\theta+2]\}-(2-\theta)^2 F_2 \\ \Phi_2 = h_L P_1^2-2(4-\theta^2)E_1 \end{cases}$$

(4.23)

令

$$\begin{cases} V_1 = 4\beta F_1(2-\theta)[(a-w-c)\Phi_2+\varepsilon_1] \\ V_2 = \varepsilon_1\Phi_1+F_1(2-\theta)(4-\theta^2) \\ \qquad \cdot\{[\Phi_1-4\beta E_1(2-\theta)](a-c)-4w\beta E_1(2-\theta)\} \\ N = \Phi_1\Phi_2-M \end{cases}$$

则

$$x_L = \frac{V_1}{N};\ x = \frac{V_2}{N}$$

将式(4.22)代入式(4.19)与式(4.20),得到 CEL 模式下各主体的均衡产量为

$$\begin{cases} q_L^{CEL*} = \dfrac{(4-\theta^2)[(a-c)N+V_1]-2\beta(2-\theta)[(a-w-c)N+V_2]}{2N[4-\theta^2+2\beta^2(\theta-2)]} \\[2ex] q_1^{CEL*} = \dfrac{\begin{array}{c}2(2-\theta)[(4-\theta^2)+\beta^2(\theta+2\varphi-2)][(a-w-c)N+V_2]\\+[\beta(4-\theta^2)(\theta-2\varphi-2)][(a-c)N+V_1]\end{array}}{(4-\theta^2)P_1N} \\[2ex] q_2^{CE*} = \dfrac{\begin{array}{c}2(2-\theta)[(4-\theta^2)+\beta^2(\theta-2\varphi-2)][(a-w-c)N+V_2]\\+[\beta(4-\theta^2)(\theta+2\varphi-2)][(a-c)N+V_1]\end{array}}{(4-\theta^2)P_1N} \end{cases}$$

(4.24)

3. 中间主体与边缘主体合作引领下网络位置特性对主体研发投入的影响

（1）各主体自身结构洞限制度对其研发投入的影响

根据式(4.22)对结构洞限制度系数求一阶导数,可得

$$\begin{cases} \dfrac{\partial x_L}{\partial h_L} = \dfrac{4\beta F_1(2-\theta)(a-w-c)[\Phi_1\Phi_2(P_1-1)-MP_1^2-\varepsilon_1\Phi_1]}{(\Phi_1\Phi_2-M)^2} \\[2ex] \dfrac{\partial x}{\partial h_i} = \dfrac{\begin{array}{c}(4-\theta^2)^2P_1^2[\varepsilon_1+F_1(2-\theta)(4-\theta)^2(a-c)]\\ \cdot(\Phi_1\Phi_2-M)-\Phi_2\{\varepsilon_1\Phi_1+F_1(2-\theta)(4-\theta)^2\\ \cdot\{[\Phi_1-4\beta E_1(2-\theta)](a-c)-4w\beta E_1(2-\theta)\}\}\end{array}}{(\Phi_1\Phi_2-M)^2} \end{cases}$$

(4.25)

若新产品利润以 1∶1 的比例分配,则 $\varphi=\dfrac{1}{2}$。由假设条件容易验证：

$$\begin{cases} 4\beta E_1(2-\theta)(a-w-c)[\Phi_1\Phi_2(P_1-1)-MP_1^2-\varepsilon_1\Phi_1]<0 \\ (4-\theta^2)^2P_1^2[\varepsilon_1+F_1(2-\theta)(4-\theta^2)(a-c)](\Phi_1\Phi_2-M) \\ -\Phi_2\{\varepsilon_1\Phi_1+F_1(2-\theta)(4-\theta^2) \\ \cdot\{[\Phi_1-4\beta E_1(2-\theta)](a-c)-4w\beta E_1(2-\theta)\}\}<0 \end{cases}$$

在各自数所属范围内均成立,因此 $\dfrac{\partial x_L^{CEL}}{\partial h_L}<0$, $\dfrac{\partial x^{CEL}}{\partial h_i}<0$。

(2) 各主体自身结构洞限制度对其他主体研发投入的影响

根据式(4.22),由各主体研发投入对其他主体的结构洞限制度系数求一阶导数,可得

$$\begin{cases}\dfrac{\partial x_L^{CEL}}{\partial h_i}=-\dfrac{4\beta F_1(2-\theta)(4-\theta^2)^2 P_1^2[(a-w-c)\Phi_2+\varepsilon_1]}{(\Phi_1\Phi_2-M)^2}\\[2mm]\dfrac{\partial x^{CEL}}{\partial h_L}=-\dfrac{P_1^2\{\varepsilon_1\Phi_1+F_1(2-\theta)(4-\theta^2)\\\quad\cdot\{[\Phi_1-4\beta E_1(2-\theta)](a-c)-4w\beta E_1(2-\theta)\}\}}{(\Phi_1\Phi_2-M)^2}\end{cases}$$

(4.26)

容易验证:

$$\begin{cases}4\beta F_1(2-\theta)(4-\theta^2)^2 P_1^2[(a-w-c)\Phi_2+\varepsilon_1]>0\\\varepsilon_1\Phi_1+F_1(2-\theta)(4-\theta^2)\\\quad\cdot\{[\Phi_1-4\beta E_1(2-\theta)](a-c)-4w\beta E_1(2-\theta)\}>0\end{cases}$$

在各自所属范围内均成立,因此,

$$\dfrac{\partial x^{CEL}}{\partial h_L}<0,\ \dfrac{\partial x_L^{CEL}}{\partial h_i}<0$$

由上述分析可知,各主体的研发投入不仅受自身结构洞限制度影响,还受到其他相关主体的结构洞限制度影响,且各主体的结构洞限制度对新旧产品的研发投入存在相同的相关关系。由此可得到引理 2 如下:

引理 2 CEL 模式下,中间主体与边缘主体 1 合作形成新产品企业联盟 L,共同研发新产品参与市场竞争。联盟 L 在新产品上的研发投入随自身及边缘主体的结构洞限制度的减小而增大;边缘主体在旧产品上的研发投入随自身及联盟 L 的结构洞限制度

的减小而增大。

中间主体与边缘主体 1 合作形成的新产品企业联盟 L,其所受到的网络位置约束为中间主体与边缘主体 1 结构洞限制度总和的平均值,网络位置带来的约束要远小于单个边缘主体受到的约束,因而新产品企业联盟 L 相对于单个边缘主体而言,具有其自身独特的优势。一方面,联盟 L 享受着中间主体位置优势带来的异质性信息,有助于联盟 L 节约信息处理成本,预留出足够的经费以支持研发活动;另一方面,联盟 L 具备信息和技术创新双重优势,更容易在信息处理过程中筛选出行业中的高价值创新信息,有助于降低研发活动的不确定性风险,提升创新活动的积极性。因此,联盟 L 在新产品上的研发投入随自身结构洞限制度和边缘主体结构洞限制度的减小而增大。

对于边缘主体 1 而言,与中间主体建立新产品合作研发关系是利大于弊的。这是因为边缘主体 1 原有的网络位置使得可搜寻到的创新资源十分有限,在瞬息万变的市场竞争环境中,这种网络位置并不能维持自身的长远发展。而与中间主体合作研发新产品的决策,一定程度上减弱了原有网络位置对自身的约束程度,边缘主体 1 可以借助中间主体的资源平台更容易突破技术创新瓶颈,实现新产品创新和扩大市场份额的目的,同时,新产品的出现一定程度上引领了市场竞争,同时也为边缘主体的旧产品研发和创新决策指明了方向,具有一定的参考价值。因此,若边缘主体不愿意放弃旧产品,则应加大在旧产品上的研发投入,另辟蹊径进行创新,才有应对日益动态变化的市场竞争环境的底气。故边缘主体在旧产品上的研发投入随自身结构洞限制度和联盟 L 结构洞限制度的减小而增大。

(3) 算例分析

为了能够更加直观地探讨各主体网络位置特性变化对主体研发投入的影响,本章通过给变量赋值,并运用 MATLAB2016a 软件对上述研究结论进行数值模拟分析。根据前文假设,取 $a=10$, $c=5$, $w=2$, $\theta=0.50$, $\beta=0.75$。由于 $0<h_S<h_1=h_2<1$,当验证 h_L 对 x_L 的影响效应时,取定 $h_1=h_2=0.8$;验证 h_i 对 x_i 的影响效应时,取定 $h_S=0.1$,则 $h_L=0.05+0.5h_i$。同理,当验证 h_i 对 x_L 的影响效应时,取定 $h_S=0.1$;验证 h_L 对 x_i 的影响效应时,取定 $h_1=h_2=0.8$。模拟结果如图 4-16 所示。

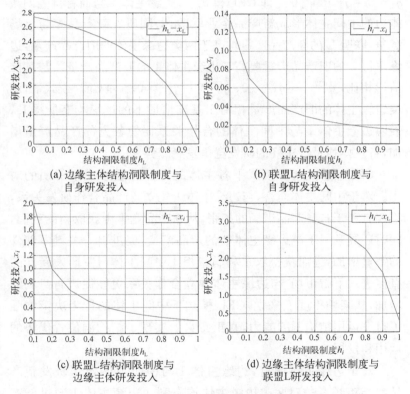

(a) 边缘主体结构洞限制度与自身研发投入

(b) 联盟L结构洞限制度与自身研发投入

(c) 联盟L结构洞限制度与边缘主体研发投入

(d) 边缘主体结构洞限制度与联盟L研发投入

图 4-16 CEL 模式下网络位置特性对研发投入的影响

由图 4-16 可知,在中间主体与边缘主体 1 合作形成新产品企业联盟 L,共同研发新产品参与市场竞争情形下,联盟 L

的新产品研发投入与自身结构洞限制度及边缘主体结构洞限制度均呈现负相关关系;边缘主体的旧产品研发投入与自身结构洞限制度及联盟 L 的结构洞限制度均呈现负相关关系,验证了引理 2。

4. 中间主体与边缘主体合作引领下各主体产量对比分析

由式(4.24)可知,$q_L^{CEL*} - q_1^{CEL*} > 0$,$q_L^{CEL*} - q_2^{CEL*} > 0$,且 $q_1^{CEL*} - q_2^{CEL*} < 0$。即 CEL 模式下,边缘主体 1 与拥有自主创新能力的中间主体形成新产品企业联盟,共同研发新产品参与市场竞争,联盟 L 的新产品产量均高于两类边缘主体的旧产品产量,边缘主体 2 的旧产品产量要高于边缘主体 1 的旧产品产量。与基准情形相比,$q_1^{CEL*} - q_1^N > 0$,$q_2^{CEL*} - q_2^N > 0$。即 CEL 模式下,两类边缘主体的旧产品产量相对于基准情形下的产量均有所提升,表明边缘主体 1 与中间主体的合作关系促使各方的产品产量增加,各主体均呈现良好的研发竞争发展态势。

CEL 模式与 CL 模式下各主体的产品产量形成了鲜明的对比。对于中间主体而言,与边缘主体 1 建立新产品合作研发关系,不仅有利于自身产品市场的扩张,从新产品竞争中获取新的利润,同时还提升了下游边缘主体 2 的产品产量,促进自身关键零部件的销量增加,进而获得双重利润。相比中间主体自主研发新产品直接进入下游市场,与边缘主体建立合作关系更能促进自身利润增加,从某种程度上来说,CEL 模式下中间主体的行为决策增强了自身运用结构洞的能力,真正意义上实现了结构洞位置优势的运用和发挥。

对于边缘主体而言,边缘主体 1 与中间主体合作研发新产品参与市场竞争对两类边缘主体均有利。边缘主体 1 通过新产品研发合作,更容易获得中间主体的资源和技术支持,减少自身网络位置劣势对创新活动的限制和约束,并在研发合作过程中不断学习和积累创新经验,增强自身创新能力,从而完善自身的知识和技术创新架构。此外,边缘主体 1 与中间主体成功研发出新产品也进一步扩大了边缘主体 1 在产品市场中的影响力,边缘主体 1 不仅可以获得新产品竞争的利润,还可以通过新产品的网络外部性,吸引更多的外部投资者和创新组织的加入,达到重构自身网络结构和优化网络位置的目的。对于边缘主体 2 而言,资源有限的边缘主体 1 进行新产品创新必然会削弱自身在旧产品上的研发投入,造成边缘主体 1 的旧产品产量下降,进而减少其对边缘主体 2 旧产品的竞争侵蚀,增大了边缘主体 2 的生存空间。也就是说,新产品的出现作为刺激信号,激发了边缘主体 2 的旧产品产量增长,同时也保持了边缘主体 1 的利润均衡,还为边缘主体 1 带来了网络外部性效益,出现了"双赢"的积极状态。

4.4.6 边缘主体与边缘主体合作引领下企业技术创新博弈分析

1. 博弈模型构建

为简化叙述,下文将边缘主体与边缘主体合作引领下企业技术创新博弈分析简称为 EEL 模式。若两个边缘主体均选择与对方合作进行新产品研发,则边缘主体 1 和边缘主体 2 相当于在新产品研发的基础上建立了企业联盟 L,新产品企业联盟 L 填充了原有结构洞,形成了新的网络架构,三个主体之间的网络位置处在平等状态,中间主体的位置优势消失。由于新产品研发创新存在复杂的不确定性风险,因此设定两类边缘主体不会轻易放弃旧产品竞争,新产品生产与旧产品生产彼此之间相互独立,即新产品企业联盟 L 相当于是一个新的企业主体,独自研发新产品参与市场竞争。此时,中间主体有不参与和参与下游市场竞争两种选择。本小节将针对中间主体不参与下游市场竞争,两类边缘主体之间建立新产品企业联盟,并进行新旧产品之间的研发竞争博弈的情况进行分析。由于两类边缘主体拥有丰富的市场经验,在合作的基础上可以将各自掌握的市场需求和创新信息进行良好互动与交流,因此,新产品企业联盟 L 更容易成为新产品创新的领导者。出于上述考虑,设定新产品企业联盟 L 为领导者,两类边缘主体均为追随者,采用斯坦克尔伯格博弈分析各主体的新旧产品竞争决策。

图 4-17 为两类边缘主体合作研发新产品参与市场竞争示意图。EEL 模式的博弈过程描述如下:① 第一阶段为研发阶段,边缘主体 1 与边缘主体 2 建立新产品企业联盟 L,新产品企业联盟 L 和两类边缘主体分别同时进行新旧产品研发投入决策;② 第二阶段为产量竞争阶段,联盟 L 先决定自身的新产品产量,两类边缘主体在联盟 L 的产量基础上决定自身的旧产品产量,最终三类主体在市场上展开竞争。新产品竞争利润以 φ 和 $1-\varphi$ 的比例进行分配,φ 为边缘主体 1 所获得的利润,$1-\varphi$ 为边缘主体 2 所获得的利润。采用斯坦克尔伯格博弈分析上述博弈过程,整个博弈过程以逆向归纳法进行求解。

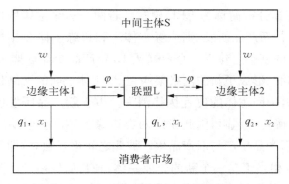

图 4-17 EEL 模式下企业市场竞争示意图

在产量竞争阶段,三个主体的目标利润函数如下:

$$\begin{cases} \pi_S^{EEL} = w(q_1 + q_2) \\ \pi_1^{EEL} = [a - q_1 - \theta q_2 - \beta q_L - w - (c - x_1)]q_1 - \dfrac{x_1^2}{2} + \varphi \pi_L \\ \pi_2^{EEL} = [a - q_2 - \theta q_1 - \beta q_L - w - (c - x_2)]q_2 - \dfrac{x_2^2}{2} + (1-\varphi)\pi_L \\ \pi_L^{EEL} = [a - q_L - \beta(q_1 + q_2) - (c - x_L)]q_L - \dfrac{x_L^2}{2} \end{cases}$$

(4.27)

式中,上标"EEL"代表中间主体不参与竞争时,两类边缘主体组建新产品企业联盟 L 进行新旧产品竞争的情形。

2. 博弈过程求解

与基准情形一致,为方便求解和展开讨论,考虑对称情况,设定边缘主体在旧产品中的研发投入相等,即 $x_1 = x_2 = x$,边缘主体之间进行完全信息对称博弈。由一阶条件 $\dfrac{\partial \pi_1}{\partial q_1} = 0$,$\dfrac{\partial \pi_2}{\partial q_2} = 0$,可求得两类边缘主体的均衡产量分别为:

$$\begin{cases} q_1(q_L^*) = \dfrac{(2-\theta)(a-w-c+x) + [\theta\beta(1+\varphi) - 2\varphi\beta]q_L^*}{4-\theta^2} \\ q_2(q_L^*) = \dfrac{(2-\theta)(a-w-c+x) + [\theta\beta(1+\varphi) - \beta(2+\varphi)]q_L^*}{4-\theta^2} \end{cases}$$

(4.28)

将式(4.28)代入联盟 L 的利润函数,并对 q_L 求一阶导数可得联盟 L 的最优产量决策为

$$q_L^* = \dfrac{(4-\theta^2)(a-c+x_L) - 2\beta(2-\theta)(a-w-c+x)}{2[4-\theta^2 + 2\theta\beta^2(1+\varphi) - \beta^2(2+\varphi)]}$$

(4.29)

令 $\begin{cases} J_1 = 2[4-\theta^2+2\theta\beta^2(1+\varphi)-\beta^2(2+\varphi)], \\ J_2 = (4-\theta^2)(a-c+x_L)-2\beta(2-\theta)(a-w-c+x), \end{cases}$ 则

$q_L^* = \dfrac{J_2}{J_1}$。将式(4.29)代入式(4.28),得到边缘主体的最优产量为

$$\begin{cases} q_1^* = \dfrac{(2-\theta)(a-w-c+x) \cdot J_1 + [\theta\beta(1+\varphi)-2\varphi\beta] \cdot J_2}{J_1 \cdot (4-\theta^2)} \\ q_2^* = \dfrac{(2-\theta)(a-w-c+x) \cdot J_1 + [\theta\beta(1+\varphi)-\beta(2+\varphi)] \cdot J_2}{J_1 \cdot (4-\theta^2)} \end{cases}$$

(4.30)

令

$$\begin{cases} T_2 = (2-\theta)(a-w-c+x) \cdot J_1 + [\theta\beta(1+\varphi)-2\varphi\beta] \cdot J_2 \\ T_3 = (2-\theta)(a-w-c+x) \cdot J_1 + [\theta\beta(1+\varphi)-\beta(2+\varphi)] \cdot J_2 \end{cases}$$

则 $q_1^* = \dfrac{T_2}{J_1 \cdot (4-\theta^2)}$; $q_2^* = \dfrac{T_3}{J_1 \cdot (4-\theta^2)}$。

将式(4.29)和式(4.30)代入各主体的利润函数,可得相应的利润为

$$\begin{cases} \pi_1^* = \dfrac{[(4-\theta^2)(a-w-c+x) \cdot J_1 - J_1(T_2+\theta T_3) - \beta(4-\theta^2) \cdot J_1 \cdot J_2] \cdot T_2}{(4-\theta^2)^2 J_1^3} - \dfrac{x^2}{2} + \varphi\pi_L \\ \pi_2^* = \dfrac{[(4-\theta^2)(a-w-c+x) \cdot J_1 - J_1(T_3+\theta T_2) - \beta(4-\theta^2) \cdot J_1 \cdot J_2] \cdot T_3}{(4-\theta^2)^2 J_1^3} - \dfrac{x^2}{2} + (1-\varphi)\pi_L \\ \pi_L^* = \dfrac{[(4-\theta^2)(a-c+x_L) \cdot J_1 - J_2 - \beta J_1(T_3+T_2)] \cdot J_2}{(4-\theta^2) J_1^3} - \dfrac{x_L^2}{2} \\ \pi_S^* = \dfrac{T_2+T_3}{(4-\theta^2) J_1^2} \end{cases}$$

(4.31)

在研发投入阶段,各主体都需要通过最优研发投入以实现利润最大化目标。由一阶条件 $\dfrac{\partial \pi_L}{\partial x_L} = \dfrac{\partial \pi_1}{\partial x_1} = \dfrac{\partial \pi_2}{\partial x_2} = 0$ 可求得

$$\begin{cases} x_L = \dfrac{U_1 M_1 + U_2\{(a-w-c)M_2 + (4-\theta^2)[U_3 + U_4(a-c)]\}}{M_1 M_2 - (4-\theta^2)U_2 U_4} \\ x = \dfrac{(4-\theta^2)\{U_3 M_1 + U_4[(a-c)M_1 + U_1 + U_2(a-w-c)]\}}{M_1 M_2 - (4-\theta^2)U_2 U_4} \end{cases}$$

(4.32)

式中

$$\begin{cases} Z = 1 - J_1^2 + (B+D)(J_1 + 2\beta^2) + 2\beta(2-\theta)(J_1 - 4 + \theta^2) \\ B = \theta\beta(1+\varphi) - 2\varphi\beta;\ D = \theta\beta(1+\varphi) - \beta(2+\varphi) \\ A = (4-\theta^2)[J_1^2 + \beta^2(2+\theta)J_1] - (2-\theta)[J_1(1+\theta) - 2\beta(B+D)] \\ U_1 = (4-\theta^2)^2(a-c)\{J_1 - 1 - (4-\theta^2)[1 - \beta J_1(B+D)]\} \\ U_2 = 4\beta^2(2-\theta)\{(4-\theta^2)[2 - \beta J_1(B+D)] - J_1\} \\ U_3 = J_1(J_1^2 - 2\beta B) - 4\beta^2(2-\theta)(a-w-c)(1 - J_1^2 + BJ_1) \\ U_4 = 2\varphi(4-\theta^2)^2[B + \beta J_1 + J_1\beta^2(B+D)] \\ M_1 = (4-\theta^2)^2[2 - J_1 + \beta J_1(B+D)] + (4-\theta^2)[J_1^3 + \beta J_1(B+D)] \\ M_2 = A(J_1 - 2\beta B) - (4-\theta^2)^3 J_1^4 - 4\varphi\beta^2(2-\theta)(4-\theta^2)^2 Z \end{cases}$$

(4.33)

令

$$\begin{cases} \Delta_1 = M_1 M_2 - (4-\theta^2)U_2 U_4 \\ \Delta_2 = U_1 M_1 + U_2\{(a-w-c)M_2 + (4-\theta^2)[U_3 + U_4(a-c)]\} \\ \Delta_3 = (4-\theta^2)\{U_3 M_1 + U_4[(a-c)M_1 + U_1 + U_2(a-w-c)]\} \end{cases}$$

则 $x_L = \dfrac{\Delta_2}{\Delta_1}, x = \dfrac{\Delta_3}{\Delta_1}$,代入式(4.29)和式(4.30),可得 EEL 模式下各主体的均衡产量为

$$\begin{cases} q_L^{EEL*} = \frac{(4-\theta^2)[(a-c)\Delta_1+\Delta_2]-2\beta(2-\theta)[(a-w-c)\Delta_1+\Delta_3]}{2\Delta_1[4-\theta^2+2\theta\beta^2(1+\varphi)-\beta^2(2+\varphi)]} \\ \\ q_1^{EEL*} = \frac{\begin{aligned}&\{J_1(2-\theta)-2\beta(2-\theta)[\theta\beta(1+\varphi)-2\varphi\beta]\}\\&\cdot[(a-w-c)\Delta_1+\Delta_3]\\&+(4-\theta^2)[\theta\beta(1+\varphi)-2\varphi\beta][(a-c)\Delta_1+\Delta_2]\end{aligned}}{J_1\cdot(4-\theta^2)\Delta_1} \\ \\ q_2^{EEL*} = \frac{\begin{aligned}&\{J_1(2-\theta)-2\beta(2-\theta)[\theta\beta(1+\varphi)-\beta(2+\varphi)]\}\\&\cdot[(a-w-c)\Delta_1+\Delta_3]\\&+(4-\theta^2)[\theta\beta(1+\varphi)-\beta(2+\varphi)][(a-c)\Delta_1+\Delta_2]\}\end{aligned}}{J_1\cdot(4-\theta^2)\Delta_1} \end{cases}$$

(4.34)

3. 边缘主体与边缘主体合作引领下各主体产量对比

由式(4.34)可知，$q_1^{EEL*}-q_L^{EEL*}>0$，$q_2^{EEL*}-q_L^{EEL*}>0$，且 $q_1^{EEL*}-q_2^{EEL*}>0$，进一步得到 $q_2^{EEL*}>q_1^{EEL*}>q_L^{EEL*}$。即 EEL 模式下，两类边缘主体建立新产品企业联盟共同研发新产品，与两类边缘主体各自的旧产品进行产量竞争。最终的竞争结果是：联盟 L 的新产品产量均小于两类边缘主体的旧产品产量，边缘主体 2 的旧产品产量高于边缘主体 1 的旧产品产量。

新产品企业联盟产量过低的原因在于两类边缘主体之间存在激烈的旧产品竞争。旧产品竞争的存在意味着两类边缘主体的研发投入和创新资源处于分散状态，当边缘主体同时面临新旧产品研发决策时，其研发投入难以实现两方的平均化。这是因为，边缘主体在具有旧产品竞争基础上建立的新产品企业联盟，其新产品的研发风险和不确定性较为复杂，所以边缘主体更倾向于维持旧产品研发投入以保证自身收益和市场份额。此外，旧产品竞争的存在和冲击容易使边缘主体之间新建立的合作关系破裂，致使边缘主体回到以中间主体为桥梁的基准情形，难以完成结构洞填充，建立新网络结构,实现网络位势平等和优化的目的。

因此,边缘主体之间若想通过建立合作关系,重新构建利于自身发展的网络结构,应适时放弃旧产品竞争,或在不放弃旧产品竞争前提下,通过在旧产品创新中发掘不同的研发方向,加大研发投入提升双方旧产品的差异性,降低双方旧产品之间的竞争强度,以不同的性能、质量改善点及价值创新点吸引更加广泛的用户,进而实现拓宽旧产品市场,达到"求同存异"的良性竞争目标。在此基础上再建立新产品企业联盟进行新产品研发,可以促使各方达到可持续性发展的均衡态势。

4.4.7 结果讨论

本章结合结构洞理论和博弈理论,围绕占据结构洞位置的中间主体和处在结构洞边缘的两类边缘主体组成的竞合供应链,建立三种不同模式下的企业产品研发竞争博弈模型。通过模型求解,探讨在各主体选择不同合作策略时,主体网络位置特性和新旧产品竞争的动态作用对于各主体研发投入和产量决策的影响,得到如下结论:

(1)当中间主体引领新产品创新时,不同主体的网络位置特性与各主体的产品研发投入呈现差异化的相关关系,且新产品的出现加剧了新旧产品市场的竞争交织程度,不利于各主体的长远发展。在该模式下,中间主体的新产品研发投入与自身结构洞限制度及边缘主体的结构洞限制度负相关,边缘主体的旧产品研发投入与自身结构洞限制度及中间主体的结构洞限制度正相关。中间主体直接参与下游市场竞争的行为决策挤占了边缘主体的市场份额和利润空间,由于自身资源和网络位置的限制,边缘主体仅依靠旧产品创新难以应对激化的竞争环境,进一步阻碍了各主体的生存和发展。

(2)当中间主体与边缘主体合作引领新产品创新时,不同主体的网络位置特性与各主体的产品研发投入负相关,新产品企业联盟的形成促进了边缘主体的旧产品产量提升,各主体均呈现良好的均衡发展趋势。在该模式下,无论是新产品企业联盟还是边缘主体,在新产品或旧产品上的研发投入均与自身结构洞限制度及对方的结构洞限制度负相关,中间主体与边缘主体建立的新产品企业联盟,双方的优势互补效应一方面降低了边缘主体所处的结构洞边缘位置劣势对其研发创新活动的约束,另一方面也为旧产品产量销售带来竞争,双重有效地刺激边缘主体增加在旧产品和新产品上的研发投入,从而提高新旧产品产量与中间主体的关键零部件销量,扩大各方的利润收益,而这与 CL 模式恰好相反。这表明边缘主体选择与具有自主创新能力的中间主体合作研发新产品的模式,可以更好地引导新旧产品研发竞争的良性发展,符合新时代背景下所强调的由"利己主义"转为"利他主义",通过优化合作伙伴的收益达到拓展自身发展空间和价值提升的目的,最终获得"多赢"的局面。

（3）两类边缘主体合作引领新产品创新时,边缘主体之间的旧产品竞争严重阻碍新网络结构的形成和发展。在该模式中,两类边缘主体之间形成的新产品企业联盟关系填充了中间主体占据的结构洞位置,使得各主体的网络位置约束相等,获得创新网络的流通信息和资源的机会均等,但是,当边缘主体之间存在旧产品研发竞争时,填充结构洞的企业联盟的新产品产量过低,边缘主体无法从中获利。因此,新联盟合作关系容易在边缘主体的旧产品研发竞争冲击下破裂,这也进一步表明,若边缘主体决定在不放弃旧产品竞争前提下,建立新产品企业联盟并从中获得各自所需,则需要降低彼此之间的旧产品替代程度,寻求不同的研发方向以拓展彼此之间的生态位,新产品企业联盟才能实现长期合作和稳定发展。

4.5 内外部因素交互下企业技术创新产出提升策略

通过前四节的分析可以发现,在创新网络中占据不同网络位置的企业,其创新产出演化规律在自身网络位置特性与相关主体的多样化生态关系及关系强度的交互影响下呈现出差异化的发展态势。在差异化创新行为选择下的企业技术创新博弈分析中,不同企业的研发投入不仅与自身网络位置特性相关,还与相关主体的网络位置特性存在截然不同的相关关系,进一步地,不同企业的产量受网络位置特性与新旧产品之间的竞争强度交互作用也产生了较大差异。根据前文的研究结论,提出如下对策建议,为企业探寻生态化技术创新发展路径和构筑持续性竞争优势提供理论指导。

4.5.1 加强企业外部生态关系管理与网络位势优化

1. 结构洞位置企业需要先"利他"再"利己"

对于占据结构洞位置的中间主体而言,其自身与边缘主体之间保持竞争为主的生态关系联结,及边缘主体之间的激烈竞争关系均对自身的创新产出产生阻碍作用,且中间主体通过自主研发新产品进入边缘主体的下游市场竞争的行为决策,不仅不利于发挥自身网络位置的优势,而且还会进一步增大彼此之间的竞争强度,最终出现"既不利己,也不利他"的恶性竞争局面。

因此,中间主体应围绕边缘主体的真正需求进行创新,通过多元化研发与产品创新,借助自身占据的结构洞位置的信息优势和控制优势,帮助和引导边缘主体之间进行多元化发展,进而降低边缘主体之间的竞争强度。此外,中间主体还可以通过加强与边缘主体之间的合作,扩大边缘主体的信息和资源获取途径,以减小边缘主体的自身网络位置劣势带来的约束影响,促进边缘主体的发展,进一步扩大自身的"可利润"范围。即,中间主体应该将自身所占据的自益型结构洞发展为带有"自益性目的的共益型结构洞",通过促进边缘主体的发展,达到促进自身发展的目的,进而出现"利他利己"的共赢局面。

2. 结构洞边缘位置企业需要多元化发展和构筑网络位置优势

对于边缘主体而言,与中间主体保持竞争为主的生态关系、与同处结构洞边缘位置的另一类边缘主体保持竞争共存或寄生共生的生态关系均不利于自身的长远发展。首先,边缘主体受自身网络位置特性影响,其所接收到的信息往往带有一定的滞后性和冗余性,需要耗费更多的成本进行信息处理与信息搜寻,与中间主体保持竞争共存的生态关系,和另一类边缘主体保持竞争为主和寄生共生的生态关系,无疑是为自身发展多增加了一层禁锢。因此,对于边缘主体,若想获得长远发展和可持续性竞争优势,可从以下三方面进行思考与实践:

(1) 适当降低与另一类边缘主体之间的竞争强度。这是同处于结构洞边缘位置的企业探索多元化创新发展路径的基础,也是企业进行自身网络位势优化的重要前提。降低竞争强度的首要步骤是提高企业对另一类边缘主体的发展战略的熟悉程度。在复杂多变的市场竞争环境下,企业难以获得竞争对手的全部信息,而且企业通过网络流通路径所获得的信息也并不一定能够对企业实际的竞争需要提供有效帮助。因此,企业应从实际的市场接触与已有的市场竞争经验出发,深入探究边缘主体的目标、能力与战略,以清晰了解和认识彼此的发展战略差异与行动特点,为降低和稳定彼此的市场竞争强度做好准备。其次,在此基础之上,逐步调整企业自身的发展战略,通过对已有的存在激烈竞争强度的产品进行工艺创新和优化,提高产品差异性,寻求多元化创新与研发方向,以降低彼此之间的竞争强度。

(2) 加强与中间主体合作。中间主体作为结构洞位置的占据者，其信息与资源丰富程度均比边缘主体要高，因此，边缘主体可以通过与中间主体加强合作，比如共同研发新产品，借助中间主体的信息和资源平台，拓展自身获取资源和信息的相关渠道，在新产品合作研发过程中进行知识和技术的学习与积累，加快自身技术创新能力的提升与完善，并通过新产品来展现自身的技术创新实力，提高自身在创新网络中的影响力，为完成自身网络位置均势形成铺垫。

(3) 与另一类边缘主体建立合作为主的生态关系，以实现自身网络位置均势，并进一步构建和拓展自身网络位置优势。在降低竞争强度的基础上，与同处于结构洞边缘位置的主体建立合作为主的生态关系，填充彼此之间的结构洞，与中间主体形成均等的网络位势，通过彼此之间的资源与技术优势互补，进行实时的市场信息与技术信息交互，完成新产品或新工艺的开发创新，实现企业生态位与市场空间拓宽的目标，进一步巩固已有的竞争优势。

随着企业内外部资源的逐步累加，企业应该在保持与其他网络成员的联结基础上，主动构建以自身为中心的开放型生态创新网络，增加与非竞争性企业、高校、科研机构或政府部门等知识与信息门户的联系与数量，通过技术创新过程中的各个环节加强自身同外部主体的交流与合作，以获得更多有效的异质性的价值信息与资源，优化自身的技术创新能力，提高企业在创新网络中的中心度，努力占据创新网络中的结构洞位置，以自身对外部信息与资源的影响力与控制力引导和帮助创新网络中的各个成员完善自身技术创新的发展建设，最终达到构建开放型生态创新网络的目的，以此来促进企业自身的可持续发展，获得持续性竞争优势。

4.5.2 加强企业动态能力的培育与发展

企业动态能力是企业整合内外部资源与重构自身网络位置优势的关键要素,其培育和发展在企业进行技术创新活动、构建持续性竞争优势的过程中发挥着重要作用。结合本章的研究结论,针对企业动态能力的培育和发展,可从以下三方面进行。

1. 建立环境变化感知机制

技术变革、市场需求和竞争对手等外部环境变化是刺激企业动态能力演变的重要影响因素。企业能否有效感知外部环境变化,发现和识别市场上存在的机会与威胁,并有针对性地及时作出响应,对企业能力成长与演化具有基础性决定作用。因此,洞悉环境变化是企业动态能力培育和发展的首要维度。

环境变化感知机制的建立要以市场需求和用户价值为导向,通过设立专门的企业部门,如用户体验和研究中心等,定期向用户提供相应产品和服务的专享福利与优惠活动,维持企业与用户之间的紧密互动性,提高用户参与的积极性,形成企业与用户之间的双向互利通道,借此收集行业前沿发展趋势的第一手信息,并基于企业自身对用户需求的洞察和挖掘,形成企业自身的信息储备,在此基础之上不断改进和完善产品性能,提升用户满意度,扩大用户规模和增强用户黏性。此外,企业还需要保持适度的忧患意识,通过企业情报部门,利用大数据与云计算等先进技术挖掘用户相关数据,跟踪新产品与新技术的前沿信息,发现市场机会与识别市场威胁,以快速响应和应对市场需求、技术的变化。

2. 加强企业技术学习能力

在企业嵌入创新网络的背景下,企业技术学习能力成为企业应对环境变化的重要基础。企业技术学习能力的培养和发展可以通过个体层、群体层和组织层三个层次的交互学习机制进行。

(1) 个体层技术学习主要从企业员工层面出发,一方面,企业可以通过建立企业大学和员工培训制度,促进员工个体的隐性知识的内部传播与共享;另一方面,企业可以为骨干成员提供出国交流、培训与学习的机会,拓宽其国际视野,更新其知识结构,并以此激励全体员工积极学习与进取。

(2) 群体层技术学习主要从企业项目组层面出发,通过组织项目经验交流会,鼓励各个项目组之间开放共享自己的项目经验,增强其学习和创新意识。另外,还可以通过建立健全企业项目组群体与外部研究机构的定期交流机制,促进外部隐性知识向显性知识转化,加强新增知识在产品开发和企业管理流程中的应用,进而更新企业知识储备与创新惯例。

(3) 组织层技术学习主要面向企业外部相关合作伙伴或竞争对手的学习。企业可以通过技术模仿和技术引进等方式,鼓励员工进行试错性的探索性学习,同时学习领先的竞争对手的管理和研发经验也是企业不断更新、创造知识的重要途径,在此过程中要不断积累和丰富自身的技术学习经验,进而提升企业技术创新能力。此外,企业需要形成学习导向型的企业文化,将企业学习作为一种重要且独特的价值取向,将学习融入企业员工的工作与生活方式中去,以学习型文化培育和提升企业技术学习意识,促进企业技术学习能力的发展与演化。

3. 提升企业内外部资源整合能力

企业内部学习与外部学习带来的最终结果是企业资源状态与数量的改变,为资源整合过程做好充分准备。未经体系化与整合之前企业资源大多处于零碎状态,运用科学方法对企业所获取的各类资源进行集中、激活与再建构,是企业资源实现其使用价值与产生经济效益的关键途径。

对于企业内外部资源整合能力的提升,可从以下三部分着手:① 稳定调整企业内部资源。在保持现有技术、人员与管理流程等基础性资源不发生显著调动的前提下,对企业现有资源组合进行微调,强调在现有能力基础上进行较小改进。② 丰富细化企业现有资源。根据企业现有的资源约束与资源组合,通过扩展和延伸当前的知识与技能,为其增加新的补充资源,渐进式细化与整合企业现有资源。③ 开拓创造企业新资源。通过与外部相关创新主体展开战略合作,开发和学习新知识或引进新技术,将所涉及的全新资源与信息进行吸纳与黏合,结合新资源与现有资源之间的互补性,创造性地进行有机组合以实现开拓创造新资源。

通过上述三种不同的资源整合方式对企业资源进行有机配置与调整,可以有效提升企业内外部资源整合能力,为企业实现资源价值创造与创新产出提供重要保障。

4.5.3　构建动态能力演化与网络位势演化之间的动态匹配机制

企业外部网络的动态变化要求企业注重动态能力的演化与发展,也要求企业不断构筑有利于自身发展的网络位势。一方面,企业动态能力的演化需要内外部资源和信息为支撑,企业在创新网络中所占据的网络位置可以为企业提供这部分信息和资源。但不同网络位置为企业带来的信息、资源存在数量与质量上的差异,从而造就了不同企业的动态能力差异。处于结构洞位置的企业,其所能获得资源与信息的数量与质量要优于在结构洞边缘位置的企业,因此,结构洞位置企业的动态能力演化速度较快。另一方面,由于企业处在不同的结构洞网络位置所获得的网络收益不同,每个企业均有不断提高自身的网络位势的企图,而企业动态能力是企业网络位势提升的驱动力,企业的动态能力越强,越能吸引其他企业与之建立联系,改变自身所处的网络位置,进而提升自身的网络位势。

本章的研究结论表明,企业的创新产出与相关决策不仅受到企业内部研发投入与资源的影响,还受到与自身存在直接或间接联结的创新主体的影响,这些内外部因素动态交互地作用于企业的创新产出,使其呈现出差异化的演化规律和发展趋势。这也进一步表明,企业需要不断地整合、构建和重新配置自身资源与能力来适应外部环境的变化,只有如此,企业才能持续获得竞争优势与生存发展的机会,也才有可能通过相应措施引导外部网络环境朝向有利于自身的方向演化。因此,企业需要构建动态能力演化与外部网络演化之间的动态匹配机制,具体体现在以下三方面:

(1) 企业未嵌入创新网络之前,需要具备比其他潜在的可占据结构洞边缘位置的创新主体更强的动态能力,才有可能嵌入开放型结构洞网络,完成零位势向初级结构洞劣势的跃进;企业进入创新网络成为结构洞边缘主体之后,需要培养与此位置相适应的动态能力,保持与结构洞位置企业的资源与信息联结,为稳固现有网络位置提供保障。

(2) 为了获取更多网络收益,处于结构洞边缘位置的企业具有强烈的填充结构洞、消除信息不对称性的意愿,而这一想法的实现离不开相应动态能力的支持,只有当结构洞边缘位置的企业具备相匹配的动态能力,才会对其他同处结构洞边缘位置的企业或主体形成有效吸引,促使结构洞被填充,完成网络位势的均等化。此时,伴随着结构洞位置优势的消失,各主体需要调整和平衡彼此之间的关系,提高信任程度与协同程度,并在此前提下充分利用闭合网络中的资源促进自身成长。

(3) 填充结构洞可以使企业完成网络位置劣势到均势的转变,但是闭合网络为企业带来的资源与信息存在局限性,容易使企业步入"惰性"陷阱。为获取新鲜的、非冗余的信息,网络位置均势状态下的企业存在构建以自身为中心的开放型创新网络的动机。此时,只有具备快速整合与重构资源的动态能力的企业,才能满足更多潜在合作伙伴的需求,打破现有闭合网络联结的限制,与更多主体建立联结,进而获得网络位置优势。

在企业的实际运营中,企业追求经济效益与优质创新产出的动机是企业动态能力与网络位势共同演进的关键。企业所处的网络位置不同为企业发展提供了不同的机会,只有具备较强动态能力的企业才有能力抓住和利用这些机会,获得更强的竞争优势与持续性的发展,进而提高企业创新产出。

第5章
集群创新生态系统进化与融通创新研究

5.1 集群创新生态系统进化机制分析

江苏省船舶海工先进制造业集群,已经拥有相对发达的生产制造业体系,生产制造效率较高,其产品市场占有率和先进性已处于世界前列;集群内已经聚集了核心企业、大专院校、科研机构等大量创新资源,协同创新网络已经形成并开展了产业协同创新。产业集群在商业上的成功越来越依赖于可持续的创新,创新是产业集群永续发展的基本要求,也是产业集群持续演进的必要条件,缺乏创新思维和创新能力将会使产业集群遭受萎缩和衰退威胁。深入理解全球价值链重构背景下制造业集群"赶超发展"的条件、机制与方式,全力打造出世界级船舶海工先进制造业集群参与全球竞争,突破发达国家主导的全球价值链利益分配格局,最终实现中国船舶海工制造业的结构调整与全面升级,具有重要的现实意义。因此,对于江苏省船舶海工先进制造业集群创新生态系统进化机制的研究,可进一步地揭示集群内创新组织之间的关系及协同进化的方向,探究产业集群应对外部挑战时的韧性和创新生态系统的稳定性,从而促进集群的健康发展。

5.1.1 理论基础

产业集群理论由美国哈佛商学院的 Port 教授于 20 世纪 90 年代首次提出,他把产业集群定义为:"在特定领域中,同时具有竞争与合作关系,且在地理上集中,有交互关联性的企业、专业化供应商、服务供应商、相关产业的厂商以及相关的机构(如制定标准化的机构,产业协会)"[91]。德国生物学家 Haeckel 于 1866 年首次提出了生态学的概念,他认为生态学是一门研究生物与其环境相互关系的科学,尤指动物与其动物、植物之间互利或敌对的关系[92]。对于人类社会事务的研究,可以借鉴生态学中的重要理论[93]。生态系统作为生态学中的基本功能单位,各种生物在生物群落中由于其功能和地位,均占据着一定的生态位,不同物种之间存在着正向或负向的种间相互作用,生态系统的上述特性可以对产业集群各创新成员之间的相互作用进行研究。

在产业集群创新生态系统中,各组织成员都各自占据着一定的生态位,即对创新系统的资源的占有,同时各组织成员又存在于同一个产业集群中即分享共同的市场,俨然构成了一个互相关联制约的复杂的生态系统[94]。在产业集群的创新生态系统中,各组织成员之间保持着各种各样直接或间接的联系和影响,成员之间既有积极影响也有消极影响,这里考虑从生态学中三种最主要的种群相互作用来分析,分别是竞争、共生和捕食。竞争和共生关系存在于产业集群创新生态系统中的创新组织成员之间,而捕食可以看作集群上游的创新组织的产出被下游的创新组织购买,上游的创新组织作为被捕食者而购买创新产出的下游创新组织作为捕食者。

对于创新生态系统中各组织成员的创新产出,假定所属集群中的各种创新要素是一定的，则各创新组织的创新收益均存在上限，即集群创新生态系统最终会达到一定的平衡。鉴于这种特性，用 Logistic 模型与 Lotka-Volterra 模型来构建集群创新生态系统中各组织成员之间的协同进化模型。

5.1.2 模型构建

鉴于 Logistic 模型与 Lotka-Volterra 模型描述了生物种群之间交互的竞争、共生、捕食等生态关系，而产业集群创新生态系统中的不同创新组织之间的协同进化机制与生物种群之间的交互关系具有相似性，因此，本章在前期研究的基础上，借鉴了 Logistic 模型与 Lotka-Volterra 模型探讨了产业集群创新生态系统中三种不同的生态关系及其演化过程。模型的假设如下：

假设 1 在产业集群的创新生态系统中，各个创新组织由于受到其技术实力、研发投入及研发人员数量等客观条件的限制，其创新产出并不会无限制的增长，即存在创新产出的上限。因此，本章假设创新生态系统中的各个创新组织在创新产出方面存在着资源限制，受到自然选择机制的制约存在着创新产出增长上限，以授权专利数衡量创新产出，则各创新组织的专利授权数增长过程均遵循 Logistic 规律[95]。

假设 2 产业集群创新生态系统中的创新组织会受到其他组织的影响，根据生态系统理论，企业与企业，企业与高校之间存在着竞争、共生和捕食的关系。创新产出变化率 r 及对其他组织创新产出的影响系数 a 决定了创新组织之间的不同协同进化关系。

假设 3 产业集群创新生态系统创新产出在增长的初期，其公开专利的数量呈现上升趋势，随着创新组织公开专利数的进一步增加，由于其受到研发投入、创新能力等方面的制约，其专利增长会呈现放缓的趋势。

根据以上的假设,构建产业集群创新生态系统中的不同企业 $N_1 \sim N_5$ 及高校院所 N_6 之间的创新生态系统模型如下:

$$\begin{cases} \dfrac{\mathrm{d}N_1}{\mathrm{d}t} = r_1 N_1 \left(1 - \dfrac{N_1}{K_1} - a_1 \dfrac{N_2}{K_1}\right) \\[4pt] \dfrac{\mathrm{d}N_2}{\mathrm{d}t} = r_2 N_2 \left(1 - \dfrac{N_2}{K_2} - a_2 \dfrac{N_1}{K_2}\right) \\[4pt] \dfrac{\mathrm{d}N_3}{\mathrm{d}t} = r_3 N_3 \left(1 - \dfrac{N_3}{K_3} + a_3 \dfrac{N_4}{K_4}\right) \\[4pt] \dfrac{\mathrm{d}N_4}{\mathrm{d}t} = r_4 N_4 \left(1 - \dfrac{N_4}{K_4} + a_4 \dfrac{N_3}{K_3}\right) \\[4pt] \dfrac{\mathrm{d}N_5}{\mathrm{d}t} = -r_5 N_5 + a_5 N_5 a_6 N_6 \\[4pt] \dfrac{\mathrm{d}N_6}{\mathrm{d}t} = r_6 N_6 \left(1 - \dfrac{N_6}{K_6}\right) - a_5 N_5 N_6 \end{cases} \quad (5.1)$$

式中,$N_i (i=1, 2, \cdots, 6)$ 代表了不同的创新组织的创新产出水平,其中 N_1,N_2 表示具有竞争关系的两创新组织,N_3,N_4 表示具有共生关系的两创新组织,N_5,N_6 表示具有捕食关系的产业及集群下游和上游两创新组织;对应的 r、K 和 a 则分别表示该组织的创新产出变化率、创新产出的最大市场容纳规模和对另一个组织创新产出的影响系数,其中对于捕食关系,a_5 为下游创新组织对上游创新组织技术成果的购买率,a_6 为下游组织将上游创新组织技术成果转化为自身创新产出的效率[96]。

5.1.3 稳定性分析

结合公式(5.1)构建的模型,由于模型中各个创新组织的创新产出变化率 $r_i > 0 (i=1, 2, \cdots, 6)$,因此,在创新生态系统中,要达到稳定状态,需满足如下方程:

$$\begin{cases} \dfrac{\mathrm{d}N_1}{\mathrm{d}t} = 0 = \dfrac{\mathrm{d}N_2}{\mathrm{d}t} \\ \dfrac{\mathrm{d}N_3}{\mathrm{d}t} = 0 = \dfrac{\mathrm{d}N_4}{\mathrm{d}t} \\ \dfrac{\mathrm{d}N_5}{\mathrm{d}t} = 0 = \dfrac{\mathrm{d}N_6}{\mathrm{d}t} \end{cases} \tag{5.2}$$

对上述方程进行整理和求解,可以得到产业集群创新生态系统三种不同生态关系的稳定条件(表 5-1)。

表 5-1 不同生态关系 Logistic 模型稳定条件

生态关系	稳定条件和特征
竞争	1. 当 $K_1 > K_2/a_2$, $K_2 < K_1/a_1$ 时,N_1 胜 N_2 败; 2. 当 $K_1 < K_2/a_2$, $K_2 > K_1/a_1$ 时,N_2 胜 N_1 败; 3. 当 $K_1 < K_2/a_2$, $K_2 < K_1/a_1$ 时,由于 $a_1 = 1/a_2$,这种情况不存在; 4. 当 $K_1 > K_2/a_2$, $K_2 > K_1/a_1$ 时,两者处于不稳定的平衡状态,都有可能取胜。
共生	1. $a_3 a_4 < 1$ 且 a_3, a_4 中有一方大于 1,则为卫星式共生,大于 1 的一方为主导组织,另一方为卫星组织; 2. $a_3 a_4 < 1$ 且 a_3, a_4 均小于 1,则为网状式共生。
捕食	$a_5 a_6 > \dfrac{r_5}{K_5}$,模型趋于稳定。

由上面的稳定条件可以发现,对于竞争关系,两个创新组织中必有一方在竞争中取胜,而另一方则失败而被淘汰,对于共生和捕食关系,则并没有明确的进化趋势表明创新组织会遭到淘汰。

5.2 集群创新生态系统协同进化机制实证研究

5.2.1 样本选取

针对竞争、共生和捕食三种协同进化机制,选择江苏省泰扬海工装备和高技术船舶集群内的组织成员创新产出数据结合实际进行案例分析。江苏亚星锚链股份有限公司（AsAc）是一家专业化从事船用锚链和海洋系泊链的生产企业，创建于1981年，目前已发展成为年产锚链和海洋系泊链近20万吨的企业，在生产、销售和出口方面连续多年名列国内同行第一，是我国船用锚链和海洋系泊链的生产和出口基地。江苏奥海船舶配件有限公司成立于2009年，是一家专业生产船用锚链、海洋系泊链、焊接钢板锚、钢制浮筒的大型重工企业，据称在全球同类企业中拥有最大的工厂规模和产能，曾经是亚星锚链最大的竞争对手，但因经营不善，奥海锚链于2019年年底破产重整。中国船舶集团有限公司第七一六研究所，是国家重点科研单位，始建于1965年，是集科研、生产和经营于一体的综合性电子信息技术研究所。连云港杰瑞电子有限公司是特大型国有重要骨干企业中国船舶集团有限公司下属的国有控股公司，中国海防全资子公司，2004年由中国船舶重工集团公司第七一六研究所（江苏自动化研究所）自动控制器件研究中心改制成立。江苏扬子鑫福造船有限公司是扬子江船业集团旗下的骨干船厂之一，是以造船为主，兼顾修船、大型钢骨结构生产及加工的大型船企，拥有目前国内最宽船坞，造船生产设备和配套设施先进完备。江苏科技大学是江苏省人民政府与中国船舶集团有限公司共建高校，中国船舶与海洋工程产业知识产权联盟、江苏船舶与海洋类高校协同发展联盟牵头单位。

考虑到专利的申请-授权周期，为了更好地表达专利演化趋势，选用周期为2的简单移动平均法（Simple Moving Average，SMA）来对专利数据进行其演化趋势分析，相应的数据来源为合享专利数据库，具体创新组织样本如表5-2所示。

在表5-2中，N_1亚星锚链和N_2奥海锚链的主打产品均为船舶与海洋工程领域使用的锚链，两组织在创新要素、市场需求方面几乎是完全同质的，两创新组织存在竞争关系；N_4 杰瑞电子是中国船舶集团有限公司的控股子公司，前身是中国船舶重工集团公司第七一六研究所自动控制器件事业部，因此在这里可将 N_3 716 所看作核心组织，而杰瑞电子作为卫星组织，两者之间存在共生关系；N_5 扬子鑫福受让 N_6 江科大船舶与海洋工程领域专利数量最多，两者之间在创新生态系统中存在捕食关系，其中 N_5 扬子鑫福为下游创新组织，N_6 江科大为上游组织。上述创新组织其创新产出增长趋势如图 5-1 所示。

表 5-2 创新组织样本

序号	创新组织
N_1	江苏亚星锚链股份有限公司（亚星锚链）
N_2	江苏奥海船舶配件有限公司（奥海锚链）
N_3	中国船舶集团有限公司第七一六研究所（716 所）
N_4	连云港杰瑞电子有限公司（杰瑞电子）
N_5	江苏扬子鑫福造船有限公司（扬子鑫福）
N_6	江苏科技大学（江科大）

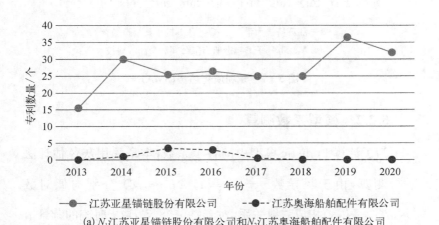

(a) N_1 江苏亚星锚链股份有限公司和 N_2 江苏奥海船舶配件有限公司

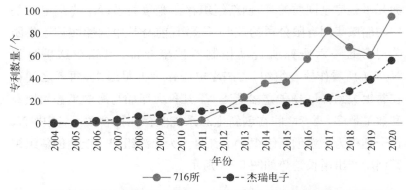

(b) N_3中国船舶集团有限公司第七一六研究所和N_4连云港杰瑞电子有限公司

(c) N_5江苏扬子鑫福造船有限公司和N_6江苏科技大学

图 5-1　专利演化趋势(SMA)

5.2.2　模型系数测算

为了计算 Logistic 模型中的各个系数,本章采用灰色估计法进行测算,由于灰导数 $\dfrac{\mathrm{d}N_i}{\mathrm{d}t}$ ($i=1,2,\cdots,6$)分别与偶对数($N_{i(t+1)}$,$N_{i(t)}$)构成映射关系,对于每一个 N_i,取 t 时刻的背景值

$\frac{N_{i(t+1)} - N_{i(t)}}{2}$,则式(5.1)存在如下关系式:

$$\begin{cases} N_{i(t+1)} - N_{i(t)} = u_{i1} \frac{N_{i(t+1)} + N_{i(t)}}{2} + u_{i2} \frac{(N_{i(t+1)} + N_i(t))^2}{4} \\ \qquad\qquad + u_{i3} \frac{(N_{i(t+1)} + N_{i(t)})(N_{j(t+1)} + N_{j(t)})}{4} \\ N_{j(t+1)} - N_{j(t)} = u_{j1} \frac{N_{j(t+1)} + N_{j(t)}}{2} + u_{j2} \frac{(N_{j(t+1)} + N_{j(t)})^2}{4} \\ \qquad\qquad + u_{j3} \frac{(N_{i(t+1)} + N_{i(t)})(N_{j(t+1)} + N_{j(t)})}{4} \end{cases}$$

(5.3)

式(5.3)中,$i=1,3,5$ 分别对应 $j=2,4,6$ 组成三对分别具有竞争、共生和捕食关系的创新组织的灰色估计模型。特别地,由式(5.2)可知,当 $i=5$ 时,具有捕食关系的一对创新组织其下游组织的灰色估计模型中无平方项,因此参数 $u_{52}=0$。式(5.3)与式(5.1)共同构成了灰色估计模型的参数矩阵 U 如下:

$$U = \begin{bmatrix} r_1 & -\frac{r_1}{K_1} & -\frac{r_1 a_1}{K_1} \\ r_2 & -\frac{r_2}{K_2} & -\frac{r_2 a_2}{K_2} \\ r_3 & -\frac{r_3}{K_3} & \frac{r_3 a_3}{K_4} \\ r_4 & -\frac{r_4}{K_4} & \frac{r_4 a_4}{K_3} \\ -r_5 & a_5 a_6 & 0 \\ r_6 & -\frac{r_6}{K_6} & -a_5 \end{bmatrix}$$

利用最小二乘法,对样本中的原始数据进行离散化处理,可得

到参数矩阵 U 中每一个元素的具体数值,通过对矩阵进行求逆即可得到式(5.1)中的参数,求得的参数如表 5-3 所示。

表 5-3 模型参数表

序号	r_i	K_i	a_i
N_1	0.902 570	34.874 978	0.903 607 0
N_2	7.312 570	34.874 978	1.106 700 0
N_3	0.378 388	40.214 495	1.107 335
N_4	0.204 770	40.214 495	0.903 100
N_5	1.452 689	—	0.468 372
N_6	0.013 259	89.008 084	0.012 912

将表 5-3 中所求得的参数代入式(5.1)的 Logistic 方程中,输入 Matlab 软件进行仿真实验,可以得到亚星锚链、奥海锚链、716 所、杰瑞电子、扬子鑫福及江苏科技大学在船舶与海洋工程领域的专利增长趋势,如图 5-2 所示。

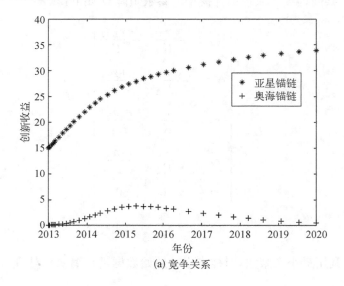

(a) 竞争关系

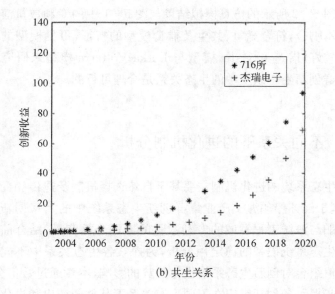

(b) 共生关系

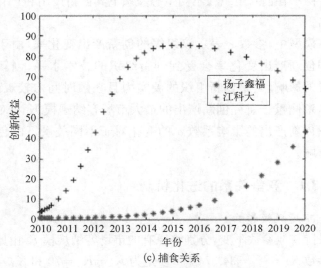

(c) 捕食关系

图 5-2 专利增长趋势仿真结果

图 5-2 所示的仿真模拟结果与图 5-1 中的专利数量演化趋势基本吻合,符合竞争、共生及捕食模型的特征,可见模型的拟合效果较好,借鉴 Logistic 模型与 Lotka-Volterra 模型来研究创产业集群创新生态系统中的生态关系是合理可行的。

5.3 不同关系下的进化机制分析

生态系统的进化机制主要基于自然选择机制及遗传和变异机制,基于江苏船舶海工产业集群创新生态系统中的六家创新组织在船舶与海洋工程领域的专利数量的案例分析背景,结合前文对创新生态系统模型的稳定性分析,为探索各生态关系中不同的系数取值组合对创新生态系统进化趋势的影响,本章通过数值分析,进一步揭示各创新组织在不同生态关系下其创新产出和进化机制的影响。

在模型中,参数 r 表示该组织的创新产出变化率,由于创新组织的创新产出变化率会受到创新组织的技术水平、创新投入等因素的影响,它是创新组织的硬实力且在短时间内较难改变,因此本章侧重于研究创新产出的最大市场容纳规模 K 和对另一个组织创新产出的影响系数 a 的变化对于不同关系下的创新组织的影响。

5.3.1 竞争关系的进化机制

1. 市场规模影响

保持其他参数不变,分别将原有的市场容纳规模 K 由原有的模型参数 $K_1=K_2=34.874\,978$ 设定为 $K_1=K_2=70$ 和 $K_1=K_2=20$,分别模拟进化过程中外部环境(自然选择)的变化,即市场容纳规模增大和缩小的情况,分别得到的演化趋势如图 5-3 所示。

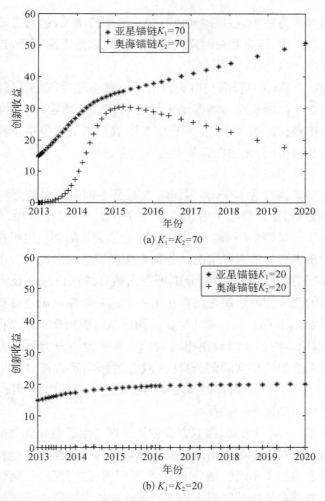

图 5-3 竞争关系中 K 对演化趋势的影响

由图 5-3(a)可知,当市场容纳规模增大时,在竞争中取胜的亚星锚链将会首先快速增长,当竞争对手奥海锚链产生创新收益之后,其增长速度逐渐放缓并最终趋于市场所能容纳的最大规模;而之前在竞争中被淘汰的奥海锚链,由于市场容纳规模的扩大使得其生存压力减小,在短时间内有较大幅度的增长,远超过原模型中的创新产出,但是在短时间内达到顶点之后便逐渐下降,最后仍然在竞争中被淘汰。

由图5-3(b)可知,当市场容纳规模减小之后,亚星锚链的创新产出在小幅增长至市场容纳规模之后就保持稳定,而奥海锚链则由于市场份额的缩小,生存压力增大,在激烈的竞争中全程呈现出0增长的情况,无法在竞争中占据生存地位。

2. 竞争系数影响

保持其他参数不变,将创新组织对另一创新组织的影响系数a(竞争系数)由原模型中的$a_1=0.9036070$,$a_2=1.1067000$设定为$a_1=a_2=0.1$和$a_1=a_2=-0.1$模拟竞争关系的创新组织在进化过程中出现变异的两种情况。分别是两创新组织出现了较小程度的变异(如在创新领域的细分市场占据独有的区位或在技术上寻求不同的路线使得组织之间存在了一定的差异性),而使得双方的影响系数减小($a_1=a_2=0.1$),以及两创新组织出现了较大程度的变异(如原本两创新组织在相同领域竞争变为一方为另一方提供配套或两组织协作共同创新)使得双方的影响系数符号发生改变($a_1=a_2=-0.1$),由抑制作用变为了促进作用的两种情况,数值模拟的结果如图5-4所示。

由图5-4(a)可知,当双方在创新领域产生了差异化使得彼此之间的对于对方创新产出的影响系数降低,比如,亚星锚链和奥海锚链分别占据了不同的细分市场,在不同领域进行研发,则两创新组织均能够在较短的时间内达到较大比例的市场所能容纳规模并稳步发展获得稳定的创新收益,且奥海锚链在亚星锚链创新产出抑制作用降低之后发展势头更加迅速,以更短的时间达到了稳定状态,与此同时,作为竞争胜利方的亚星锚链也由于竞争作用的减小使得其以超过实际创新产出的增长速度达到稳定状态。两组织最终趋于相同的创新产出,均达到了市场最大容纳规模的90%左右。

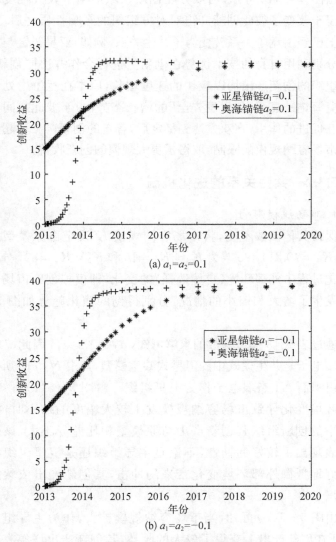

图 5-4 竞争关系中 a 对演化趋势的影响

由图 5-4(b)可知,当双方在创新领域产生了较大程度的变异以至于改变了彼此创新产出对对方组织的影响性质之后,双方实质上已经由竞争关系转变为了共生关系,例如,亚星锚链与奥海锚链分别利用自身的技术优势在创新上进行合作并协同创新,此时两组织的创新产出均以较快的速度增长,原本在竞争中处于劣势的奥海锚链显示出"后发先至"的增长态势,由于彼此之间存在着相互促进的作用,在双方达到稳定后,各自的创新产出均超过了原本市场容纳规模的限制,取得了更大规模的创新收益。

5.3.2 共生关系的进化机制

1. 市场规模影响

保持其他参数不变,将市场容纳规模 K 设定由原模型中的 $K_3=K_4=40.214\ 495$ 改为 $K_3=K_4=10$ 和 $K_3=K_4=80$,分别模拟进化过程中外部环境(自然选择)的变化,即模拟创新市场容纳规模发生了增大和缩小的情况,分别得到的演化趋势如图 5-5 所示。

通过表 5-3 模型参数的求解可知,$a_3>1>a_4$,因此,716 所与杰瑞电子是共生模式中的卫星式共生模型,其中 N_3 716 所作为主导组织而 N_4 杰瑞电子作为卫星组织。由图 5-5(a)可知,当外部环境变化导致市场容纳规模发生较大幅度的缩小时,共生模式下的创新组织其创新产出与原模型相比差异不大,该生态系统表现出了较好的韧性,不论是主导组织还是卫星组织都能够较好地抵御外部环境变化带来的冲击,其创新产出依然能够稳步增长。

由图 5-5(b)可知,当市场容纳规模扩大,作为主导组织的 716 所在创新产出上获得了较大的收益,其创新产出增幅有较大幅度的提升,而作为卫星组织的杰瑞电子由于对主导组织存在一定的依赖性,其创新收益反而出现了小幅度的下降。

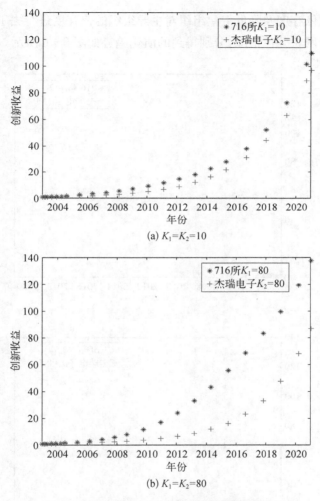

图 5-5 共生关系中 K 对演化趋势的影响

2. 共生系数的影响

保持其他参数不变,将创新组织对另一创新组织的影响系数 a(共生系数)由原模型中的 $a_3=1.107\,335$,$a_4=0.903\,100$ 分别设定为 $a_3=2$,$a_4=0.5$ 和 $a_3=a_4=0.5$ 以模拟提升卫星组织对主导组织的依存度及降低卫星组织对主导组织的依存度进行去卫星化之后的网状共生情况,分别得到的演化趋势如图 5-6 所示。

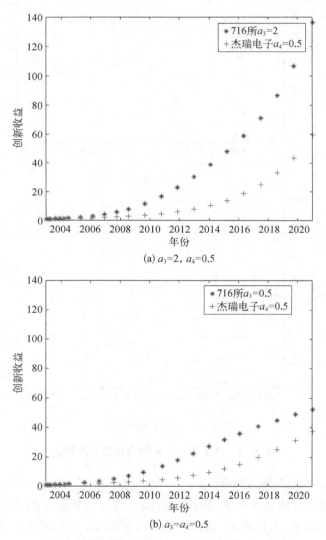

图 5-6 共生关系中 K 对演化趋势的影响

由图 5-6(a)可以看出，当提高卫星组织对主导组织的依赖程度之后，主导组织的创新产出与实际相比得到了小幅度的增长，但是卫星组织在创新产出与实际相比出现了较大幅度的下降，这说明在卫星式共生下，当主导组织进一步提高对卫星组织的领导能力之后，卫星组织的创新能力被削弱，主导组织创新产出获得的提升难以弥补卫星组织创新能力退化带来的损失。

由图 5-6(b)可以看出，当削弱两共生组织之间的相互依存程度之后，两创新组织的创新产出均相较于原模型发生了较大幅度的降低，由于两组织在创新实力及投入上存在较大的差异，在这种情况下采用网状式的共生模型，其创新产出要远低于卫星式模型，因此，原本处于卫星式共生关系的两组织如选用网状共生关系，则双方的创新产出增长率会下降。

5.3.3 捕食关系的进化机制

1. 市场规模影响

保持其他参数不变，将市场容纳规模 K 由原模型中的 $K_6=89.008\,084$ 设定为 $K_6=120$ 和 $K_6=40$，分别模拟进化过程中外部环境（自然选择）的变化，即市场容纳规模增大和缩小的情况，分别得到的演化趋势如图 5-7 所示。

由图 5-7(a)可知，在进化的过程中，由于自然选择的宽松使得市场容纳规模增大使捕食者扬子鑫福获益更多，其在后期创新产出相比于实际情况有所提高，而被捕食者江科大的创新产出则随着时间的推移呈现出了进一步下降的情况。当市场容纳规模扩大之后，与实际情况相比，作为捕食者的扬子鑫福由于拥有较强的市场拓展能力和技术转化能力，能够在后期占领市场，且由于购买专利的正向激励作用，会为保值自身的创新产出选择购买更多的专利。而作为被捕食者的江科大则受到捕食作用的影响，其创新产出发生较多的转让受让行为，因此创新产出有所下降。

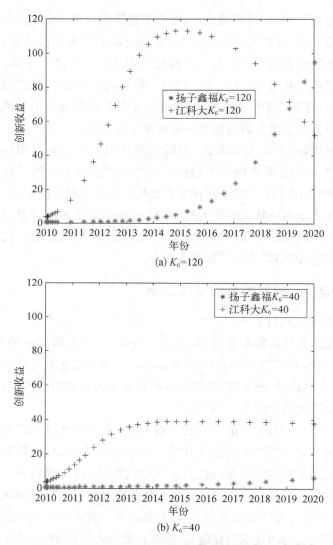

图 5-7 捕食关系中市场容纳规模对创新产出的影响

由图 5-7(b)可知,在进化过程中当自然选择变得严苛导致市场容纳规模缩小之后,捕食者与被捕食者的创新产出均受到了较大的影响,其中被捕食者江科大的创新产出更加逼近市场所能容纳的最大规模,并随之稳步发展,而作为捕食者扬子鑫福的创新产出由于受到外部环境的影响,购买专利的意愿进一步下降,加之自身的创新能力有限,其创新产出增长迟缓。因此,在捕食关系中,作为捕食者的扬子鑫福对市场容纳规模的变化更敏感,其捕食行为会影响江科大的创新产出。

2. 捕食系数的影响

在捕食模型中,影响系数相较于竞争和共生模型有不同的解读,其中a_5表示下游组织将上游创新组织技术成果转化为创新产出的效率,a_6表示下游创新组织对上游创新组织技术成果的购买率。在保持其他参数不变的条件下,分别改变原模型中的参数$a_5=0.468\,372$和$a_6=0.012\,912$,模拟下游组织将上游创新组织技术成果转化为创新产出的效率和下游创新组织对上游创新组织技术成果的购买率的变化对捕食模型进化的影响,得到的演化趋势如图 5-8 所示。

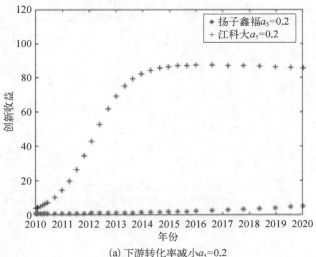

(a) 下游转化率减小$a_5=0.2$

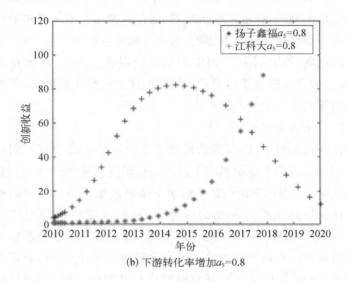

(b) 下游转化率增加 $a_5=0.8$

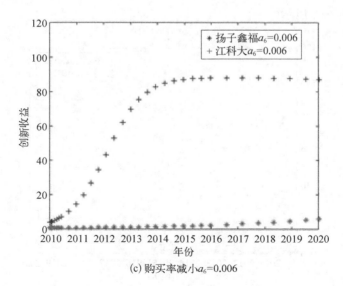

(c) 购买率减小 $a_6=0.006$

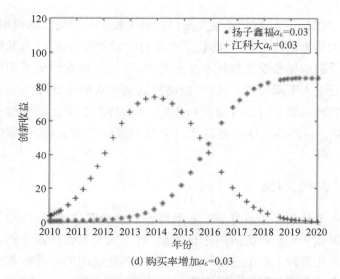

(d) 购买率增加$a_6=0.03$

图 5-8 捕食模型中影响系数的变化对演化趋势的影响

由图 5-8(a)可知,当扬子鑫福对江科大的创新产出转化率减小($a_5=0.2$)之后,扬子鑫福的创新产出增长变得微弱,则意味着从江科大购买的专利并没有被扬子鑫福进行很好的利用和消化,较低的转化率使得扬子鑫福涨势微弱。

反之,图 5-8(b)反映了在较高的转化率($a_5=0.8$)下,扬子鑫福的创新产出获得了大幅度的增长并在后期一度开始超过甚至挤压江科大的创新产出,这意味着扬子鑫福拥有了较为强大的知识消化能力和举一反三的研发实力,与此同时,江科大的生存空间将会被压缩进而影响到其创新产出。

由图 5-8(c)可知,当扬子鑫福对江科大的购买率下降($a_6=0.006$)之后,扬子鑫福的创新发展由于本身较弱的研发实力和科研投入,陷入停滞增长或增长缓慢,而江科大的创新产出则趋于稳定。

相反地,图 5-8(d)反映了扬子鑫福提高了购买率($a_6=0.03$)

之后，其创新产出增长迅速并最终达到了较大的市场容纳规模，而江科大作为被捕食者，在转让了大量的专利和科研成果后，其创新能力受到市场和受让专利本身的约束，创新产出在经历短期的增长之后进入下降阶段。此外，较高的购买率可能会让作为上游组织的江科大暴露宝贵的知识和技能，从而导致知识泄露和被挪用的风险[97]，使得自身在创新产出上受到进一步的制约，创新能力不断下降。

5.3.4 对策

本节从江苏船舶海工产业集群创新生态系统出发，构建了产业集群创新生态系统协同进化模型，对不同关系的创新生态系统协同进化进行了数值仿真，采用集群内创新组织的专利数据为例进行案例分析。研究结果表明：

1. 竞争关系

市场容纳规模的变化与竞争关系中获胜的一方呈正相关关系，对于竞争关系中失败的一方，较大的市场容纳规模可以让其短时间内获取较高的创新收益，但是并不能改变其将会在竞争中被淘汰的结果，竞争系数与创新组织的创新产出负相关，竞争系数减小会使得原本在竞争中被淘汰的创新组织有机会在创新生态系统中稳定发展，竞争系数发生本质上的变异会使竞争双方达到最优的进化结果。因此，具有竞争关系的创新组织之间须保持适当的异质性。

如果集群内创新组织之间的技术和产品同质，则会不可避免地陷入以价格换市场的恶性竞争，最终损害集群内创新组织的利益和创新活力，影响产业集群创新生态系统的健康发展[98]。在竞争中处于优势的一方其最终的创新产出会受到市场容纳规模的限制，难以产生突破。对于在竞争中处于劣势的一方，市场容纳量增大之后，由于生存空间的增大，会获得短期的繁荣发展，但是受到竞争对手的影响最终仍然会在竞争中失败，而当市场容纳量减小之后，随之而来的是更为激烈的竞争，由于自然选择机制的存在，处于劣势的一方将很难取得创新产出。

然而，在创新生态系统中，由于遗传变异机制的存在，如果双方可以通过专利保护拥有自己独特的市场，在细分领域有各自的一席之地进而弱化彼此之间的竞争，则对于在竞争中处于劣势的一方，其最终获益最多。当遗传变异机制对双方产生了足够大的影响，使双方由抑制对方的创新产出变为促进，则原本竞争的双方将会"化敌为友"并在一定程度上突破市场规模的限制，从而获得最大的创新收益。因此，在产业集群的发展过程中，政府可以通过引进新项目拓展产业集群的市场规模，鼓励知识创新，加大知识产权保护力度，加强市场监管等措施来增加集群创新组织间的差异程度，诱导创新组织"遗传变异"机制的发生。

此外，在产业集群中应建立有效的科技创新平台，通过对集群共生技术的支持，获得外部经济和集体效率，提高集群的创新能力，帮助集群创新生态系统中的创新组织从低成本的竞争陷阱中走出来，在全球价值链上向上攀登。为了防止过度竞争、技术锁定、创新停滞不前等效率缺失的情况，政府可以作为第三方来保障和协调创新组织间的利益关系，行业协会可以为创新组织提供专业的市场分析，制定统一的行业标准，通过建立行业行为规范制度遏制行业内的恶性竞争，代表创新组织开拓海外市场。

2. 共生关系

市场容纳规模缩减表现出较好的韧性，在卫星式共生关系的前提下主导组织从市场容纳规模扩大获益较多，卫星组织对主导组织的依赖程度过高会影响自身的创新产出，原本卫星式共生的两创新组织转变成网状式共生则会使双方的创新产出下降。因此，具有共生关系的创新组织之间须进行完善的分工。

产业集群内具有共生关系的创新组织彼此之间须在合作的基

础上保持适当的竞争以促进创新的动力,避免过于依赖而削弱个体的创新能力。共生关系下的创新组织抵御外界环境变化的能力最强,即使市场规模受到较大幅度的缩减仍然能够以较强的势头保持稳定的创新产出,其创新能力具有较好的韧性且能够突破原有的市场容纳量限制。两个共生的创新组织之间相互依赖,通过合作和创造可以取得原本无法分别实现的价值的潜力[99],最终实现"1+1>2"的效果。

在卫星式共生关系下,卫星组织对主导组织的依存程度,与主导组织的创新产出呈正相关关系,而与卫星组织本身的创新产出呈负相关关系。因此,要在产业集群创新生态系统内形成功能完善、分工明确、团结协作的创新网络,将集群中具有不同性质的创新组织利用其不同的分工有机结合起来,构成完整的技术创新链,通过"强链"和"补链"进一步增强产业集群创新生态系统的韧性,使得共生关系的创新组织通过过去的互动和累积的承诺建立更强的结构性路径依赖,提高其应对外部环境变化的能力。

3. 捕食关系

市场容纳规模的变化较被捕食组织更敏感,下游转化率与下游购买率对捕食组织的创新产出促进作用明显,下游组织的捕食行为和创新产出增长影响上游被捕食组织的创新产出。因此,具有捕食关系的创新组织要保持适宜的开放性。作为捕食者的下游创新组织,其创新产出与自身对上游组织创新产出的购买率和转化率呈现正相关关系。同时下游组织要注重提升自身的技术实力,强大的技术能力使创新组织能够更好地从外部技术来源中获益[100]。具有较强技术能力的下游公司可以更好地认识到外部知识和技术的价值,为它们更好地利用外部资源提供见解。

作为被捕食者的上游创新组织,当下游组织的购买率和转化率较高时,由于合作的过于紧密,容易暴露自己的技术路线,甚至出现"教会徒弟饿死师父"的现象进而影响其创新产出。然而,当下游组织过于依赖上游组织的研发时，它可能会受到上游组织的严重限制，这将会使得作为捕食者的下游组织处于不利的地位，从而使得作为被捕时者的上游组织主导价值分配[101]。因此，在产业集群创新生态系统发展的过程中，要保持集群创新生态系统与外界的物质和信息交流[102]，保持上游组织在创新上的高位产出能力和研发实力，使得其创新产出具有高精深、高附加价值、高技术含量、低风险的"三高一低"特点。同时拓宽下游组织的捕食"食物链"，政府可以牵头举办产学研大会、技术交流会等活动，并且出台政策鼓励创新组织的创新活动并促进知识产权的交流。

4. 对策建议

通过上述模型和案例分析可以发现，产业集群创新生态系统各成员之间存在着非线性作用，自组织理论指出，复杂系统中存在的微小涨落之所以被放大，是因为在远离平衡的开放系统中可以产生与线性作用不同的非线性相互作用，这种非线性的相互作用是产业集群生态系统进行创新的根本机制。对于整个江苏船舶海工产业集群来说，其中的各个成员存在复杂的关系，针对不同的企业及高校院所、中介机构等，上述的三种生态关系分别存在于其间，且高校和企业、不同企业之间，需要根据自身占据的生态位，制定适合自身条件的发展策略。

从制定政策的层面考虑，针对产业集群创新生态系统中具有不同生态位和自身特点的成员，需要根据其与其他各成员之间的生态关系来制定发展策略。同时为了保证整个集群创新生态系统稳步发展，政府在制定政策时要因地制宜，一企一策，避免出现由于政策导向而产生同质化竞争，进而损害集群的整体利益和创新活力；同时也要完善产业分工，深入调研，对集群中的各成员占据的不同生态位有所掌握，促进其互惠共生；在政校企合作上要保持集群的开放性，促进交流。

5.4 集群融通创新主体博弈模型构建

近年来,随着中美关系的急剧变化、新冠肺炎疫情肆虐及逆全球化暗流涌动的叠加冲击,我国产业链在嵌入全球价值链的过程中面临断链风险。在此严峻的风险下,创新链对产业链的支撑能力不足,关键核心技术严重受制于人,导致关键核心技术的"卡脖子"问题尤为凸显[103]。而创新链与产业链的深度融合是破解"卡脖子"问题的有效途径。目前,既有的协同创新还不能够有效促进产业链与创新链的深度融合[104]。为了推动创新链与产业链的深度融合,实现关键核心技术的创新突破,党的十九届四中全会提出,需要建立以企业为主体、市场为导向、产学研深度融合的技术创新体系,支持大中小型企业和各类主体融通创新[104]。融通创新是协同创新的延伸与拓展,融通创新不仅重视知识流通,更加关注创新链与产业链的融合。产业集群实际上是由产学研各主体组建而成的一种融通组织,是融通创新的实践载体,创新链与产业链的融合在产业集群中表现为知识创新和产业发展的融合。产业集群融通创新有利于突破产业关键核心技术,有利于打破关键核心技术严重受制于人的困境,有利于提升国家核心竞争力。

产业集群主体在融通创新过程中,由于各方在关于经费、人力与物力的有效投入中存在难以测度的隐性投入,可用各方努力情况来表征各方的有效投入[25]。因此,现实中产业集群主体融通创新的过程可视为关于各方努力情况的策略集博弈。而努力情况中还存在"完全努力"和"完全不努力"的中间态,所以应视为关于努力程度的二元连续策略集博弈。该连续状态类似于量子博弈中的叠加态。

量子博弈作为经典博弈与量子信息的结合,已经成功应用于信息科学、经济学、供应链等众多领域,其广泛应用就是因为量子博弈中量子纠缠这一信息处理机制使得参与者之间具有非定域的、非线性的强关联,甚至能够改变博弈规则,为经典博弈中如"搭便车"、策略冲突等问题提供了一种新思路。产业集群主体只有进行合作才会发生实质性的利益相关关系,而在融通创新过程中,创新主体间的融通状态表征了创新主体间的利益相关关系,这类似于量子博弈中的量子纠缠态。

鉴于此,本节从知识流动的畅通度和创新链与产业链的融合度两个角度研究产业集群主体融通创新问题。借鉴量子博弈思想,通过构建关于努力度的二元连续策略集博弈模型,分析不同情形下畅通度和融合度对产业集群主体融通创新策略的影响。基于努力度的投入区间、策略组合分析得到利于产业集群实现产业核心技术突破的最佳融通状态,而"融合契约"在一定程度上可以降低合作研发的风险,提高创新效率,促进产业集群融通创新过程中合作关系的稳定,消除彼此间的障碍和制约,进而实现共赢和产业核心技术的突破。

5.4.1 模型基本假设

在产业集群主体融通创新过程中,创新主体为企业和高校、科研院所。假定企业为博弈方 1,高校、科研院所为博弈方 2,于是,本章使用的主要符号和变量说明如表 5-4 所示。

表 5-4 符号及其说明

符号	含义
β_i	博弈方 i 的努力水平
λ_i	博弈方 i 的努力成本系数
A	最终的产出系数
η	收益分配系数

续 表

符号	含 义
θ_i	博弈方 i 的努力度
C_i	博弈方 i 的成本
R_i	博弈方 i 的收益
$\sin\varphi_i$	博弈方 i 的知识流通情况，φ_i 为畅通度
$\sin\omega$	知识创新和产业发展的融合情况，ω 为融合度

假设 1 β_i 表示博弈方 i 投入的有效的创新资源和创新要素（即努力水平），$\beta_i \in [0, 1]$；θ_i 为努力度，$\theta_i \in [0, \pi]$，可将 θ_i 看作衡量博弈方 i 努力水平的变量，$\theta_i = 0$ 代表博弈方 i 完全不努力；$\theta_i = \pi$ 代表博弈方 i 完全努力。于是，θ_i 与 β_i 有如下关系：$\theta_i = \pi\beta_i$。

假设 2 博弈方 i 的成本函数取努力水平的二次形式[105]，即 $C_i(\beta_i) = \dfrac{\lambda_i}{2}\beta_i^2$，$\lambda_i$ 表示博弈方 i 的努力成本系数。随着创新研发的进行，直至实现研发的突破，其难度也不断增加，故取努力的二次形式。

假设 3 假定最终的产出为 Cobb-Douglas 型，即 $\pi = A\beta_1^\alpha\beta_2^{1-\alpha}$，$A$ 表示产出系数。

假设 4 设收益分配合同采取普通线性分配的形式，η 为企业的收益分配系数，则高校、科研院所的收益分配系数为 $1-\eta$，$\eta \in (0, 1)$。

假设 5 记博弈方 i 的收益函数为 R_i。于是，

企业的收益函数为

$$R_1(\theta_1, \theta_2) = \eta A\beta_1^\alpha\beta_2^{1-\alpha} - \frac{\lambda_1}{2}\beta_1^2 = \eta A\left(\frac{\theta_1}{\pi}\right)^\alpha\left(\frac{\theta_2}{\pi}\right)^{1-\alpha} - \frac{\lambda_1}{2}\left(\frac{\theta_1}{\pi}\right)^2 \tag{5.4}$$

高校、科研院所的收益函数为

$$R_2(\theta_1, \theta_2) = (1-\eta)A\beta_1^{\alpha}\beta_2^{1-\alpha} - \frac{\lambda_2}{2}\beta_2^2$$

$$= (1-\eta)A\left(\frac{\theta_1}{\pi}\right)^{\alpha}\left(\frac{\theta_2}{\pi}\right)^{1-\alpha} - \frac{\lambda_2}{2}\left(\frac{\theta_2}{\pi}\right)^2 \quad (5.5)$$

5.4.2 博弈量子化

在量子博弈中,"完全努力"和"完全不努力"即 $\theta_i = \pi$ 和 $\theta_i = 0$ 这两个状态对应博弈方 i 的希尔伯特空间 H_i 标准正交单位基向量 $|1\rangle$ 和 $|0\rangle$,整个量子策略空间 H 由双方的希尔伯特空间张量积 $H_1 \otimes H_2$ 构成,即 $H = H_1 \otimes H_2$,于是量子博弈视角下四个极端状态的支付矩阵如表 5-5 所示。

表 5-5 量子博弈视角下的支付矩阵

		高校、科研院所	
		完全努力 $|1\rangle$	完全不努力 $|0\rangle$
企业	完全努力 $|1\rangle$	$R_1(\pi,\pi), R_2(\pi,\pi)$	$-C_1(\pi), 0$
	完全不努力 $|0\rangle$	$0, -C_2(\pi)$	$0, 0$

其中,$R_i(\pi,\pi)$ 表示博弈方 i 在双方均采取完全努力策略下的收益,$C_i(\pi)$ 表示博弈方 i 在采取完全努力策略下的成本,本章只研究 $R_i(\pi,\pi) > 0$ 的情形,即博弈双方均采取完全努力策略最终双方的收益皆为正,否则合作不成立。

产业集群融通创新量子博弈模型中,量子策略指的是 $U_i(\theta_i, \varphi_i)$。量子策略较经典策略的不同之处在于引入了虚数单位,在坐标系中是与实数轴垂直的另外一个维度,在产业集群合作创新情境下,可将该维度看作知识流通情况。$\sin\varphi_i$ 表示博弈方 i 的知识流通情况,φ_i 为畅通度,$\varphi_i \in \left[0, \frac{\pi}{2}\right]$,$\varphi_i = 0$ 代表完全不畅通,

$\varphi_i = \dfrac{\pi}{2}$ 代表完全畅通。$\sin \omega$ 表示产业集群主体间知识创新与应用研发的融合情况，ω 为融合度，$\omega \in \left[0, \dfrac{\pi}{2}\right]$，$\omega = 0$ 代表完全不融合，$\omega = \dfrac{\pi}{2}$ 代表完全融合。

产业集群融通创新主体博弈量子化过程如下：

假定博弈双方的初始量子态为 $|11\rangle = |1\rangle \otimes |1\rangle$（第一个数字代表企业的量子态，第二个数字代表高校、科研院所的量子态），纠缠矩阵为

$$\hat{J} = \exp\left(\mathrm{i}\dfrac{\omega}{2}\boldsymbol{\sigma}_x \otimes \boldsymbol{\sigma}_x\right)$$

$$= \cos\dfrac{\omega}{2} \cdot \boldsymbol{I} + \mathrm{i}\sin\dfrac{\omega}{2} \cdot \begin{bmatrix} 0 & 0 & 0 & 1 \\ 0 & 0 & -1 & 0 \\ 0 & -1 & 0 & 0 \\ 1 & 0 & 0 & 0 \end{bmatrix} \quad (5.6)$$

式中，$\boldsymbol{\sigma}^x$ 为 Pauli-x 矩阵的变形 $\begin{bmatrix} 0 & 1 \\ -1 & 0 \end{bmatrix}$，$\boldsymbol{I}$ 为 4×4 单位矩阵，当 $\omega = \dfrac{\pi}{2}$ 时，纠缠度最大。反纠缠矩阵为

$$\hat{J}^\dagger = \cos\dfrac{\omega}{2} \cdot \boldsymbol{I} - \mathrm{i}\sin\dfrac{\omega}{2} \cdot \begin{bmatrix} 0 & 0 & 0 & 1 \\ 0 & 0 & -1 & 0 \\ 0 & -1 & 0 & 0 \\ 1 & 0 & 0 & 0 \end{bmatrix} \quad (5.7)$$

企业的策略矩阵设为

$$\boldsymbol{U}_1(\theta_1, \varphi_1) = \begin{bmatrix} \mathrm{e}^{\mathrm{i}\varphi_1}\sin\dfrac{\theta_1}{2} & \cos\dfrac{\theta_1}{2} \\ -\cos\dfrac{\theta_1}{2} & \mathrm{e}^{-\mathrm{i}\varphi_1}\sin\dfrac{\theta_1}{2} \end{bmatrix} \quad (5.8)$$

高校、科研院所的策略矩阵设为

$$U_2(\theta_2, \varphi_2) = \begin{bmatrix} e^{i\varphi_2}\sin\dfrac{\theta_2}{2} & \cos\dfrac{\theta_2}{2} \\ -\cos\dfrac{\theta_2}{2} & e^{-i\varphi_1}\sin\dfrac{\theta_2}{2} \end{bmatrix} \tag{5.9}$$

$U_i(\pi, 0) = \begin{bmatrix} 1 & 0 \\ 0 & 1 \end{bmatrix}$,$U_i(0, 0) = \begin{bmatrix} 0 & 1 \\ -1 & 0 \end{bmatrix}$,分别对应博弈方 i 完全努力、完全不努力的情况。

当考虑了态的纠缠后,即 $J = \exp\left(i\dfrac{\omega}{2}\boldsymbol{\sigma}_x \otimes \boldsymbol{\sigma}_x\right)$ 时,可得

$$|\psi_f\rangle = \hat{J}^\dagger \cdot [U_1 \otimes U_2] \cdot \hat{J} |11\rangle \tag{5.10}$$

由式(5.8)、式(5.9)和式(5.10)可得

$$\begin{aligned}
|\psi_f\rangle &= \hat{J}^\dagger \cdot [U_1 \otimes U_2] \cdot \hat{J} |11\rangle \\
&= \cos\dfrac{\theta_1}{2}\cos\dfrac{\theta_2}{2}|00\rangle - \sin(\varphi_1+\varphi_2)\sin\omega\sin\dfrac{\theta_1}{2}\sin\dfrac{\theta_2}{2}|00\rangle \\
&\quad + \sin\varphi_2\sin\omega\cos\dfrac{\theta_1}{2}\sin\dfrac{\theta_2}{2}|10\rangle \\
&\quad + (\cos\varphi_1 - i\sin\varphi_1\cos\omega)\sin\dfrac{\theta_1}{2}\cos\dfrac{\theta_2}{2}|10\rangle \\
&\quad + \sin\varphi_1\sin\omega\sin\dfrac{\theta_1}{2}\cos\dfrac{\theta_2}{2}|01\rangle \\
&\quad + (\cos\varphi_2 - i\sin\varphi_2\cos\omega)\cos\dfrac{\theta_1}{2}\sin\dfrac{\theta_2}{2}|01\rangle \\
&\quad + [\cos(\varphi_1+\varphi_2) - i\sin(\varphi_1+\varphi_2)\cos\omega]\sin\dfrac{\theta_1}{2}\sin\dfrac{\theta_2}{2}|11\rangle
\end{aligned} \tag{5.11}$$

所以,各量子态的概率为

$$\begin{cases} P_{00} = \cos^2\dfrac{\theta_1}{2}\cos^2\dfrac{\theta_2}{2} + \sin^2(\varphi_1+\varphi_2)\sin^2\omega\sin^2\dfrac{\theta_1}{2}\sin^2\dfrac{\theta_2}{2} \\ P_{10} = \sin^2\varphi_2\sin^2\omega\cos^2\dfrac{\theta_1}{2}\sin^2\dfrac{\theta_2}{2} \\ \qquad + (\cos^2\varphi_1 + \sin^2\varphi_1\cos^2\omega)\sin^2\dfrac{\theta_1}{2}\cos^2\dfrac{\theta_2}{2} \\ P_{01} = \sin^2\varphi_1\sin^2\omega\sin^2\dfrac{\theta_1}{2}\cos^2\dfrac{\theta_2}{2} \\ \qquad + (\cos^2\varphi_2 + \sin^2\varphi_2\cos^2\omega)\cos^2\dfrac{\theta_1}{2}\sin^2\dfrac{\theta_2}{2} \\ P_{11} = [\cos^2(\varphi_1+\varphi_2) + \sin^2(\varphi_1+\varphi_2)\cos^2\omega]\sin^2\dfrac{\theta_1}{2}\sin^2\dfrac{\theta_2}{2} \end{cases}$$

(5.12)

经证明，各量子态的概率满足归一性。于是

企业的期望收益为

$$\begin{aligned} ER_1(\theta_1,\theta_2) &= R_1(\pi,\pi)\cdot P_{11} - C_1(\pi)\cdot P_{10} + 0\cdot P_{01} + 0\cdot P_{00} \\ &= R_1(\pi,\pi)[\cos^2(\varphi_1+\varphi_2) \\ &\quad + \sin^2(\varphi_1+\varphi_2)\cos^2\omega]\sin^2\dfrac{\theta_1}{2}\sin^2\dfrac{\theta_2}{2} \\ &\quad - C_1(\pi)\Big[\sin^2\varphi_2\sin^2\omega\cos^2\dfrac{\theta_1}{2}\sin^2\dfrac{\theta_2}{2} \\ &\quad + (\cos^2\varphi_1 + \sin^2\varphi_1\cos^2\omega)\sin^2\dfrac{\theta_1}{2}\cos^2\dfrac{\theta_2}{2}\Big] \end{aligned}$$

(5.13)

高校、科研院所的期望收益为

$$\begin{aligned} ER_2(\theta_1,\theta_2) &= R_2(\pi,\pi)\cdot P_{11} - C_2(\pi)\cdot P_{01} + 0\cdot P_{10} + 0\cdot P_{00} \\ &= R_2(\pi,\pi)[\cos^2(\varphi_1+\varphi_2) \\ &\quad + \sin^2(\varphi_1+\varphi_2)\cos^2\omega]\sin^2\dfrac{\theta_1}{2}\sin^2\dfrac{\theta_2}{2} \end{aligned}$$

$$-C_2(\pi)\left[\sin^2\varphi_1\ \sin^2\omega\ \sin^2\frac{\theta_1}{2}\cos^2\frac{\theta_2}{2}\right.$$
$$\left.+(\cos^2\varphi_2+\sin^2\varphi_2\cos^2\omega)\cos^2\frac{\theta_1}{2}\sin^2\frac{\theta_2}{2}\right] \quad (5.14)$$

以上通过产业集群融通创新主体博弈连续化结果可见，博弈过程受融合度 ω 和畅通度 φ_i 的作用非常显著，本章将通过进一步对融合度 ω 和畅通度 φ_i 分情形来研究产业集群的融通创新策略。

5.5　集群融通创新不同情形分析

产业集群融通创新过程中，当融合度 ω 和畅通度 φ_i 皆为 0 时，表示产业集群主体间完全不融通；融合度 ω 和畅通度 φ_i 皆为 $\frac{\pi}{2}$ 时，表示产业集群主体间完全融通。

5.5.1　情形一：产业集群主体间完全不融通

产业集群主体间的知识创新与产业发展互不兼容且双方均不流动己方知识，完全需要从外部获取相关知识并投入研发。此时，$\omega=0$，$\varphi_i=0$，于是

企业的期望收益为

$$ER_1(\theta_1,\theta_2)=R_1(\pi,\pi)\sin^2\frac{\theta_1}{2}\sin^2\frac{\theta_2}{2}$$
$$-C_1(\pi)\sin^2\frac{\theta_1}{2}\cos^2\frac{\theta_2}{2} \quad (5.15)$$

高校、科研院所的期望收益为

$$ER_2(\theta_1, \theta_2) = R_2(\pi, \pi) \sin^2 \frac{\theta_1}{2} \sin^2 \frac{\theta_2}{2}$$

$$- C_2(\pi) \cos^2 \frac{\theta_1}{2} \sin^2 \frac{\theta_2}{2} \qquad (5.16)$$

当 $\omega = 0$，$\varphi_i = 0$ 和 $\omega = 0$ 时，博弈双方的期望收益函数相同，表明产业集群主体间只要不融合即 $\omega = 0$，并不需要主体间完全不融通，双方的期望收益就已经退化成了只关于双方努力度 θ_1、θ_2 的二元连续函数，即在不融合时，产业集群主体间的知识创新与产业发展无关，不需要再考虑双方的知识流通，避免新增成本。

1. 基于努力度的收益最值分析

对企业而言，有

$$\frac{\partial ER_1}{\partial \theta_1} = \frac{\sin \theta_1}{2} \left[R_1(\pi, \pi) \sin^2 \frac{\theta_2}{2} - C_1(\pi) \cos^2 \frac{\theta_2}{2} \right] \qquad (5.17)$$

$$\frac{\partial ER_1}{\partial \theta_2} = \frac{R_1(\pi, \pi) + C_1(\pi)}{2} \sin^2 \frac{\theta_1}{2} \sin \theta_2 \qquad (5.18)$$

$$\frac{\partial^2 ER_1}{\partial \theta_1^2} = \frac{\cos \theta_1}{2} \left[R_1(\pi, \pi) \sin^2 \frac{\theta_2}{2} - C_1(\pi) \cos^2 \frac{\theta_2}{2} \right] \qquad (5.19)$$

$$\frac{\partial^2 ER_1}{\partial \theta_1 \partial \theta_2} = \frac{\partial^2 ER_1}{\partial \theta_2 \partial \theta_1} = \frac{R_1(\pi, \pi) + C_1(\pi)}{4} \sin \theta_1 \sin \theta_2 \qquad (5.20)$$

$$\frac{\partial^2 ER_1}{\partial \theta_2^2} = \frac{R_1(\pi, \pi) + C_1(\pi)}{2} \sin^2 \frac{\theta_1}{2} \cos \theta_2 \qquad (5.21)$$

令式(5.15)、式(5.16)皆为 0，求得三种情形：$\theta_1 = \pi$，$\theta_2 = 0$；$\theta_1 = \pi$，$\theta_2 = \pi$；$\theta_1 = 0$，$\theta_2 \in [0, \pi]$ 下的三组解。三种情形下的二阶偏导数如表 5-6 所示。

表 5-6 三种情形下的二阶偏导数

情形	$\dfrac{\partial^2 ER_1}{\partial \theta_1^2}\bigg|_{(\theta_1,\theta_2)}$	$\dfrac{\partial^2 ER_1}{\partial \theta_1 \partial \theta_2}\bigg|_{(\theta_1,\theta_2)} = \dfrac{\partial^2 ER_1}{\partial \theta_2 \partial \theta_1}\bigg|_{(\theta_1,\theta_2)}$	$\dfrac{\partial^2 ER_1}{\partial \theta_2^2}\bigg|_{(\theta_1,\theta_2)}$
$\theta_1 = \pi$, $\theta_2 = 0$	$\dfrac{C_1(\pi)}{2}$	0	$\dfrac{R_1(\pi,\pi)+C_1(\pi)}{2}$
$\theta_1 = \pi$, $\theta_2 = \pi$	$-R_1(\pi,\pi)$	0	$\dfrac{-[R_1(\pi,\pi)+C_1(\pi)]}{2}$
$\theta_1 = 0$, $\theta_2 \in [0,\pi]$	$\dfrac{R_1(\pi,\pi)\sin^2\dfrac{\theta_2}{2}-C_1(\pi)\cos^2\dfrac{\theta_2}{2}}{2}$	0	0

(1) $\theta_1 = \pi$, $\theta_2 = 0$ 情形:$\dfrac{\partial^2 ER_1}{\partial \theta_1^2}\bigg|_{(\pi,0)} > 0$,$\dfrac{\partial^2 ER_1}{\partial \theta_1^2}\bigg|_{(\pi,0)} \cdot \dfrac{\partial^2 ER_1}{\partial \theta_2^2}\bigg|_{(\pi,0)} - \dfrac{\partial^2 ER_1}{\partial \theta_1 \partial \theta_2}\bigg|_{(\pi,0)} \cdot \dfrac{\partial^2 ER_1}{\partial \theta_2 \partial \theta_1}\bigg|_{(\pi,0)} > 0$,所以,当 $\theta_1 = \pi$,$\theta_2 = 0$ 时,$ER_1(\pi,0) = -C_1(\pi)$ 为极小值,也为最小值。

(2) $\theta_1 = \pi$, $\theta_2 = \pi$ 情形:$\dfrac{\partial^2 ER_1}{\partial \theta_1^2}\bigg|_{(\pi,\pi)} < 0$,$\dfrac{\partial^2 ER_1}{\partial \theta_1^2}\bigg|_{(\pi,\pi)} \cdot \dfrac{\partial^2 ER_1}{\partial \theta_2^2}\bigg|_{(\pi,\pi)} - \dfrac{\partial^2 ER_1}{\partial \theta_1 \partial \theta_2}\bigg|_{(\pi,\pi)} \cdot \dfrac{\partial^2 ER_1}{\partial \theta_2 \partial \theta_1}\bigg|_{(\pi,\pi)} > 0$,所以,当 $\theta_1 = \pi$,$\theta_2 = \pi$ 时,$ER_1(\pi,\pi) = R_1(\pi,\pi)$ 为极大值,也为最大值。

(3) $\theta_1 = 0$,$\theta = [0,\pi]$ 情形:$ER_1(0,\theta_2) = 0$ 非最值。

同理,对高校、科研院所而言,则有 $ER_2(0,\pi) = -C_2(\pi)$ 为最小值,$ER_2(\pi,\pi) = R_2(\pi,\pi)$ 为最大值。

结论 1 在产业集群主体间不融通的情形下,博弈双方的收益在双方均采取完全努力策略时达到最大;在己方采取完全努力策略而对方采取完全不努力策略时达到最小。

2. 基于努力度的投入区间分析

对企业而言,考察式(5.17),令

$$f(\theta_2) = R_1(\pi, \pi)\sin^2\frac{\theta_2}{2} - C_1(\pi)\cos^2\frac{\theta_2}{2} \quad (5.22)$$

求导得，$f'(\theta_2) = \dfrac{R_1(\pi, \pi) + C_1(\pi)}{2}\sin\theta_2 > 0$，所以 $f(\theta_2)_{\max} = f(\pi) = R_1(\pi, \pi)$，$f(\theta_2)_{\min} = f(0) = -C_1(\pi)$。因此，必存在唯一 $\mu_2 \in (0, \pi)$，使 $f(\mu_2) = 0$，解之得

$$\mu_2 = 2\arctan\sqrt{\frac{C_1(\pi)}{R_1(\pi, \pi)}} \quad (5.23)$$

(1) 当 $\theta_2 \in [0, \mu_2)$ 时，$f(\theta_2) < 0$，$\dfrac{\partial ER_1}{\partial \theta_1} < 0$，于是，$ER_1$ 随 θ_1 的增大而减小，即高校、科研院所的努力度 $\theta_2 \in [0, \mu_2)$ 时，企业越努力企业的收益越小。显然，此时高校、科研院所的投入不足以实现产品研发，企业即便投入再多也只是徒增自身的损失。

(2) 当 $\theta_2 \in (\mu_2, \pi]$ 时，$f(\theta_2) > 0$，$\dfrac{\partial ER_1}{\partial \theta_1} > 0$，于是，$ER_1$ 随 θ_1 的增大而增大，即高校、科研院所的努力度 $\theta_2 \in (\mu_2, \pi]$ 时，企业越努力企业的收益越大。显然，此时高校、科研院所的投入足以实现产品研发且投入盈利，企业投入越多自身的收益自然也越大。

(3) 当 $\theta_2 = \mu_2$ 时，$f(\theta_2) = 0$，$ER_1 \equiv 0$，显然，此时高校、科研院所的投入恰好实现产品研发但尚未投入盈利，企业的收益自然为 0。

同理，对高校、科研院所而言也是如此。于是，称 $[0, \mu_i)$ 为博弈方 i 的负向努力区间，此区间内的努力会使对方的努力对收益起负向作用；$(\mu_i, \pi]$ 为博弈方 i 的正向努力区间，此区间内的投入会使对方的努力对收益起正向作用。

结论 2 在产业集群主体间不融通的情形下,预测对方的努力预期处于正向努力区间会促使己方采取完全努力策略以使自身收益最大化;预测对方的努力预期处于负向努力区间会促使己方采取完全不努力策略以使自身损失最小化。

3. 基于努力度的策略组合分析

根据博弈双方的正负向努力区间,构建波士顿矩阵的框架直观且全面分析双方的策略组合,如图5-9所示。

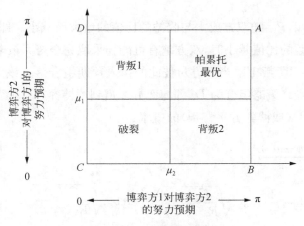

图 5-9 策略组合分析

图5-9中,将博弈双方努力区间矩阵分为四个区域:帕累托最优、背叛1、背叛2、破裂;且受努力预期的影响最终产生了四个策略组合:A(完全努力,完全努力)、B(完全努力,完全不努力)、C(完全不努力,完全不努力)、D(完全不努力,完全努力)。

(1)"帕累托最优":当双方对彼此的努力预期组合落入该区域时,双方的最终策略组合为A,即帕累托最优策略组合,策略组合A的概率:

$$P_A = \frac{(\pi-\mu_1)(\pi-\mu_2)}{\pi^2}$$
$$= \left(1 - \frac{2}{\pi}\arctan\sqrt{\frac{C_2(\pi)}{R_2(\pi,\pi)}}\right)\left(1 - \frac{2}{\pi}\arctan\sqrt{\frac{C_1(\pi)}{R_1(\pi,\pi)}}\right)$$
$$= \left(1 - \frac{2}{\pi}\arctan\sqrt{\frac{博弈方2的成本}{博弈方2的收益}}\right)$$
$$\left(1 - \frac{2}{\pi}\arctan\sqrt{\frac{博弈方1的成本}{博弈方1的收益}}\right)$$

可知,P_A 随双方成本与收益的比值的增大而减小。即双方成本与收益的比值越小时,双方越有可能会采取完全努力策略。

(2)"背叛1":当双方对彼此的投入预期组合落入该区域时,双方的最终策略组合为 D,即博弈方2遭到了博弈方1的背叛,策略组合 D(或博弈方1背叛)的概率:

$$P_D = \frac{(\pi-\mu_1)\mu_2}{\pi^2}$$
$$= \left(1 - \frac{2}{\pi}\arctan\sqrt{\frac{C_2(\pi)}{R_2(\pi,\pi)}}\right)\frac{2}{\pi}\arctan\sqrt{\frac{C_1(\pi)}{R_1(\pi,\pi)}}$$
$$= \left(1 - \frac{2}{\pi}\arctan\sqrt{\frac{博弈方2的成本}{博弈方2的收益}}\right)\frac{2}{\pi}\arctan\sqrt{\frac{博弈方1的成本}{博弈方1的收益}}$$

可知,P_D 随博弈方2的成本与收益比值的增大而减小,随博弈方1的成本与收益比值的增大而增大。即在博弈方2的成本与收益比值越小而博弈方1的成本与收益比值越大时,博弈方2越有可能会遭到博弈方1的背叛。

(3)"背叛2":当双方对彼此的投入预期组合落入该区域时,双方的最终策略组合为 B,即博弈方1遭到了博弈方2的背叛,策略组合 B(或博弈方2背叛)的概率:

$$P_B = \frac{\mu_1(\pi - \mu_2)}{\pi^2}$$

$$= \frac{2}{\pi}\arctan\sqrt{\frac{C_2(\pi)}{R_2(\pi,\ \pi)}}\left(1 - \frac{2}{\pi}\arctan\sqrt{\frac{C_1(\pi)}{R_1(\pi,\ \pi)}}\right)$$

$$= \frac{2}{\pi}\arctan\sqrt{\frac{博弈方2的成本}{博弈方2的收益}}\left(1 - \frac{2}{\pi}\arctan\sqrt{\frac{博弈方1的成本}{博弈方1的收益}}\right)$$

可知,P_B 随博弈方 1 的成本与收益比值的增大而减小,随博弈方 2 的成本与收益比值的增大而增大。即在博弈方 1 的成本与收益比值越小而博弈方 2 的成本与收益比值越大时,博弈方 1 越有可能会遭到博弈方 2 的背叛。

(4)"破裂":当双方对彼此的投入预期组合落入该区域时,双方的最终策略组合为 C,即双方之间的关系破裂,策略组合 C 的概率:

$$P_C = \frac{\mu_1\mu_2}{\pi^2}$$

$$= \frac{2}{\pi}\arctan\sqrt{\frac{C_2(\pi)}{R_2(\pi,\ \pi)}} \cdot \frac{2}{\pi}\arctan\sqrt{\frac{C_1(\pi)}{R_1(\pi,\ \pi)}}$$

$$= \frac{2}{\pi}\arctan\sqrt{\frac{博弈方2的成本}{博弈方2的收益}} \cdot \frac{2}{\pi}\arctan\sqrt{\frac{博弈方1的成本}{博弈方1的收益}}$$

可知,P_C 随双方的成本与收益比值的增大而增大。即双方的成本与收益的比值越大时,双方越有可能会采取完全不努力策略。

通过波士顿矩阵框架的策略组合分析,可以从经济学角度揭示合作中"追本逐利"的现象。

结论 3 在联合创新中,博弈方的成本与收益的比值越大,博弈方越可能采取完全不努力策略;博弈方的成本与收益的比值越小,博弈方越可能采取完全努力策略。双方的成本与收益的比值越大,联合创新的风险越大;双方的成本与收益的比值越小,联合创新的风险越小。

5.5.2 情形二：产业集群主体间融通

产业集群主体间融通情形为融合度 ω 不为 0 时的融通情形，即产业集群主体间的基础知识与产业研发互相兼容。此时，$0 < \omega \leqslant \dfrac{\pi}{2}$，于是，企业和高校、科研院所的期望收益分别如式(5.13)、式(5.14)所示。

对企业而言，企业的期望收益最大为 $ER_1(\theta_1, \theta_2)_{\max} = ER_1(\pi, \pi)$；企业的期望收益最小为 $ER_1(\theta_1, \theta_2)_{\min} = \min\{ER_1(\pi, 0), ER_1(0, \pi)\}$。证明略。

对企业而言，与情形一中结论 2 的证明同理，证明略，解得

$$\hat{\mu}_2 = 2\arctan\sqrt{\dfrac{C_1(\pi)(1-\sin^2\varphi_1\sin^2\omega)}{R_1(\pi,\pi)[1-\sin^2(\varphi_1+\varphi_2)\sin^2\omega]+C_1(\pi)\sin^2\varphi_2\sin^2\omega}}$$

(5.24)

于是，$[0, \hat{\mu}_2)$ 为高校、科研院所的负向努力区间，$(\hat{\mu}_2, \pi]$ 则为高校、科研院所的正向努力区间。由于在产业集群主体间融合度 ω 不为 0 的情形下，$\hat{\mu}_2$ 受 φ_1、φ_2 的影响非常显著，需将双方的知识畅通度 φ_1、φ_2 分四种情形研究。

(1) 当双方知识均不畅通，即 $\varphi_1 = 0$，$\varphi_2 = 0$ 时

$$\hat{\mu}_2 = 2\arctan\sqrt{\dfrac{C_1(\pi)}{R_1(\pi, \pi)}} = \mu_2$$

此时，在融通创新过程中，企业和高校、科研院所均不流通已方知识时，即便产业集群主体间的融合程度再高也不改变双方的正、负向投入区间。

(2) 当企业知识畅通而高校、科研院所知识不畅通，即 $\varphi_1 \neq 0$，$\varphi_2 = 0$ 时

$$\hat{\mu}_2 = 2\arctan\sqrt{\frac{C_1(\pi)}{R_1(\pi,\pi)}} = \mu_2$$

此时,在融通创新过程中,企业流通己方的知识而高校、科研院所不流通己方的知识时,企业因流通己方的知识而产生的成本由企业自身承担,并不影响高校、科研院所的投入,所以只改变企业自身的正、负向投入区间,不改变高校、科研院所的正、负向投入区间。

(3) 当高校、科研院所知识畅通且双方均非完全畅通,即 $0 \leqslant \varphi_1 < \frac{\pi}{2}$, $0 < \varphi_2 < \frac{\pi}{2}$ 时

$$\hat{\mu}_2 = 2\arctan\sqrt{\frac{C_1(\pi)(1-\sin^2\varphi_1\sin^2\omega)}{R_1(\pi,\pi)[1-\sin^2(\varphi_1+\varphi_2)\sin^2\omega]+C_1(\pi)\sin^2\varphi_2\sin^2\omega}}$$

$$\mu_2 = 2\arctan\sqrt{\frac{C_1(\pi)}{R_1(\pi,\pi)}} = 2\arctan\sqrt{\frac{C_1(\pi)(1-\sin^2\varphi_1\sin^2\omega)}{R_1(\pi,\pi)(1-\sin^2\varphi_1\sin^2\omega)}}$$

记

$$G = R_1(\pi,\pi)[1-\sin^2(\varphi_1+\varphi_2)\sin^2\omega] + C_1(\pi)\sin^2\varphi_2\sin^2\omega$$

$$H = R_1(\pi,\pi)(1-\sin^2\varphi_1\sin^2\omega)$$

则

$$G - H = [\sin^2\varphi_1 - \sin^2(\varphi_1+\varphi_2)]\sin^2\omega R_1(\pi,\pi) + \sin^2\varphi_2\sin^2\omega C_1(\pi)$$

于是,有:

① 当 $\sin^2\varphi_2\sin^2\omega C_1(\pi) > (\sin^2(\varphi_1+\varphi_2) - \sin^2\varphi_1)\sin^2\omega R_1(\pi,\pi)$ 时,$G - H > 0$,即 $\hat{\mu}_2 < \mu_2$。

此条件下,高校、科研院所的负向努力区间长度减小,正向努力区间长度增大。

② 当 $\sin^2\varphi_2 \sin^2\omega C_1(\pi) < (\sin^2(\varphi_1+\varphi_2) - \sin^2\varphi_1)\sin^2\omega R_1(\pi,\pi)$ 时，$G-H<0$，即 $\hat{\mu}_2 > \mu_2$。

此条件下，高校、科研院所的负向努力区间长度增大，正向努力区间长度减小。

③ 当 $\sin^2\varphi_2 \sin^2\omega C_1(\pi) = (\sin^2(\varphi_1+\varphi_2) - \sin^2\varphi_1)\sin^2\omega R_1(\pi,\pi)$ 时，$G-H=0$，即 $\hat{\mu}_2 = \mu_2$。

此条件下，高校、科研院所的正、负向努力区间不变。

举例来说，不失一般性，取 $\sin^2\omega R_1(\pi,\pi)=10$，$\sin^2\omega C_1(\pi)=2$，即保证了融合度一定时，$G-H=10[\sin^2\varphi_1 - \sin^2(\varphi_1+\varphi_2)]+2\sin^2\varphi_2$，$G-H$ 对 φ_1、φ_2 的三维函数图像如图 5-10 所示。

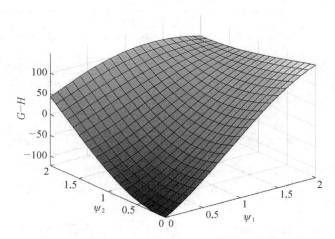

图 5-10 $G-H$ 对 φ_1、φ_2 的三维函数图

从图 5-10 中可以看出，在创新主体间的融合度一定时，随着畅通度 φ_1 和 φ_2 的增大，$G-H$ 的值由负变为正，即高校、科研院所的正向努力区间长度先变小后变大，负向努力区间长度先变大后变小。将此情形代入策略组合分析可知，融通创新的风险也呈现出先增大后减小的趋势。

(4) 当双方知识均完全畅通,即 $\varphi_1 = \dfrac{\pi}{2}$,$\varphi_2 = \dfrac{\pi}{2}$ 时

$$\hat{\mu}_2 = 2\arctan\sqrt{\frac{C_1(\pi)\cos^2\omega}{R_1(\pi,\pi)+C_1(\pi)\sin^2\omega}}$$

$$\frac{\partial \hat{\mu}_2}{\partial \omega} = \frac{2}{1+\dfrac{C_1(\pi)\cos^2\omega}{R_1(\pi,\pi)+C_1(\pi)\sin^2\omega}} \cdot \left\{-\frac{C_1(\pi)[R_1(\pi,\pi)+C_1(\pi)]\sin 2\omega}{[R_1(\pi,\pi)+C_1(\pi)\sin^2\omega]^2}\right\} < 0$$

所以 $\hat{\mu}_2$ 随 ω 的增大而减小,且 $\omega = 0$ 时,$\hat{\mu}_2 = \mu_2$;$\omega = \dfrac{\pi}{2}$ 时,$\hat{\mu}_2$ 为 0。

举例来说,不失一般性,取 $R_1(\pi, \pi) = 10$,$C_1(\pi) = 2$,$\hat{\mu}_2$ 对 ω 的二维函数图像如图 5-11 所示。

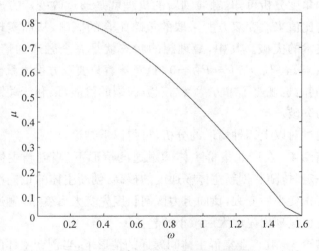

图 5-11　$\hat{\mu}_2$ 对 $\omega \varphi_2$ 的二维函数图

从图 5-11 中可以看出,$\hat{\mu}_2$ 随着 ω 的增大而减小,即随着融合度的提高,高校、科研院所的正向努力区间长度变大,负向努力区间长度变小。将此情形代入策略组合分析可知,融通创新的风

险也呈现减小的趋势。

可知,在融通创新过程中,企业和高校、科研院所均完全流通己方的知识时,企业和高校、科研院所的负向努力区间长度会随彼此间融合程度的提高而减小,且完全融合的情形下负向努力区间长度为 0;企业和高校、科研院所的正向努力区间长度会随彼此间融合程度的提高而增大,且完全融合的情形下正向努力区间为 $(0, \pi]$。这表明在产业集群主体间完全融通即完全融合且完全畅通的情形下,此时只要双方都没有完全不努力即 $\theta_i \neq 0$,那么各方的收益就会随着自身努力的增大而增大,最大至完全努力使得双方收益同时最大化,这对双方都是极大的激励,此情形也利于核心技术的突破。

同理,高校、科研院所情形相同。

同样根据博弈双方的正负向努力区间,构建波士顿矩阵并从经济学角度分析可知,融通创新的机理就是通过改变双方成本与收益的比值来改变双方所采取的策略组合的概率,从而实现关键核心技术的突破。其中,最理想的状态就是完全融通的情形,此时,$P_A=1$, $P_B=P_C=P_D=0$,这意味着只要双方投入就会完全努力,同时也规避了单方背叛与双方破裂的可能,最利于关键核心技术的突破。

通过对以上四种情形的分析,可得以下结论:

结论 4　在产业集群主体间融通的情形下,当创新主体间融合度一定时,随着创新主体畅通度的提高,创新主体的正向努力区间长度先变小后变大,负向努力区间长度先变大后变小,融通创新的风险也呈现出先增大后减小的趋势。

结论 5　在产业集群主体间融通的情形下,当创新主体的畅通度一定时,随着创新主体间融合度的提高,创新主体的正向努力区间长度变大,负向努力区间长度变小,融通创新的风险也随之变小。

结论 6　在产业集群主体间融通的情形下,产业集群主体间完全融通的状态为融通创新的最理想状态,对双方皆最具激励性,也最利于关键核心技术的突破。

5.6 集群融通创新算例分析

案例 某领军企业牵头与几所企业、高校共同组建产业集群，其中，某企业与某大学就联合体的某船舶项目中燃料电池动力船舶技术进行合作研发，签署了共同开发燃料电池动力船舶技术的协议，协议声明，高校需投入研发设备、实验所需各项用品、人力成本等费用共计约 210 万元，企业方需投入研发、生产线建设、人力成本等共计约 150 万元。然而，在该产业集群共同研发情境下，由于存在双边道德风险，一些难以被观测到的隐性投入会随着双方的努力程度的下降而下降。假定学校方实际的总投入（含隐性投入）在 120 万元至 240 万元之间，企业方实际的总投入（含隐性投入）在 80 万元至 160 万元之间，双方无法观测对方具体的投入金额，双方如何决策才是最优的？

解析 将该案例抽象成本章的博弈模型，记企业方为博弈方 1，总投入介于 80 万元至 160 万元之间，即 $\beta_1 \in [80, 160]$；高校方为博弈方 2，总投入介于 120 万元至 240 万元之间，即 $\beta_2 \in [120, 240]$，高校方的努力成本系数 λ_2 设为 0.6。假定最终产出满足 $\pi = \beta_1 \beta_2$，由于高校方理论上所需的投入较大，分配系数 $1-\eta$ 设定为 0.6，则企业方的分配系数 η 为 0.4。其中，努力度 $\theta_i \in [0, \pi]$，畅通度 $\varphi_i \in \left[0, \dfrac{\pi}{2}\right]$，融合度 $\omega \in \left[0, \dfrac{\pi}{2}\right]$。将 θ_i 与 β_i 匹配，有：$\theta_1 = \dfrac{\pi}{160}\beta_1$，$\theta_2 = \dfrac{\pi}{240}\beta_2$。

φ_i 为畅通度，表示 $0 \leqslant \varphi_i \leqslant \dfrac{\pi}{2}$ 时博弈方 i 相应的畅通情况，

φ_i 越接近 0，博弈方 i 的畅通程度越小；φ_i 越接近 $\frac{\pi}{2}$，博弈方 i 的畅通程度越大。本案例可将其看作双方的知识流通情况，在共同开发的过程中，企业和高校会流通共享己方的知识，以知识的共享程度来表示融通中的畅通情况。

ω 为融合度，表示 $0 \leqslant \omega \leqslant \frac{\pi}{2}$ 时双方相应的融合情况，ω 越接近 0，双方的融合程度越小；ω 越接近 $\frac{\pi}{2}$，双方的融合程度越大。本案例可将其看作高校基础研究与企业应用研发的匹配兼容情况，融通中的融合情况最终以双方基础研究中适应企业产品开发的知识与企业产品开发过程中所需的知识成果的比值来表现。

5.6.1 情形一：产业集群主体间完全不融通

产业集群主体间不融通的情形，即高校基础研究与企业应用研发完全不匹配，则需要付出成本引入联合体外部相关知识来进行应用研发。因此，出于理性，校企双方不会进行知识流通，否则只会徒增成本。此时，不考虑畅通度，融合度 $\omega=0$，$\varphi_i=0$，于是

1. 企业的最优决策分析

对企业而言，由式(5.23)解得

$$\beta_2 = \frac{240}{\pi} \times 2\arctan\sqrt{\frac{C_1(\pi)}{R_1(\pi,\pi)}} \approx 196$$

可知：

（1）高校的负向投入区间为[120, 196)，高校的投入在此区间内会使企业的投入对收益起负向作用，此时，企业的最优决策为 $\beta_1^* = 80$，即投入最小。

（2）高校的正向投入区间为(196, 240]，高校的投入在此区间内会使企业的投入对收益起正向作用，此时，企业的最优决策为

$\beta_1^* = 160$,即投入最大。

2. 高校的最优决策分析

对高校而言,由式(5.23)解得

$$\beta_1 = \frac{160}{\pi} \times 2\arctan\sqrt{\frac{C_2(\pi)}{R_2(\pi,\pi)}} \approx 139$$

可知:

(1)企业的负向投入区间为[80,139),企业的投入在此区间内会使高校的投入对收益起负向作用,此时,高校的最优决策为 $\beta_2^* = 120$,即投入最小。

(2)企业的正向投入区间为(139,160],企业的投入在此区间内会使高校的投入对收益起正向作用,此时,高校的最优决策为 $\beta_2^* = 240$,即投入最大。

3. 双方的策略组合分析

构建波士顿矩阵,四种策略组合分别为:$A(240,160)$、$B(240,80)$、$C(120,80)$、$D(120,60)$,如图5-12所示。

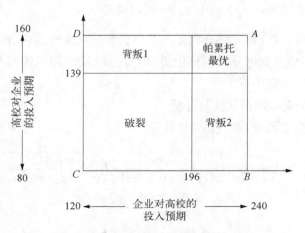

图5-12 企业与高校的策略组合分析

可知，$\dfrac{\text{企业的成本}}{\text{企业的毛利}} \approx 0.67$，$\dfrac{\text{高校的成本}}{\text{高校的毛利}} \approx 0.75$，$P_A = 0.096$，$P_B = 0.27$，$P_C = 0.467$，$P_D = 0.167$。显然，不融通的情形下双方的成本与毛利的比值都较高，此时，双方采取的策略组合达到帕累托最优的概率极低，仅为 0.096；企业"背叛"的概率为 0.167，高校"背叛"的概率为 0.27，可以看出高校"背叛"的概率要比企业大，这是因为高校成本与毛利的比值要大于企业；企业和高校关系"破裂"概率高达 0.467。由此可见，不融通的情形下联合创新的风险极高。

5.6.2　情形二：产业集群主体间融通

产业集群主体间融通的情形，根据第 5.5.2 节的结论可知，只需研究融合度 ω 不为 0 的融通情形即可，即双方基础研究中的知识与企业应用开发所需相匹配，此时，$0 < \omega \leqslant \dfrac{\pi}{2}$，于是，为佐证第 5.5.2 节中结论的有效性，不妨考察下面两种情形。

1. 考察 $\omega = \dfrac{\pi}{3}$，$\varphi_1 = \varphi_2 = \dfrac{\pi}{3}$ 的情形

此时，双方研究部分满足产业与企业的现实产品化、产业化的需求，不满足的部分需向外引进，但双方研发中知识流通共享，需双方付出一定的成本。

（1）企业的最优决策分析

对企业而言，由式（5.24）解得

$$\beta_2 = \dfrac{240}{\pi} \times 2\arctan \sqrt{\dfrac{C_1(\pi)(1 - \sin^2\varphi_1 \sin^2\omega)}{R_1(\pi, \pi)[1 - \sin^2(\varphi_1 + \varphi_2)\sin^2\omega] + C_1(\pi)\sin^2\varphi_2 \sin^2\omega}} \approx 144$$

可知：

① 高校的负向投入区间为 $[120, 144)$，高校的投入在此区间

内会使企业的投入对收益起负向作用,此时,企业的最优决策为 $\beta_1^* = 80$,即投入最小。

② 高校的正向投入区间为(144,240],高校的投入在此区间内会使企业的投入对收益起正向作用,此时,企业的最优决策为 $\beta_1^* = 160$,即投入最大。

(2) 高校的最优决策分析

对高校而言,由式(5.24)解得

$$\beta_1 = \frac{160}{\pi} \times 2\arctan \sqrt{\frac{C_2(\pi)(1 - \sin^2\varphi_2 \sin^2\omega)}{R_2(\pi, \pi)[1 - \sin^2(\varphi_1 + \varphi_2)\sin^2\omega] + C_2(\pi)\sin^2\varphi_1 \sin^2\omega}} \approx 99$$

可知:

① 企业的负向投入区间为[80,99),企业的投入在此区间内会使高校的投入对收益起负向作用,此时,高校的最优决策为 $\beta_2^* = 120$,即投入最小。

② 企业的正向投入区间为(99,160],企业的投入在此区间内会使高校的投入对收益起正向作用,此时,高校的最优决策为 $\beta_2^* = 240$,即投入最大。

可以看出,该情形下,双方虽然在知识流通上花费了一定成本,但也因此取得了一定的收益,且取得的收益要大于花费的成本,所以双方的正向投入区间长度变长、负向投入区间缩短。这与第5.5.2节中的结论保持一致。

(3) 双方的策略组合分析

构建波士顿矩阵,四种策略组合分别为:$A(240,160)$、$B(240,80)$、$C(120,80)$、$D(120,160)$,如图5-13所示。

可知,$\frac{\text{企业的成本}}{\text{企业的毛利}} \approx 0.36$,$\frac{\text{高校的成本}}{\text{高校的毛利}} \approx 0.38$,$P_A = 0.61$,$P_B = 0.19$,$P_C = 0.0475$,$P_D = 0.1525$。显然,在该融通情形下双

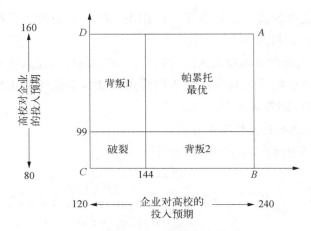

图 5-13 企业与高校的策略组合分析

方的成本与毛利的比值低于不融通的情形,此时,双方采取的策略组合达到帕累托最优的概率也高于不融通的情形且升至 0.61;企业"背叛"的概率为 0.152 5,高校"背叛"的概率为 0.19,可以看出高校"背叛"的概率要比企业大,这是因为高校成本与毛利的比值仍比企业大;企业和高校关系"破裂"概率降低至 0.047 5。由此可见,该融通的情形下联合创新的风险较不融通的情形大幅降低。

2. 考察 $\omega = \dfrac{\pi}{2}$,$\varphi_1 = \varphi_2 = \dfrac{\pi}{2}$ 的情形

此时,双方研究完全满足产业与企业的现实产品化、产业化的需求,无须外部知识引进,但双方研发流通共享,需双方付出一定的成本。

(1) 企业的最优决策分析

对企业而言,由式(5.24)解得

$$\beta_2 = \frac{240}{\pi} \times 2\arctan\sqrt{\frac{C_1(\pi)(1-\sin^2\varphi_1 \sin^2\omega)}{R_1(\pi,\pi)[1-\sin^2(\varphi_1+\varphi_2)\sin^2\omega]+C_1(\pi)\sin^2\varphi_2 \sin^2\omega}} = 0$$

可知：

高校的投入区间[120，240]皆为正向投入区间，高校的投入在此区间内会使企业的投入对收益起正向作用，此时，企业的最优决策为 $\beta_1^* = 160$，即投入最大。由于案例中高校存在非零的最小投入，所以只要融合度 $\omega \approx 0.91$ 即可使高校的投入区间[120，240]皆为正向投入区间。

(2) 高校的最优决策分析

对高校而言，由式(5.24)解得

$$\beta_1 = \frac{160}{\pi} \times 2\arctan\sqrt{\frac{C_2(\pi)(1-\sin^2\varphi_2\sin^2\omega)}{R_2(\pi,\pi)[1-\sin^2(\varphi_1+\varphi_2)\sin^2\omega]+C_2(\pi)\sin^2\varphi_1\sin^2\omega}} = 0$$

可知：

企业的投入区间[80，160]皆为正向投入区间，企业的投入在此区间内会使高校的投入对收益起正向作用，此时，高校的最优决策为 $\beta_2^* = 240$，即投入最大。由于案例中企业存在非零的最小投入，所以只要融合度 $\omega \approx 0.96$ 即可使企业的投入区间[80，160]皆为正向投入区间。

可以看出，在 $\omega = \frac{\pi}{2}$，$\varphi_1 = \varphi_2 = \frac{\pi}{2}$ 的情形下，双方只需要在知识流通上花费一定成本，然后，双方只要努力，那么双方的收益就会随自身努力的增大而增大，此为最优效果，最利于核心技术的突破。这与第5.5.2节中的结论保持一致。

然而，由于双方存在不为 0 的最小投入，所以想要达到最优的效果，并不需要完全融合即 $\omega = \frac{\pi}{2}$，此处算出在案例中的该情形下融合度只要大于等于 $0.96(\omega = \max\{0.91, 0.96\} = 0.96)$ 即可。

(3) 双方的策略组合分析

构建波士顿矩阵分析 $\omega=0.96$，$\varphi_1=\varphi_2=\dfrac{\pi}{2}$ 的情形，四种策略组合分别为：$A(240,160)$、$B(240,80)$、$C(120,80)$、$D(120,160)$，如图 5-14 所示。

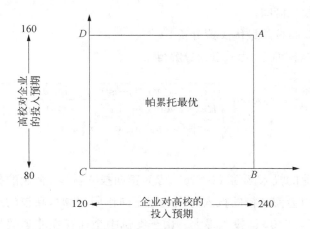

图 5-14 企业与高校的策略组合分析

可知，$\dfrac{\text{企业的成本}}{\text{企业的毛利}}\approx 0.22$，$\dfrac{\text{高校的成本}}{\text{高校的毛利}}\approx 0.25$，$P_A=1$，$P_B=0$，$P_C=0$，$P_D=0$。显然，该融通情形虽非完全融通，但由于双方存在最小投入，此时，双方采取的策略组合达到帕累托最优的概率升至 1；企业"背叛"的概率降至 0，高校"背叛"的概率也降至 0；企业和高校关系"破裂"概率降至 0。由此可见，该融通情形下的联合创新虽非完全融通但也规避了"背叛"与"破裂"的风险，达到了利于产业核心技术突破的最优效果。

因此，该企业和高校有必要委托专业的第三方机构设立一整套可量化的关于知识共享度和融合度的评价体系，在研发项目合同签订前，双方签订关于该研发的"融通契约"。在本小节的情形下,"融通契约"可设计为:企业与高校设定目标融合度 $\omega=0.96$,设定目标畅通度 $\varphi_1=\varphi_2=\dfrac{\pi}{2}$。对于目标融合度,由于高校是研发的主力军且需要根据产业化趋势开展研发,企业方约定事前支付给高校方 50 万元作为"激励金";同样地,高校方约定事前支付给企业方 20 万元作为"激励金",合同约定,一旦未达到目标融合度时,高校方将双倍返还企业方事前支付的"激励金",而达到目标融合度时,企业方将双倍返还高校方事先支付的"激励金",即依据设立的融合度评价体系,若考核时实际融合度小于 0.96,则高校方需向企业方支付 100 万元作为相应的惩罚,若实际融合度大于等于 0.96,则企业方需向高校方支付 40 万元作为奖励。对于目标畅通度,合同约定,一旦某一方未达到目标畅通度,需向另一方支付 $\left(1-\dfrac{\text{实际畅通度}}{\text{目标畅通度}}\right)\times 20$ 万元的"惩罚金"。"融通契约"的签订在一定程度上消除了彼此间的障碍和制约,利于产业核心技术的突破。

5.6.3 结论

本章以博弈双方有限理性为前提,借鉴量子博弈思想建立了关于努力度的二元连续策略集博弈模型,系统研究了产业集群主体基于努力度的融通创新决策,并通过不同情形下的证明分析了融合度和畅通度对产业集群主体融通创新决策的影响,研究结果表明:

(1) 融合度的提高有助于降低创新主体融通创新的风险。在产业集群主体融通创新过程中,提高知识创新与产业发展的融合度有利于降低双方在应用研发上的成本,从而降低融通创新的风险,达到利好核心技术突破的效果。因此,企业和高校、科研院所之间需要实时掌握双方的基础研究进展和产业发展前沿,并根据技术产业化趋势来展开基础研究、修正知识创新方向,促进知识创新与产业发展融合,以应对核心技术的研发。

(2)畅通度是影响产业集群主体融通创新决策的重要因素。在产业集群主体融通创新过程中,提高创新主体的畅通度会降低创新主体在知识创新上的成本,但由于创新主体需要承担知识流动的成本,所以创新主体的总成本会随着畅通度的提高而呈现出先增大后减小的趋势。因此,政府可建立具有针对性的产业集群融通创新平台为产业集群主体间的知识流通提供良好通道,促进创新主体间的知识流动与供给,保障各类知识有序流动及无歧视性流动。这会在一定程度上降低创新主体在知识创新上的成本,提高双方的畅通度,从而降低融通创新的风险,达到利好核心技术突破的效果。

(3)创新主体的付出成本与所得利益之比决定了主体的策略选择。在产业集群主体融通创新的过程中,当创新主体的付出成本与所得利益之比越大时,融通创新的风险就会越大。因此,企业和高校、科研院所之间要建立良好的成果共益机制,达到价值创造和价值分配之间的均衡。

(4)创新主体间畅通度和融合度超过某阈值时就可以达到利于核心技术突破的最佳融通状态。因此,企业和高校、科研院所有必要根据最佳融通状态来设计和签订"融通契约",以约束双方朝着利于核心技术突破的方向努力。

第6章
集群高质量发展成效研究

6.1 集群发展对策措施

6.1.1 优化产业布局

1. 海洋工程装备制造基地

在以南通市为主的苏中地区，依托南通中远海运船务、启东中远海工、招商局重工、南通振华重型装备、惠生重工等海工重点企业，重点发展浮式生产储油装置（FPSO）、超深水平台、天然气装备等高端海工装备，拓展海洋风电资源、渔业资源等海上资源开发装备，实现基本覆盖从近海到深海的海洋资源开发装备产品体系，打造集研发设计、高端制造为一体的海洋工程装备制造基地。推动中集太平洋实施特殊海洋装备制造提升项目，满足 1 000—3 000 吨海工模块等产品建造的尺度需求。

2. 豪华游轮制造基地

加快实施招商局集团海门豪华邮轮制造基地项目，引进世界先进的智能薄板流水线，建设国内最大、最先进的室内船坞，充分借鉴欧洲先进邮轮建造理念，全力打造高标准、高要求的国际一流现代化邮轮制造基地,到 2025 年实现豪华邮轮的交付,邮轮制造产业初具规模,达到年产 1.5 艘 20 万吨级豪华邮轮的能力。

3. 高技术船舶基地

重点支持南通市依托中远海运川崎、中集太平洋、韩通重工、启东振华重工、润邦海工等重点企业,发展超大型集装箱船、超大型油轮、不锈钢化学品船、大型挖泥船、中小型气体运输船、LNG 加注船、双燃料动力船等产品;支持泰州市依托扬子江船业、新时代造船等重点企业,发展 LNG 船、超大型集装箱船、大型散货船、大型气体运输船等产品。支持扬州市依托中远海重工、仪征金陵船厂、中航鼎衡等重点企业,发展超大型集装箱船、汽车运输船、小型不锈钢化学品船等产品,形成"产业集聚、企业集群、主业突出、特色鲜明、带动性强"的三大高技术船舶基地。支持扬子江船业集团太仓基地发挥与日本著名老牌船企全面合资的船型和技术优势,通过产能置换及联合新扬子造船有限公司,形成 2 万—18 万方液化气系列运输船的设计和建造能力,进一步支持省内重点企业开拓公务船市场,拓展军民融合领域,积极参与军辅船建造。

4. 高端配套产业基地

充分发挥已有配套产业基础,推动船舶海工总装企业与配套企业战略合作、联动发展,促进配套企业向南京市、泰州市、镇江市、南通市、盐城市等重点地区集聚,打造江苏船舶海工高端配套产业基地。在南京地区依托中船绿洲、南高齿等企业,建设中船海洋装备机电产业园,重点发展甲板机械、舱室机械、电力推进系统、豪华邮轮配套设备等产品。在镇江市依托中船动力、赛尔尼柯等企业,重点发展船用动力系统、发电机组、电气设备等配套设备。在泰州市依托亚星锚链、兆胜空调等企业,发展高端锚链、舱室机械、动力装置等产品。在南通市依托振华传动、政田重工、江苏海兰、润邦重机、力威机械、易利特自动化等企业,发展自升式抬升系统、系泊系统、海工吊机、钻井包、铺管设备、动力定位系统等海工配套及甲板机械、舱室机械、通信导航设备、电气自动化设备等船舶配套产品；支持南通市建设豪华邮轮配套产业园区，抢抓国内豪华邮轮发展机遇，打造邮轮专用配套产品链。在盐城地区发展大船推进系统抗辐射关键部件、大潜深设备密封关键部件及舵系统装置。加快钢铁集配、物流服务等先进生产性服务体系建设。

6.1.2 构建集群创新体系

1. 建设大型专业化船舶与海工研发创新载体

充分利用江苏省内现有高校、科研机构和企业技术中心等社会力量，以江苏省船舶设计研究所（有限公司）、江苏科技大学海洋装备研究院、南通诺德瑞海洋工程研究院有限公司等一批基础良好、目标清晰的专业研发机构为基础，加快建设江苏省船舶及海洋工程装备研究院，有效提升江苏省船舶及海洋装备的研发能力，形成完整的服务全省、辐射全国的船舶及海洋工程装备研发体系。

支持和推进江苏科技大学海洋装备研究院、江苏省船舶设计研究所、江苏省船舶先进制造技术中心通过体制改革、资源整合、机制创新等举措，加快建设江苏省船舶与海洋工程设计研究院。联合高校、科研机构、企业研发机构和社会力量，形成以骨干企业为主体、全面服务江苏省内造船行业、延伸辐射国内和国际的船舶与海洋工程装备研发创新体系与协同平台。大力推进专业研发机构和创新平台在数字化仿真设计系统、船舶海工试验水池、增材制造设施等专业科研条件设施的建设和共享，整合协同社会资源开展专题攻关，推进技术开发与成果产品孵化的紧密结合，加快海洋装备科技成果的集成化、产业化和国际化。

重点支持江苏科技大学海洋装备研究院、江苏省船舶设计研究所、江苏省船舶先进制造技术中心、南通诺德瑞海洋工程研究院等研发机构，在新型大功率高效推进装置、LNG紧凑高效换热器及汽/液化模块、深海工程装备及辅助工具、水下机器人与多功能无人船艇、船舶和海工智能制造装备、海工装备和零件增材制造、波浪补偿测控系统与系列化装置、水声通信与海洋资源探测装置、岛礁简捷化施工与人居保障平台、深海大气环境控制系统等装备研发领域,在大型疏浚船、海洋矿产资源采选船、大吨位起重船、打桩船、海底铺管船、风电安装运维船、平台支持船等特种船舶和系列化长江及京杭运河的新能源绿色标准化船型等内河高技术船舶研发领域,电池动力船舶、LNG发电船等的新船型开发设计领域,在船舶岸电装备和控制、舰船及海工装备综合保障、船舶海工集成制造等系统研发和推广应用等方面取得新的重大突破、掌握新的技术优势、获得新的应用效果,形成对江苏省船舶海工行业全面的技术支撑和成果储备。

2. 建设多层次全方位企业创新体系

一是加快提升南通中远船务海工研发中心的引领和示范作用,进一步提升与新加坡合作的层次与深度,鼓励扩大与全国高校、专业研发机构的合作,在对已经掌握关键技术的领域进一步扩大产业化关键技术的提升,同时要聚焦第七代超深水钻井船自主创新工程的实施和国际深水半潜式支持平台,最终创建具有国际先进水平的深水半潜式支持平台品牌,实现工程接单和示范应用,并在江苏全省形成引领示范;重点提升江苏省(中远船务)海洋工程装备研究院和江苏省海洋工程技术创新服务能力,鼓励引进国内外高端人才,开展海工装备领域的前瞻性、战略性、基础性技术研究和重大战略产品研发,具备新产品开发、进行基本设计、平台配套装备研究等高水平研究的能力,研究成果总体上处于国内领先地位,争创国际一流水平。二是加快招商局集团海洋工程技术中心发展和招商局邮轮制造有限公司豪华邮轮研发中心建设,进一步聚集各类研发资源落户南通市,尽快在经济型半潜式钻井平台、超大型半潜起重平台、新型浮式风电安装平台、豪华邮轮等方面取得突破。三是积极发挥南通中远海运川崎研发中心的辐射带动作用,认真总结研发中心的经验,在江苏全省骨干企业进行推广示范。继续保持 20 000 箱超大型集装箱船关键技术研发、4 000 车位 LNG 双燃料汽车运输船、基于 GBS 的 311 型 VLCC 研究及产业化等一批核心技术在全国保持领先。四是继续加强南通中集太平洋海洋工程有限公司、惠生(南通)重工有限公司等一批省级工程技术研究中心、企业技术中心、项目管理中心的建设,通过产、学、研合作,在大型天然气运输船、LNG 加注船、再气化模块、挥发性有机物(VOC)回收模块海工关键核心设备等技术研究方向有所突破。

江苏船舶海工重点创新平台名单如表 6-1 所示。

表 6-1 江苏船舶海工重点创新平台名单一览

序号	企业名称	级别	地区
1	南通中远海运川崎船舶工程有限公司技术中心	国家级	南通崇川区
2	南通中远海运船务工程有限公司技术中心	国家级	南通崇川区
3	招商局重工(江苏)有限公司技术中心	国家级	南通海门市
4	江苏亚星锚链股份有限公司技术中心	国家级	泰州靖江市
5	南京中船绿洲机器有限公司技术中心	国家级	南京江宁区

3. 深化公共研发平台建设

在高技术船舶、海工装备、专业配套领域,分别以南通中远海运川崎船舶工程有限公司、南通中远船务工程有限公司、中船动力镇江有限公司为牵头单位,以已经建立的研发中心为支撑,充分发挥在苏的 702 研究所、724 研究所、716 研究所等大型研究所的辐射带动作用,联合开展技术攻关和创建研发平台,大力支持船舶与海洋工程装备相关单位与国内外科院所联办工程技术研究中心等研发机构,加快军转民技术推广和应用。支持有能力的企业收购国外专业设计企业。扶持南通诺德瑞海洋工程研究院等专业从事船舶、海工产品设计的技术服务外包企业建设,重点为中小船舶海工企业提供产品设计、技术咨询等服务。力促招商局集团成为邮轮产业集群架构者,打造国际一流的现代豪华邮轮建造厂及配套产业园,在海门基地建设国家级邮轮材料及技术试验检测中心、邮轮配套产业保税仓库、豪华邮轮研发服务平台、豪华邮轮产业展示等四个公共平台。

6.1.3 推进现代造船模式建设

针对船厂空间尺度大、产品建造周期长、工艺流程复杂、中间产品种类多、个体差异大、作业环境相对恶劣,建设现代化造船模式对信息化、智能化、网络化、绿色化等改造提出了特殊要求。江苏省船舶行业要紧扣行业特点与需要,围绕建设现代造船模式,从信息基础设施、精益化造船、智能化改造等三方面推动实施技术改造升级。

1. 实施船舶智能制造信息基础设施改造

一是构建信息化基础设施。改造船厂生产现场网络,推动移动互联网、物联网、云计算和移动终端等信息技术应用,延伸现有信息化平台使用范围,为设计、制造、管理、服务等各系统的互联互通建立基础。推动物联网建设,推进企业设计信息、资金信息、制造执行信息、动能消耗信息等各类生产经营活动过程中海量多源异构信息的实时采集与传输;推动云应用平台建设,逐步打造覆盖行业产业链相关方的云应用集群,打通上下游信息流、资金流、业务流,推动产业链协同创新和生态化发展,建立建设集群智能化制造信息系统互联标准。

二是构建数字化设计基础。推动在统一设计标准、工具集、基础资源库和管理流程基础上,建设基于模型的数字化设计体系,掌握面向送审的三维详细设计方法,提出基于统一数据库的三维模型详细设计及三维模型送审模式,实现基于三维模型的详细设计及审图;掌握面向生产设计的分段生产、典型船体结构详细设计与生产设计模型协同,管系和电气原理设计与生产设计协同等关键技术,形成详细设计与生产设计模型数据无缝对接,实现船舶详细设计与生产设计集成协同。三是构建设计生产管理一体化信息集成基础。从提高产品设计与物料管理、工艺技术管理、车间生产管理等环节的集成应用出发,基于单一数据源,推广企业应用资源管理(ERP)、供应链管理(SCM)、客户关系管理(CRM)、产品生命周期管理(PLM)、产品设计管理(PDM)、制造执行系统(MES)、计算机辅助设计(CAD)、计算机集成制造(CIMS)、柔性制造系统(FMS)等信息技术,提升企业信息化应用水平,实现设计、生产和管理等关键环节的信息集成和持续优化。到2020年,集群企业数字化研发工具普及率达到90%,ERP普及率达到80%,MES普及率达到40%,PLM普及率达到30%。

2. 实施精益化造船改造

以南通中远海运川崎为引领,以江苏新时代、新扬子、江苏金陵等江苏全省前10位的骨干企业为支撑,加快推进建立以精益设计和精益制造为主的全过程数字化信息管理平台,打通信息孤岛,实现"设计、生产、管理"一体化管理的造船模式,努力提高造船管理水平。

一是持续优化造船工艺流程。在船舶制造的加工、配送、装配、焊接、涂装等关键工艺环节,推进车间总体设计、工艺流程及布局的数字化建模,分析优化智能制造条件下的各工序、生产线、车间乃至船厂的工艺流程与端到端数据流,实现制造过程物流与信息流的有机统一;运用大数据技术对生产过程中不断产生的海量数据进行分析挖掘,实现造船工艺流程的持续优化和改进。

二是全面推广数字化造船,提升造船三维数字完整性建模设计及三维工艺仿真设计水平,实现船舶结构建模率99%以上,平均钢材一次利用率92%以上,分段预舾装率90%以上,100%无余量造船;完善造船精益管理体系,精细化作业任务分解,全面实现拉动式工程计划管理,实现短周期、快节奏生产,单位修正总吨所用工时低于22小时;大力推广应用节能、高效、清洁生产、循环经济和综合利用等制造技术,实现绿色造船。

3. 实施智能化改造

全面落实《中国制造2025》战略部署,紧密围绕建设"造船强国"战略目标,以提升造船质量、效率和效益为核心,以推进数字化、网络化、智能化发展为主线,提高劳动生产率和产品质量稳定性。围绕自动化和智能化生产,到2025年培育1或2家初级智能船厂和一批智能车间。

一是以南通中远海运川崎智能制造试点示范为引领,围绕数字化设计平台构建、智能化装备升级、智能管控平台开发、互联互通平台建设等领域开展工作;做好智能船厂的顶层框架设计,夯实船舶智能制造与精益制造两大基础。① 探索智能制造标准:开展基于智能制造单元/智能生产线的制造流程重构研究和船舶智能制造行业标准制定工作。② 建设智能化生产线:优先选择船舶建造主要工序(切割、焊接、先行小组、小组、中组、大组、管加工、涂装、打磨等)进行自动化、智能化改造,形成智能化生产线。③ 建设智能车间:重点推进船舶建造车间的智能计划排产、智能生产协同、智能设备的工业互联、智能资源管理、智能质量过程管理、智能决策支持等六个方面工作,依托重点船舶企业建成示范智能车间。④ 建设智能船厂:加快虚拟制造技术、大数据技术、信息集成技术、智能制造装备等关键共性技术和装备的开发与应用,推进设计、生产、管理三大环节数字化集成,建立智能造船新模式,有序推进智能工厂建设,全面升级船舶制造体系。

二是实施江苏新时代造船有限公司智能制造改造提升项目,依托关键共性技术的开发应用,结合总装造船技术和智能制造工艺技术,以两化融合为手段,持续推进现有生产流程、设备设施向数字化、自动化、智能化转换,以点带面,通过智能制造工业软件和造船专用智能设备的工程化、产业化应用,分步实施,建立仓储物流集配、切割加工车间、管舾件车间、分段组立车间、涂装车间等造船关键工序的智能化管控作业体系。

三是推动扬州中远海运重工智能化内业车间升级改造项目。对原有船体内业车间、管加工车间等生产车间进行流程再造及智能化装备升级,研究解决改造中的关键技术,通过应用一系列的自动化、数字化和智能化的生产线技术,形成具有代表性的内业车间升级改造示范,提升船厂生产效能,推动车间智能化发展。具体完成型材条材自动生产线、自动印字生产线、先行小组立机器人生产线、小组立机器人生产线、内业生产线可视化监测系统和管加工场智能化流水线。

四是进一步推动江苏全省重点企业应用先进数控技术改造基础制造装备,提升现有装备的加工效率、生产精度和控制水平。大规模运用工业机器人等智能化装备,建设智能化生产线提高劳动生产率和产品质量稳定性。围绕船舶中间产品制造各环节,重点在型材、条材、小组立、中组立、平面分段及管舾件加工、涂装等工序,应用物联网、大数据、虚拟仿真、协同控制等技术推进智能化生产线建设,建设一批智能车间。

6.1.4 加大企业培育力度

1. 培育壮大龙头骨干企业

重点打造江苏扬子江船业、南通中远海运船务、南通中远海运川崎等为领头的"高峰"企业(表6-2)。

表6-2 江苏船舶海工重点龙头骨干企业名单

序号	领域	龙头骨干企业	地区
1	海工装备	南通中远海运船务工程有限公司	南通崇川区
2	海工装备及高技术船舶	招商局重工(江苏)有限公司	南通海门市
3	高技术船舶	南通中远海运川崎船舶工程有限公司	南通崇川区

续 表

序号	领域	龙头骨干企业	地 区
4	高技术船舶	江苏扬子江船业集团	泰州靖江市
5	高技术船舶	江苏新时代造船有限公司	泰州靖江市
6	高技术船舶	扬州中远海运重工有限公司	扬州江都区
7	海工船舶配套	江苏亚星锚链股份有限公司	泰州靖江市
8	海工配套	上海振华重工(南通)传动机械有限公司	南通开发区
9	船舶海工机电配套	南京中船绿洲机器有限公司	南京江宁区

2. 加快中小企业特色化发展

根据现代化总装生产模式要求,积极发展中间产品为导向的专业化分工协作体系。鼓励中小型企业面向细分市场实施差异化竞争,向"专、精、特、新、优"的方向发展,形成特色和品牌,形成大而强、小而精,大中小型企业优势互补、特色鲜明,充满活力的企业竞争格局。落实国家"一带一路"倡议,推进国际产能合作,培育一批质量信誉好的中小型船企,开拓东南亚船舶出口市场。

3. 积极培育船舶与海洋工程装备生产性服务企业

加快推进船舶与海洋工程装备生产性服务平台建设。加快发展物流服务业,建设配套产品交易市场,建立钢材、管材、电缆等大宗材料配送中心。加快骨干企业全球营销服务网络建设,进一步提高企业市场营销能力。着力提升三大造船基地区域内部专业化分工协作水平,建立健全专业化加工配送体系,努力实现材料按规格、按时、按序供应。

6.1.5 突出要素能力建设

1. 海工装备总承包能力建设

以南通中远海运船务工程公司为引领,加快已取得技术突破的海洋工程装备产业化步伐,推进自升式多功能钻井平台、半潜式钻井平台、圆筒型钻井储油平台、浮式储油船（FSO）、浮式油气生产储卸平台/船（FPSO）、浮式液化天然气生产储卸平台/船（FLNG）、海洋生活平台、浮式钻井生产储油工程船（FDPSO）、海上风电安装船、深水铺管（起重）船、穿梭油轮、三用工作船、平台供应船、深海石油平台支援船、起锚供应船等海洋工程装备产品实现产业化、系列化、批量化生产。进一步提高大型海工装备的总装集成能力（EPCI），打造具备总承包能力和较强国际竞争力的专业化总装制造企业。以总承包为牵引，带动和引导一批中小型企业走专业化、特色化发展道路，在工程设计、模块设计制造、设备供应、系统安装调试、技术咨询服务等领域，逐步发展成为专业化分包商。提高建造水平，掌握海工装备特有的建造技术、安装调试技术，建立与海工装备项目特点相适应、与国际接轨的现代工程管理模式和生产组织方式。

2. 现代造船模式示范企业建设

在三大基地内加快推进"精益造船""绿色造船"，推进造船总装化、管理精细化、信息集成化，加快向绿色制造和低碳制造转型。至 2020 年，全省重点骨干企业全面建立现代造船模式，认定 3—5 家现代造船模式示范企业。

3. **核心配套产品系统集成能力建设**

围绕重点产品领域，实施一批重点船舶及海洋工程装备配套项目，鼓励重点骨干配套企业加快掌握系统集成技术，实现单一设备供应向系统集成供货转变。依托南京中船绿洲机器有限公司、中船动力有限公司、上海振华重工（南通）传动机械有限公司、中天科技集团、江苏政田重工股份有限公司、江苏海兰船舶电气系统科技有限公司等骨干企业，突破优势配套产品集成化、智能化、模块化发展，掌握海洋工程装备关键系统配套技术，加快船舶和海工配套自主品牌产品开发和产业化。力促总投资 24 亿元、占地 450 亩、年产节能环保设备及系统 800 台套、新型船用分离机及模块

600台套、安全救生装置及系统1 000台套、电气控制设备及系统3 000台,豪华邮轮废弃物处理和水资源管理系统、大功率吊舱推进装置等设备及系统100套、海洋工程特种设备100台套及配套人才公寓的南京中船绿洲中船海洋装备机电产业园三期工程项目。加快总投资12亿元的"政田——三菱"船舶配套产业园项目建设,尽快形成年生产克令吊600台、锚绞机2 000台、舵机300台的生产能力,引进液压系统等项目,成为中国重要的船舶甲板机械生产基地。

4. 加强人才队伍建设

针对豪华邮轮、FPSO、FLNG等高端船舶和海工装备面临人才紧缺现状,探索高效灵活的人才引进、培养、使用、评介、激励和保障政策,培养技术型、应用型、复合型人才。鼓励骨干企业引进研发设计、经营管理等境内外高层次人才和团队;鼓励骨干企业与高等院校联合办学,共同搭建专业人才培养平台;鼓励企业针对现有员工进行新业务的再教育和培训,优化人才培养和使用机制。发挥江苏科技大学等行业高校及我省高校集聚的资源优势,鼓励省内高校开展豪华邮轮设计和FPSO、FLNG等海工装备调试专业学科建设,通过参与重大项目,培育船舶与海工装备项目国际化人才、国家级专家,扩大高端人才队伍规模,逐步建立行业教育培训体系。积极推动江苏航运职业技术学院等高职院校在中西部招生力度,培育优秀技能型人才,填补专业技能人才空缺,满足信息化、智能化建设一线技能人才的需要。

5. 强化军民融合发展

依托我省产业资源,大力发展军民一体化的船舶与海洋工程装备科研生产体系,促进军用与民用科研条件、资源和成果共享,推动船舶军民通用设计、制造先进技术合作开发。充分利用全省高校和军工科研机构的创新能力,支持船舶和海洋工程装备产业的相关单位与国内外科研院所联办工程技术研究中心等研发机构参与军工能力建设。

6.2 集群发展水平提升成效

6.2.1 集群产业竞争力

1. 产业实力强，企业结构优

集群以实体经济发展为中心，船舶海工企业蓬勃发展，龙头企业加速布局。中远海运重工有限公司、上海振华重工(集团)股份有限公司、招商局工业集团有限公司等知名企业纷纷布局集群，南通中远海运川崎船舶工程有限公司、惠生(南通)重工有限公司、吉宝(南通)重工有限公司等外资企业深耕江海，江苏新韩通船舶重工有限公司、江苏润邦重工股份有限公司、江苏政田重工股份有限公司等民营企业不断发展壮大，形成了以国有企业为龙头、民营外资企业协同发展的产业格局。

江苏省把握全球船舶产业发展契机，加速推进了船舶先进制造业集群培育工作，在船舶制造、海上油品勘探等领域核心不断取得突破，集聚了一批具有较强国际竞争力的专业化分包商。在集群产业整体运行质量保持领先，连续12年三大造船指标位居全国第一。项目实施期内，全国造船手持订单和完工量前10名的企业，集群占了4家。2020年集群造船完工量占世界市场份额的19.0%，相比2019年增长0.3%，集群造船完工量占全国份额的46.8%，相比2019年增长4.7%。截至2021年底，集群造船完工量为143艘1 209.3万载重吨，同比下降4.7%，出口船舶占97.6%。造船完工量占世界市场份额的16.8%，占全国份额的37.8%，占全省总量的93.4%。2019年新接订单量占世界市场份额的18.7%，占全国份额的42.1%。2020年集群新接订单量为134艘706.8

万载重吨,出口船舶占 88.1%,新接订单量占世界市场份额的 24.6%,占全国份额的 42.2%。截至 2021 年底,集群新接订单量为 268 艘 2 404.5 万载重吨,同比增长 165.3%,出口船舶占 85.5%。新接订单量占世界市场份额的 21.1%,占全国份额的 39.1%,占全省总量的 83.6%。2020 年集群手持订单量为 368 艘 2 496.5 万载重吨,出口船舶占 95.8%,手持订单量占世界市场份额的 17.0%,占全国份额的 35.7%。截至 2021 年底,集群手持订单量为 495 艘 3 609.5 万载重吨,同比增长 21.9%,出口船舶占 84.2%,手持订单量占世界市场份额的 17.8%,占全国份额的 36.8%,占全省总量的 83.7%。

集群依托沿江船舶海工总装制造带动及扎实的制造业基础优势,以总承包为牵引,在工程设计、模块设计制造、设备供应、系统安装调试、技术咨询服务等领域,集聚了一批具有较强国际竞争力的专业化分包商,在南通、泰州、扬州三市已形成了海洋工程装备、高技术船舶、核心配套设备、研发服务协同发展的产业集群。多重国家战略叠加。集群拥有"一带一路"交汇点枢纽、长江经济带战略支点,其中南通是长三角一体化战略的重要组成部分。随着国家战略的相继实施,一批过江通道、新机场、北沿江高铁、通州湾新出海口等重大交通基础设施在集群内落地。辐射带动效应强劲。世界船舶工业总体保持中日韩"三足鼎立"的竞争格局,集群位于世界船舶工业布局的中心位置,集聚了中国 2/3 的船舶海工产量及中日韩等全球 90% 的船舶产量,成为海洋装备产业发展的优选地区。南通船舶海工产业国家新型工业化示范基地被工信部评为五星级基地。

2. 核心产品竞争力增强,国内外市场占有率提升

集群具备江苏扬子江船业集团公司、江苏新时代造船有限公司、招商局重工(江苏)有限公司、南通中远海运船务工程有限公司、扬州中远海运重工有限公司、南通中远海运川崎船舶工程有限

公司等为代表的一批骨干企业,规模优势具备,发展潜力巨大。通过对核心产品专利导航与专利布局,极地探险邮轮、30万吨的VLCC、2万箱集装箱船、2.3万标准箱双燃料集装箱船、40万吨矿砂船、滚装船、挖泥船、化学品船、半潜式起重生活平台、木屑船等都取得成功与突破。其中南通中远海运川崎船舶工程有限公司的20 000 TEU集装箱船、30万吨油轮、30万吨级矿砂船、20万吨级散货船、汽车运输船等核心产品实现国内市场占有率5%,招商局重工(江苏)有限公司的自升式钻井平台、风电安装平台、豪华邮轮、LNG船、FPSO、起重拆解平台等核心产品实现国内市场占有率10%;南通中远海运船务工程有限公司的各类海上钻井平台、FPSO、生活平台、风电安装平台、海工模块等核心产品实现国内市场占有率10%;江苏扬子江船业集团公司的大中型集装箱、散货船、清洁能源船等核心产品实现国内市场占有率15%;扬州中远海运重工的大中型散货船、集装箱船、油船等核心产品实现国内市场占有率10%。

江苏省南通市、扬州市、泰州市海工装备和高技术船舶先进制造业集群的造船完工量占全球的15%以上、占全国的35%以上、占全省的85%以上。江苏省致力于打造沿江海工船舶产业带,在跨区域协同发展等方面进行了积极探索。集群初步形成了泰州、南通两大船舶配套基地,集群船舶配套产品品种繁多、门类齐全,几乎覆盖了整个领域。锚链生产总量居世界第一,螺旋桨、船用泵、船用锅炉、船用空调、船用救生设备、船舶电气设备等均处于全国领先地位。专精特新取得突破。集群坚持"差异竞争、错位发展",在细分市场领域取得重要突破。招商局金陵鼎衡船舶(扬州)有限公司手持中小化学品船订单居全球第一;招商局金陵船舶(江苏)有限公司滚装船完工和手持订单量位居世界第一;江苏振华泵业制造有限公司、九力绳缆有限公司、江都永坚集团、中天海洋系统有限公司4家企业被工信部评为专精特新小巨人企业;江苏亚星锚链股份有限公司、中天科技海缆有限公司2家企业入选工信部单项冠军企业名单。江苏兆胜空调有限公司凭借海上风电环控系统被评为江苏省专精特新小巨人企业,扬州亚光电缆配套企业也被评为江苏省专精特新小巨人企业。

3. 制造模式先进,数字化应用程度高

集群企业先进制造成果突出,支撑企业抢占前沿市场,产业化效果明显,产品技术水平也处于国内前列。集群注重产学研合作,加速创新技术研发。江苏船舶集群经过多年发展,已经聚集了江苏科技大学等高校和科研院所,与集群内企业开展合作,并取得了多项重大创新成果。建造了一批大国重器、世界首制、中国首制重大设备,节能环保主流船型国内市场占有率达到30%—40%;成功研发并承接全球最大21万吨LNG双燃料散货船订单,成功交付了全球首艘4 000车位LNG双燃料汽车运输船、全球首制45 000方A-Box型LNG运输船,自主研发建造了全球首制CMHI-163半潜重吊拆解生活平台、世界首个浮式液化天然气生产驳船、中国首艘极地探险邮轮、亚洲最大重型自航绞吸船"天鲲号"、中国首制2万标箱超大型集装箱船、深远海多功能原油转驳船、圆筒型浮式生产储卸油平台、超大型自升式风电安装船,江苏科技大学、江苏海新船务重工有限公司等单位参与的"海上大型绞吸疏浚装备自主研发与产业化项目"荣膺国家科技进步特等奖。集群内交付国内首个FPSO总包项目、全球首座浮式天然气液化和存储驳船设施(FLNG)、全球首艘驳船式液化天然气存储和再气化设施(FSRU)等一批高端海洋工程装备和国内首制2万标箱超大型集装箱船、40万吨超大型矿砂船、国内首制极地探险邮轮、全球首艘天然气动力多功能远洋运输船、全球首艘符合IMO GBS船舶建造档案标准超级油轮(VLCC)、造岛神器"天鲲号"挖泥船等高技术船舶产品。集群企业还进一步加快超节能、低排放、高智能主流船型及化学品船、新能源运输船、新能源动力船和特种船舶开发,在严峻的船市中争取主动。

集群骨干企业加快推进精益制造体系,自动化、数字化、智能化水平显著提升,建成了一批智能单元和智能生产线,智能制造稳步推进。大中型骨干造船企业资源计划(ERP)普及率、数字化设计工具普及率和关键工艺流程数控化率均达到90%以上。南通中远海运川崎船舶工程有限公司智能制造车间成为工信部认定的全国船舶行业首家智能制造试点示范,一批智能化改造项目不断实施。绿色发展明显加快。新一代绿色环保、节能高效的新船型比例大幅提高,节能型主机、新型环保油漆、高效舵桨、节能导管和毂帽鳍等高效、清洁、低碳、循环的绿色设计和制造技术推广应用加快。全行业不断加大环保投入,率先实施国际海事组织(IMO)造船新规范,注重涂装设施设备改造,建设VOCs(挥发性有机物)排放设施,满足挥发性有机物有组织排放要求;高压水除锈等一批绿色工艺工装研制应用取得突破,岸电使用加快推进。中航宝胜海洋工程电缆有限公司的5G海缆智能制造车间获批江苏省智能车间,扬州中远海运重工有限公司的船用条材制造车间入选扬州市船舶行业首家智能车间。

6.2.2　集群协同创新能力

1. 集群产业技术进入国际先进行列

作为国内最大的海工装备和高技术船舶集群,主要产业技术水平处于国内前列。集群积极推进产学研用合作,加强集群企业与高校、科研院所对接合作,加快集群内创新中心、创新平台、公共服务等载体建设,提高产学研用合作水平。引导集群内企业形成学习交流、信息共享等机制,促进创新要素的自由流动,加快集群内部知识扩散和技术外溢。不断完善集群支持创新创业的金融服务体系和创新人才支持体系,营造勇于创新、宽容失败和公平竞争的创新创业氛围。

产业集群内的骨干企业研发投入超过3%,完成了工信部高技术船舶研发项目63项,其中深水半潜式支持平台研发、半潜式起重拆解平台开发、中型邮轮设计建造技术研究、极地小型邮轮设计建造关键技术研究、浮式保障平台工程(三期)、海工装备长寿命耐腐蚀液压元件与系统关键技术项目、船舶中小组立弧线焊缝机器人焊接技术研究、绿色修船表面处理关键装备研制项目、LNG蒸发汽再液化装置研制等24项牵头组织研发,形成了一批核心技术研发能力。完成了一批省级研发和核心技术攻关项目,通过江苏省首台/套重大技术装备认定28项。招商局重工(江苏)有限公司、南通中远海运川崎船舶工程有限公司等获得中国专利优秀奖。累计完成或参与船舶行业各类标准65项。江苏科技大学拥有可转化科研成果125项、可转化发明专利276项、跨国技术转移中心科研成果27项。南通中远海运船务工程有限公司在重大科技创新项目方面承担国家级重大创新专项8项,省部级科研项目7项,累计获得科研资助约4亿元。集群企业参与制定国际标准8个、国家标准/行业标准68个、发明授权专利576件。江苏科技大学拥有可转化科研成果125项、可转化发明专利276项、跨国技术转移中心科研成果27项。

2. 集群发展促进组织的运营效果好

江苏省船舶工业行业协会采用"协会+高校+科研院所+企业"的模式运营,秉持小机构、大合作、专业化的运营理念,统筹集群内高校、科研院所、企业等各类主体的人才、技术、品牌、市场等优质资源,推动集群内成员之间开展交流合作、协同创新、产业培育,打造资源共建共享的海工与高技术船舶集群。建设跨区域集群服务平台。由促进机构江苏省船舶工业行业协会牵头,建设完善海洋工程装备质量监督检验中心、大型数字化精密增材制造等公共服务平台,积极组织跨区域交流活动,强化成员间交流合作。

江苏省船舶工业行业协会自成立以来,一直挂靠在江苏科技大学。江苏科技大学是全省唯一一所以船舶为主要办学特色的高校,也是江苏省重点建设高校,被誉为"造船工程师的摇篮"。江苏省船舶工业行业协会充分利用江苏科技大学科技人才等优势,形成品牌效应,先后与江苏省船舶研究设计院、招商局重工(江苏)有限公司、南通中远海运川崎船舶工程有限公司、南通中远海运船务工程有限公司、江苏扬子江船业集团公司、江苏新时代造船有限公司、扬州中远海运重工有限公司等一批著名船企建立了长期合作关系,为船舶与海工企业输送了大批人才,帮助企业建立院士工作站、研究生工作站等,邀请专家教授进企业,帮他们解难题,实现政产学研深度融合。这些年来,位于南通市、泰州市、扬州市的船舶企业一直成为全国船舶与海工装备制造的"标杆"。

3. **集群技术创新体系更加完善**

集群瞄准海工装备和高技术船舶产业链前沿,通过研发体系建设和人才队伍培养,建成以国家级企业技术中心为核心、一批重点企业省级企业研发机构为支撑,专业设计公司为辅的创新体系。目前,集群有南通中远海运川崎船舶工程有限公司、南通中远海运船务工程有限公司、招商局重工(江苏)有限公司、江苏亚星锚链股份有限公司等国家级创新载体19家、省级技术创新载体114家。同时,集群企业在上海、美国休斯敦、意大利拉文纳、新加坡等国家和地区设有研发机构,吸引国际人才。

集群完成了集群内技术创新体系建设。引导集群内企业形成学习交流、信息共享等机制,促进创新要素的自由流动,加快集群内部知识扩散和技术外溢,推动产业发展从单一线性的个体创新向网络化的集群创新转变。紧抓行业技术变革趋势,围绕前沿技术、颠覆性技术和关键核心共性技术,开展研发攻关和工程化、产业化应用,持续完善集群技术创新体系。

4. **集群关键技术攻关取得突破**

集群内龙头企业、科研院所、高校等单位加强协作,开展产业链协同攻关,突破了一批关键技术。江苏科技大学在海洋结构物设计技术、先进制造技术及装备、船舶与海工配套系统、新型航行器设计开发、海上特种材料技术及应用、海洋绿色能源技术及装备等方面形成了稳定的科研方向,并取得了一系列具有重要影响的研究成果。完成了工信部高技术船舶研发项目 63 项,其中深水半潜式支持平台研发、半潜式起重拆解平台开发、中型邮轮设计建造技术研究、极地小型邮轮设计建造关键技术研究、浮式保障平台工程(三期)、海工装备长寿命耐腐蚀液压元件与系统关键技术项目、船舶中小组立弧线焊缝机器人焊接技术研究、绿色修船表面处理关键装备研制项目、LNG 蒸发汽再液化装置研制等 24 项牵头组织研发,形成了一批核心技术研发能力。完成了一批省级研发和核心技术攻关项目,通过江苏省首台/套重大技术装备认定 28 项。获得各类科学进步奖和中国专利奖。"深海高稳性圆筒型钻探储油平台的关键设计与制造技术"荣获国家科技进步奖一等奖,"浮式钻井储油平台总段下水及旋转合拢对接方法"专利获得中国专利金奖。集群高校、企业参与的"海上大型绞吸疏浚装备的自主研发与产业化"项目获得国家科学技术进步奖特等奖。启东中远海运海洋工程有限公司"深远海多功能原油转驳船自主开发与工程应用"和"圆筒型浮式海上油气生产储卸平台设计与制造"项目同时荣获中国航海学会科学技术进步奖一等奖。南通中远海运船务工程有限公司、招商局重工(江苏)有限公司等企业成功牵头多项国家高技术船舶科研专项的研发。中天科技海缆有限公司的"超高压交联聚乙烯绝缘柔性直流光纤复合海底电缆"专利获中国专利优秀奖。项目实施期间共新增授权专利 61 件,参与制定各类标准 7 项。

6.2.3 集群网络化协作水平

集群作为介于政府与市场之间的一种产业组织,其目标的达成、系统的运作和功能的实现都离不开对组织的有效治理。培育发展先进制造业集群应创新以自发治理为主、公共治理为辅的集群治理机制,不断优化集群组织网络化结构,增强集群竞争新优势。借鉴国外先进经验,应建立由集群行业领军人才、龙头企业和各主要机构成员参与的、促进集群发展的"第三方"机构,通过沟通交流、协调管理、监督激励和对外合作等方式,形成网络化的集群发展形态。

1. 龙头企业引领集群发展

发挥龙头企业的引领带动作用,南通中远海运船务工程有限公司、招商局重工(江苏)有限公司等企业牵头联合上中下游企业和相关高校、科研院所,开展工信部高技术船舶专项等重点项目研发。行业企业普遍与高校开展产学研、人才培养等合作,招商局重工(江苏)有限公司、南通中远海运川崎船舶工程有限公司、南通中远海运船务工程有限公司、招商局金陵鼎衡等企业与江苏科技大学、上海交通大学、清华大学、哈尔滨工业大学、中船702所等高校、科研院所签订战略合作协议,开展联合攻关、产学研合作,与南通大学、南通航运职业技术学院等开展产教融合,利用现代学徒制形式,培养培训各类人才。

2. 产业链协作渠道广

通扬泰三地致力于打造沿江海工船舶产业带,在跨区域协同发展等方面进行了积极探索。依江确立产业协同发展布局。集群沿长江布局,形成苏通大桥下游以海工装备为主、上游以高技术船舶为主、内陆腹地以高端关键配套为主的发展格局。

依托龙头企业带动产业链上下游企业跨区域集聚。推动南通中远海运川崎船舶工程有限公司、招商局重工(江苏)有限公司、江苏扬子江船业集团公司、江苏新时代造船有限公司等龙头企业,与集群内配套企业战略合作、联动发展,搭建产业链供需对接平台,吸引零部件配套企业在集群集聚。研发、设计、船舶制造、海洋工程装备制造、修理改装、拆解、关键配套设备及服务等门类齐全的船舶与海工装备产业体系不断完善加强,产业链不断延伸,产业链协同发展能力处于全国领先地位,拉动作用显著。

3. 关键配套体系能力好

集群积极推动产业由"造壳"迈向"造芯",产业链配套能力逐步提升,高端配套能力不断取得新突破,集群产业链上下游配套能力逐步增强。高技术船舶高端配套领域涵盖克令吊、锚绞机、舵机、舰船空调、通信导航设备、锚链等,部分品牌的国际影响力进一步增强;海洋工程装备核心配套领域,应用于LNG-FSRU再气化模块、铺管船核心铺管系统、自升式平台抬升锁紧系统、单点系泊、动力定位系统、铺管船核心铺管、平台系泊自动定位系统、海底电缆、海洋监测观测装备研制等海工关键配套设备取得突破,并实现应用。南通亚泰工程技术有限公司、南通力威机械有限公司等民营企业关键配套设备研发获得国家高技术船舶科研项目立项支持,江苏亚星锚链股份有限公司成为国际知名品牌、国家制造业单项冠军示范企业。集群内集聚了江苏政田重工股份有限公司、上海振华重工集团(南通)传动机械有限公司、江苏兆胜空调有限公司、中天科技装备电缆有限公司等一大批优秀产业链配套企业。集群拥有经中国船级社认证产品的船舶配套企业65家,涵盖了船舶动力、甲板机械、舱室辅助机械、船用电气设备、船用舾装设备、通信导航和自动化设备等配套产业链环节,攻克了一批关键配套制约短板。

6.2.4 集群要素集聚集约水平

1. 集群产业高水平人才引培效果显著

通过"培、引、用、留"四大机制,不断增强人才结构和产业结构匹配度。集群邀请行业专家、优秀企业家开展专题讲座和培训,提高企业经营管理水平。不断完善校企融合人才政策,通过聘任、设站等方式,柔性引进高层次人才,形成了"科研+管理+实操"三级人才培养体系,为集群企业输送各类船舶人才。同时,充分利用江苏科技大学资源的优势,以船舶企业实际需求为牵引,采取"项目+人才"模式,鼓励校企联合实习教学、联合人才培养。坚持政府和社会力量投入并重,优化人才发展环境,强化保障"留"才。

以龙头企业为引领,大力加强研发、技能人才队伍建设,集群从业人员超过 17 万人,高技能人才数量达到 3.4 万人。南通中远海运船务工程有限公司吸引了一批新加坡、美、韩等国具有丰富经验和创新能力高级专家,培养海工项目经理四五十人;技术设计人员近 500 人,船、机、电、舾等门类齐全。南通中远海运船务工程有限公司科研团队凭借丰富的海工经验和出色的技术谈判能力,使企业成功进入国际海工市场,为企业争取了大量的海工订单,成功交付了 27 个海工产品,总产值超过 500 亿,实现了由浅海到深海、由油气平台到特种工程船舶的全覆盖。南通中远海运川崎船舶工程有限公司国家级企业技术中心培养一支拥有 350 多人的技术研发队伍,企业高级技能人才占比达到 60%。招商局重工(江苏)有限公司为拓展海工装备、豪华邮轮领域,拥有研发设计人员近 1 000 人,包括千人计划专家、长江学者特聘教授、享受国务院特殊津贴专家、省双创团队、省双创个人等,引进美国、法国、意大利、挪威、新加坡、印度等外籍专家近 40 人。启东中远海运海洋工程有限公司拥有 800 余名的高技能人才队伍,其中高级技师、技师队伍占主体工种队伍总人数的 29%。培养船舶海洋工程系列工程师人数逐年增加,已超过 500 人。集群船舶与海洋工程专业高级工程师评审人数逐年持续增加,已达到 69 人,是 2015 年(24 人)的近 3 倍。招商系在江苏 3 家企业,在扬州组建了研发中心,海门基地拥有近 1 000 人的研发团队,涵盖了多个领域。高端技能人才方面,集群举办了 2 届全省船舶行业的焊工大赛,搭建了"工匠队伍"培养练兵壮大的平台,培养了 24 名技术能手,2 名获得省"五一劳动奖章",创建了一个大师工作室。惠生(南通)重工有限公司本科及以上人员数占比41%。公司双创人才团队有6人,以陈巍旻博士为领军人的团队于2021年申请了省双创人才团队。

2. 基础设施互联互通及信息资源共享水平高

长江经济带依托长江黄金水道,贯穿沿海和内陆,拥有广阔的腹地和发展空间,江苏基础设施完善、船舶产业协调发展。建立了"虚实结合"的基础设施网络体系。其中,"实"的网络包括便捷和高效的公路、铁路、航空、城际交通网络体系以及油气管道网络体系;"虚"的网络则主要是指互联网、物联网和市场网等信息通信网络。

其中,南通城域网建设实现千兆到楼宇、百兆进户,光纤覆盖达100%,是国内首个实现对沿海100千米范围内4G网络全覆盖的城市。建有两条国际互联网出口专用通道,与上海城域网和骨干网的直连互通,实现了南通与上海的"在线同城化"。集聚阿里、华为一批云计算数据中心,在长三角区域形成了相对集中的比较优势。承载着海量工业经验与知识模型的工业互联网平台,是工业资源配置的核心,集群工业互联网建设国内领先,2019年南通国家工业互联网标识解析二级节点正式上线应用,首个接入国家顶级节点,成为国内首个2.0版本并在国家顶级节点注册成功的二级节点,该平台已有660家注册企业,具备设备智能物联、生产智能管控、大数据管理决策、产能共享等功能,提供各类解析服务6 000余万次,有效提升行业、企业间的协作效率。招商局重工(江苏)有限公司与江苏中天互联科技有限公司紧跟国家的战略部署,从工业互联网标识解析二级节点建设切入,参与国家工业互联网建设,在工业互联网标识解析应用上提升话语权、占领制高点,形成产业示范和行业引领效应,进一步提高企业的知名度、信誉度和影响力。招商局邮轮制造有限公司和南通移动、爱立信共同开通5G NSA基站,实现船舶制造行业5G移动信号首覆盖和应用,开启全国首例"5G＋船舶制造"。

3. 金融服务不断完善

集群政策引领金融服务，不断完善集群支持创新创业的金融服务体系，支持金融机构更好地服务集群内企业。形成了通畅的投融资渠道。金融机构根据集群发展需要，优化金融结构与产品体系，形成了通畅的投融资渠道。其中，南通市研究出台《关于推进南通市供应链金融发展的指导意见》《南通市应对新冠肺炎疫情支持企业发展金融政策实施细则》《关于建立"科创贷"破解科技创新型企业融资难的指导意见》《关于促进金融支持产业转型升级的若干政策意见》《关于加快推进企业上市挂牌的若干政策意见》等政策，扬州市研究出台《扬州市人民政府关于鼓励工业企业技术改造的意见》《关于组织申报 2021 年度市级先进制造业发展引导资金项目的通知》，泰州市研究出台《关于优化中小企业普惠金融服务的十项政策措施》等政策，调动大中小型金融机构服务民营企业高质量发展的积极性，规范小微企业转贷服务机构设立行为，鼓励金融机构为实体经济提供资金支持、给予风险保障，强化科技与金融互动机制，切实解决企业融资瓶颈，助力企业加快发展。围绕让企业提出融资需求更加便捷，统一民营企业融资服务热线电话，对企业提出的融资需求在一个工作日内进行分级分类办理。南通市研究出台《关于南通市应对新冠肺炎疫情支持企业发展金融政策实施细则的通知》降低贷款利率、转贷费率、担保费率要求，开通受疫情影响小微企业融资绿色通道，上架 25 家金融机构、86 个抗击疫情金融产品，助力企业缓解疫情期间经营困境；研究出台《关于加快推进企业上市挂牌的若干政策意见》，全流程打通企业上市挂牌难点堵点；在市政务服务中心设立企业助贷服务窗口，实现"首贷、无还本续贷、转贷"等信贷服务"一窗通办"。集群集聚 58 家私募基金、11 家上市公司。长三角资本市场服务基地南通分中心的正式揭牌，开启集群企业对接科创板新征程。

6.2.5　集群开放合作水平

1. 集群企业国际化经营广

（1）全面参与国际竞争

地方产业集群升级为世界级产业集群，必须嵌入全球价值链，整合国际资源，在全球范围优化布局，提升国际竞争力。将开放合作作为保持集群活力的源泉，重视集群的国际交流合作，推动集群与国外集群建立战略合作机制，在产业合作、制度学习、文化培训、人才交流等方面开展合作，提升集群对外的影响力。鼓励集群企业"走出去"和"引进来"，主动嵌入全球产业链、价值链和创新链，强化国内外联合研发创新，共同攻关新技术、拓展新业务、开辟新市场、分享新机遇。

一是促进产业集群外向国际化。有效组合和完善产业集群出口贸易、技术转让和对外直接投资，技术装备走出去与配套服务协同推进，加强与国际一流企业合作。重点培育以技术、标准、品牌、质量、服务为核心的对外经济新优势。促进企业创新商业运作模式，构建全产业链战略联盟，形成综合竞争优势。

二是促进产业集群内向国际化。抓住集群产业链关键环节建链、补链、强链，引资、引技与引智相结合。吸引跨国公司、研发机构、高等学校入驻先进制造业集聚区，加强与世界500强和行业领军企业及知名院所机构的合作。集群全面参与国际竞争，船舶产品按照国际标准、规范要求设计建造，入级中、美、英、德、法、日等世界主流船级社，90％的产品出口到欧洲、美洲、日韩、东南亚等全球国家和地区。海工装备产品涵盖从近海到深海的各类海工装备，出口英国、挪威、巴西等国家，满足世界最高的安全、环保标准，主要在北欧、英国北海、墨西哥湾、巴西等国家和地区从事海洋油气、海上风能资源开发。

（2）集群国际化品牌打造

船舶海工总装企业主要以企业品牌为主，如南通中远海运船务工程有限公司在国内外海洋工程装备领域拥有较高知名度,建造的海上风电安装船"海上安装者",获国际海洋工程领域著名"海上支持期刊奖"的"海洋可再生能源奖"。南通中远海运川崎船舶工程有限公司企业效率、能耗等指标均居国内领先,智能制造得到工信部推广,创造众多国内第一的产品。南通中集太平洋海洋工程有限公司首艘 C 型储罐液态乙烷气体运输船获评世界十大名船。惠生(南通)重工有限公司世界首艘 FLNG、FSRU 项目,在 2018 年美国休斯敦举办的第 2 届美国 LNG 年度峰会上,被授予"FLNG/FSRU 领域发展杰出贡献奖"。招商局金陵鼎衡 15 000 吨双燃料化学品船被国际 IGS 组织授予"最佳杰出贡献奖"。上海振华重工集团(南通)传动机械有限公司、江苏亚星锚链股份有限公司、江苏兆胜空调有限公司、江苏润邦重工股份有限公司等一批船舶海工配套企业均拥有了自主品牌,在行业内拥有较高知名度。

2. 国外资金、项目和人才招引力度强

(1)国际化合作交流。集群打造国际化平台推动集群合作交流。强调"资源平台"与"展示平台"并重。组织各种形式的国际交流活动,如承办"2017 年航运、造船和船级社国际三方会议",来自 BIMCO、国际航运公会(ICS)、国际独立油船船东协会(INTERTANKO)、国际船级社协会(IACS)和活跃造船专家联盟(ASEF),以及中国、日本和韩国造船协会、航运造船企业的 120 多名代表参加了会议。加强与上海中国国际海事技术学术会议和展览会主办方合作,连续 10 多年以南通展团形式组织集群企业参展,是最大的地方展团。同时,集群企业积极参加汉堡海事贸易博览会、新加坡亚太海事展、休斯敦石油展等国际会展。并积极举办国际会议,如 2020 年船舶与海洋工程国际学术研讨会及"极端气候条件下海岸带灾害预警与减灾研究中英双边研讨会"。集群积极打造南通船舶海工产业展品牌,2021 年新增国际品牌展区,前期已完成招展工作,吸引意大利、美国、日本船级社,克拉克森研究及部分国际品牌中国分公司前来参展,受疫情影响展会延期至2022年举办。举办"南通——芬兰经贸合作对接交流会"等交流对接活动,推动双方进一步深挖合作潜力,拓展产业合作领域。

(2) 积极吸引国外资源。集群巧用国际资源,深度参与国际经济技术合作。加强与世界500强企业对接,密切跟踪国际、国内产业龙头发展动向,提高项目引进成功率。集群积极吸引国外资金、技术、人员等资源。引进新加坡吉宝集团收购南通渔轮厂,成立国内第一家全外资企业吉宝(南通)船厂,建造高端海工辅助船、破冰船等特种船,又投资兴建吉宝(南通)重工,主要建造海洋平台、海工模块等产品。江苏政田重工股份有限公司在与日本政田铁工合作生产锚机的基础上,又从日本三菱引进消化相关技术,生产船用锚机、吊机、舵机等主要船用设备,已经成为相关设备国内主要供应商。江苏海兰船舶电气系统科技有限公司联合无锡市等地企业,成立基金收购德国等国家拥有先进技术企业,惠生(南通)重工有限公司、江苏新韩通船舶重工有限公司、招商局重工(江苏)有限公司在美国休斯敦、意大利、德国等国家和地区收购、成立研发机构及售后服务公司等。江苏扬子江船业集团公司是国内第一个登陆新加坡上市的船舶企业,与日本三井合资成立扬子三井造船有限公司,拓展LNG等高技术含量和高附加值产品,打造具有国际竞争力的造船厂。扬州中远海运重工有限公司致力于建设国内领先、世界一流的绿色智能大型造船基地,在中国本土再建一个成功践行精益造船模式的现代化造船企业的目标,积极与日本川崎重工业株式会社及中国船企标杆——南通中远海运川崎船舶工程有限公司合作,探索并践行精益管理和设计、作业基准及生产管理系统,造船生产效率、综合能耗等关键指标取得了显著改善,已经初步建立起精益管理体系,生产效率居全国前列。招商局金陵船舶南京(含金陵江苏)立足"做精滚装"的战略定位,先后接获日本NYK公司、新加坡EPS公司和日本Kline公司多艘车滚船,产品进入世界顶级汽车滚装船船东合作朋友圈，2021年手持滚装船订单总吨占全球细分市场份额35.1%，继续排名第一。招商局金陵鼎衡化学品船主要销往瑞典、挪威、荷兰、法国、瑞士、德国等欧洲发达国家，同时搭配招商工业三大研究院及德他马林在创新设计上的优势，为全球客户提供全方位、高标准、高品质的特种船舶建造需求。根据Clarkson 2020年数据，公司世界中小型化学品船在手订单量排名第一，全球占比9.58%。

6.2.6　组织保障水平

1. 组织领导有力

在江苏省工信厅领导下，南通市、泰州市、扬州市工信局积极承担集群发展促进机构职能，为促进集群发展、提升集群集体效率发挥了重要作用。充分发挥集群发展促进机构牵头、协调、组织作用，建立联动机制，形成集群工作常态化联系机制，定期召开会议，共同解决集群培育相关问题等，制订工作计划，细化项目建设、平台建设、公共服务等主要工作任务分工及进度安排，有序推进集群培育。

集群层面，以集群发展促进机构建设为抓手推动集群管理方式创新。集群培育过程中不断深化"放管服"改革，优化政府部门及园区管委会等行政管理权限，以集群发展促进机构建设为切入点，推动集群管理与培育方式创新。发挥集群发展促进机构的组织和媒介作用，搭建集群信息交流平台，促进企业、科研院所和中介组织等围绕产业链、创新链和价值链形成集群创新网络。在集群发展过程中，注重发挥财政资金的引导和杠杆作用，撬动更多社会资本支持集群发展，共享集群发展红利。

2. 工作推进机制精准

一是发挥集群促进机构作用，加强行业研究、规划管理咨询服务，对集群发展现状进行精准深入分析，明确集群发展主攻方向、关键环节和突破点，提高政策制定的针对性、实效性，推动集群培育工作有序开展。

二是发挥集群所在地主导产业推进机制作用，在江苏省工信厅领导下，南通、泰州、扬州重点支持海工装备及高技术船舶产业发展，成立推进机制，具体落实相关工作。此外，根据江苏省工信厅《江苏省海工装备和高技术船舶集群培育实施方案》，提高共识，加强顶层规划，引导集群区域错位发展，注重产品结构的协调，实现区域功能分工互补，共同推进南通市、泰州市、扬州市海洋工程装备和高技术船舶集群的创新发展。

3. 集群企业交流合作畅通

建设市场和技术信息公共服务平台、技术成果交易平台和创新创业融资平台，促进行业交流合作和协同发展。组建技术创新联盟及专家队伍，支撑船舶产业的转型升级发展，提升智能船舶、高技术船舶开发水平，加强智能制造技术推进指导，增强行业对关键重大发展项目的推进力度。组织企业开展多层面的学习、交流，紧跟国内外船企智能制造发展动态，围绕智能制造技术、装备、标准及示范应用等，不断吸收新技术、新理念，加强试验示范和经验交流，推动行业共同转型升级发展。

4. 组织实施方案完善

海工装备和高技术船舶先进制造业集群被江苏省列入重点培育计划，省工信厅给予重点支持。设立船舶和海洋工程装备产业发展基金。南通市支持集群企业发展的各类资金每年在 4 000 万元左右，泰州市和扬州市也在积极支持集群产业的发展。集群进一步汇聚各地产业政策，在工业、科技、技改、人才、市场等相关政策方面对集群主导海洋工程和高技术船舶产业给予重点支持。

5. 专业人才引进培养

针对高技术船舶产业，研究出台高技术船舶专业人才提升专项，加大对关键领域科技领军人物和团队的倾斜力度；探索实施针对性政策,尽快扭转研发人员加速流失的困境;加强本土企业家培育,拓宽国际视野,提升发展能力。鼓励船舶企业、科研院所与国外相关机构开展联合设计、技术交流合作和人才培养。鼓励船舶企业采取团队引进、核心人才引进、项目引进等方式吸引海外高端人才。提高高技术船舶产业教育水平。鼓励在泰州市的高校增设相关专业,或通过与江苏科技大学联合办学,培育船舶海工类技术研发人员;深化职业教育产教融合,推进校企精准对接与精准育人,支持高级技术工人培育及新技术岗位设立。

参考文献

[1] 魏明珠,郑荣,高志豪,等.融合知识图谱和深度神经网络的产业新兴技术预测模型研究[J].情报学报,2022,41(11):1134-1148.

[2] Costa J, Matias J C O. Open innovation 4.0 as an enhancer of sustainable innovation ecosystems[J]. Sustainability, 2020, 12(19): 8112.

[3] Klimas P, Czakon W. Species in the wild: a typology of innovation ecosystems[J]. Review of Managerial Science, 2022, 16(1): 249-282.

[4] Dias Sant' Ana T, de Souza Bermejo P H, Moreira M F, et al. The structure of an innovation ecosystem: foundations for future research [J]. Management Decision, 2020, 58(12): 2725-2742.

[5] 吴向鹏.产业集群理论及其进展[J].四川行政学院学报,2003(2):51-54.

[6] 傅羿芳,朱斌.高科技产业集群持续创新生态体系研究[J].科学学研究,2004,22(z1):128-135.

[7] 王玥,丁文瑾.基于创新3.0的江苏产业集群转型升级研究[J].中国商论,2017(28):124-125.

[8] 刘珂,乔钰容.产业集群创新生态系统的进化机制研究[J].商业经济研究,2020(10):180-184.

[9] 孙小强.基于生态学视角的产业集群创新网络系统构建与分析[J].经济问题探索,2015(1):49-54.

[10] 于喜展,隋映辉.基于城市创新的产业集群生态:系统关联对接与结构演化[J].科技进步与对策,2010,27(21):56-60.

[11] 史宝娟,郑祖婷.创新生态系统协同创新合作机制研究——进化心理学视角[J].科技进步与对策,2017,34(21):16-23.

[12] 白杨敏,李炎.生态系统视角下的物流产业集群创新体系研究——以天津市为例[J].物流技术,2020,39(3):48-54,156.

[13] 郭丽娟,刘佳.美国产业集群创新生态系统运行机制及其启示——以硅谷为例[J].科技管理研究,2020,40(19):36-41.

[14] 彭晓芳,吴洁,盛永祥,等.创新生态系统中多主体知识转移生态关系的建模与实证分析[J].情报理论与实践,2019,42(9):111-116.

[15] 吴洁,彭晓芳,盛永祥,等.专利创新生态系统中三主体共生关系的建模与实证分析[J].软科学,2019,33(7):27-33.

[16] 于娱,施琴芬.产学研协同创新中知识共享的微分对策模型[J].中国管理科学,2013(s2):684-690.

[17] 王耀德,艾志红.基于信号博弈的产学研协同创新的技术转移模型分析[J].科技管理研究,2015(12):23-27.

[18] 吴洁,车晓静,盛永祥,陈璐,施琴芬.基于三方演化博弈的政产学研协同创新机制研究[J].中国管理科学,2019,27(1):162-173.

[19] 张华.协同创新、知识溢出的演化博弈机制研究[J].中国管理科学,2016,24(2):92-99.

[20] 陈劲,阳镇.融通创新视角下关键核心技术的突破:理论框架与实现路径[J].社会科学,2021(5):58-69.

[21] 余峰,陈婧,童磊,等.基于专利分析的我国陶瓷薄板技术发展趋势和产业链融通创新对策研究[J].中国陶瓷,2020,56(11):39-43.

[22] 袁伟,高继平,于薇,邵英红.融通创新模式及其支撑体系构建——荷兰人工智能创新中心对我国人工智能领域发展的启示[J].科技进步与对策,2020,37(17):1-8.

[23] 崔维军,孙成,陈光.距离产生美?政企关系对企业融通创新的影响[J].科学学与科学技术管理,2021,42(6):81-101.

[24] 方莹莹,刘戒骄,曹若楠.开放式协同创新系统中企业融通创新的演化机理——基于知识共享的多个进化博弈模型分析[J].经济问题探索,2020(9):171-180.

[25] 陈卫东,李晓晓.企业与科研单位协同创新产出水平提升机制[J].系统工程理论与实践,2017,37(8):2141-2151.

[26] Meyer, David A. Quantum strategies[J]. Physical Review Letters, 2012, 82(5):1052.

[27] Eisert J, Wilkens M, Lewenstein M. Quantum games and quantum strategies[J]. Physical Review Letters, 1999, 83(15):3077.

[28] Marinatto L, Weber T. A quantum approach to static games of complete information[J]. Physics Letters A, 2000, 277(3):183-184.

[29] Du J, Li H, Xu X, et al. Experimental realization of quantum games on a quantum computer[J]. Physical Review Letters, 2002, 88(13):137902.

[30] 黄德才,汤胜龙.基于网格的量子博弈聚类算法[J].计算机科学,2014,41(10):261-265.
[31] 郑君君,张平,蒋伟良,等.面对异质竞买者风投退出困境与量子博弈均衡[J].管理科学学报,2015,18(4):62-72.
[32] Li Y, Zhao Y, Fu J, et al. Reducing food loss and waste in a two-echelon food supply chain: a quantum game approach[J]. Journal of Cleaner Production, 2020, 285(12):125261.
[33] Hanauske M, Kunz J, Bernius S, et al. Doves and hawks in economics revisited: An evolutionary quantum game theory based analysis of financial crises[J]. Physica A: Statistical Mechanics and its Applications, 2010, 389(21):5084-5102.
[34] 兰立山,刘永谋,潘平.量子博弈技术化及其困境[J].科学技术哲学研究,2019,36(4):70-74.
[35] Xu M, Wang S, Hu Q, et al. Quantum analysis on task allocation and quality control for crowdsourcing with homogeneous workers[J]. IEEE Transactions on Network Science and Engineering, 2020, 7(4):2830-2839.
[36] 孙然,徐欣,刘轩,等.江苏船舶与海工装备产业"十四五"发展研究[J].江苏船舶,2022,39(2):49-52.
[37] 王海.船舶配套产品的开发与研究[C]//2008中国大连国际海事论坛论文集.2008:149-151.
[38] 张锐,唐畅唱.基于专利的船舶海工先进制造业集群发展分析[J].船舶物资与市场,2023,31(3):10-12.
[39] 卢瑾.基于专利分析的智慧农业技术发展研究[J].南方农业,2021,15(21):215-217.
[40] 曾晓光,金伟晨,赵羿羽,等.海洋开发装备技术发展现状与未来趋势研判[J].舰船科学技术,2019,41(9):1-7.
[41] 袁超.全球LNG产业发展前景及我国造船企业发展策略研究[J].船舶与海洋工程,2015,31(2):1-7.
[42] 《中国船舶报》报社.里程碑!南通中远船务"希望6号"启航[J].珠江水运,2017(3):42.
[43] 辛吉诚.旋转90°[J].中国船检,2020(3):94-96.
[44] 惠生海工成功交付世界首个浮式液化天然气生产驳船[J].中国船检,2017(8):108.
[45] 刘威.ZY船务集团(NT建造基地)战略发展方向选择研究[D].南京:南京大学,2016.

[46] 贾杉杉,刘畅,孙连英,等.基于多特征多分类器集成的专利自动分类研究[J].数据分析与知识发现,2017,1(8):76-84.

[47] 汪明月,李颖明.多主体参与的绿色技术创新系统均衡及稳定性[J].中国管理科学,2021,29(3):59-70.

[48] 吴洁,王建刚,张运华,等.技术创新联盟中知识转移价值增值影响因素的实证研究[J].中国管理科学,2014,22(S1):531-538.

[49] 苏媛,李广培.绿色技术创新能力、产品差异化与企业竞争力——基于节能环保产业上市公司的分析[J].中国管理科学,2021,29(4):46-56.

[50] 郭秀强,孙延明.研发投入、技术积累与高新技术企业市场绩效[J].科学学研究,2020,38(9):1630-1637.

[51] 梁浚朝,黄志霖,林耿阳.战略双元视角下研发投入对企业绩效影响研究[J].区域金融研究,2021(2):74-82.

[52] 游达明,李志鹏,杨晓辉.高新技术企业创新网络能力对创新网络绩效的影响路径[J].科学学与科学技术管理,2015,36(2):70-82.

[53] 邓渝.资源整合对突破性创新的影响研究——联盟伙伴竞争的调节作用[J].管理评论,2019,31(11):71-79.

[54] 徐梦周,王祖强.创新生态系统视角下特色小镇的培育策略——基于梦想小镇的案例探索[J].中共浙江省委党校学报,2016,32(5):33-38.

[55] 邓丽红,黄佳颖,何净.关系资本对企业创新绩效的影响研究——供应链协同的中介效应[J].技术与创新管理,2021,42(2):183-189+204.

[56] Dagnino G B, Levanti G, Mina A, et al. Interorganizational network and innovation: a bibliometric study and proposed research agenda[J]. Journal of Business & Industrial Marketing, 2015, 30(3/4):354-377.

[57] 李亚.企业网络动态能力与技术创新绩效关系研究[D].杭州:浙江理工大学,2012.

[58] 杨玄酯,罗巍,唐震.中国水电工程企业"走出去"商业生态系统机制研究[J].管理案例研究与评论,2020,13(6):617-630.

[59] 李金生,卞曰瑭,刘利平.知识生态关系对高新技术企业自主创新的价值共创绩效影响研究[J].江苏社会科学,2020(1):107-116.

[60] 吴增源,周彩虹,易荣华,等.开放式创新社区集体智慧涌现的生态演化分析——基于知识开放视角[J].中国管理科学,2021,29(4):202-212.

[61] 欧忠辉,朱祖平,夏敏,陈衍泰.创新生态系统共生演化模型及仿真研究[J].科研管理,2017,38(12):49-57.

[62] 叶斌,陈丽玉.区域创新网络的共生演化仿真研究[J].中国软科学,2015(4):86-94.

[63] 赵坤,郭东强,刘闲月.众创式创新网络的共生演化机理研究[J].中国软科

学,2017(8):74-81.
[64] Mantovani A, Ruiz-Aliseda F. Equilibrium innovation ecosystems: The dark side of collaborating with complementors[J]. Management Science, 2016, 62(2):534-549.
[65] 吴洁,彭星星,盛永祥,李鹏,施琴芬.基于动态控制模型的产学研知识转移合作博弈研究[J].中国管理科学,2017,25(3):190-196.
[66] 曾赛星,陈宏权,金治州,苏权科.重大工程创新生态系统演化及创新力提升[J].管理世界,2019,35(4):28-38.
[67] Adner R, Kapoor R. Value creation in innovation ecosystems: How the structure of technological interdependence affects firm performance in new technology generations[J]. Strategic management journal, 2010, 31(3):306-333.
[68] 李健,余悦.合作网络结构洞、知识网络凝聚性与探索式创新绩效:基于我国汽车产业的实证研究[J].南开管理评论,2018,21(6):121-130.
[69] 迟嘉昱,孙翎,刘波.网络位置、技术距离与企业合作创新——基于2003—2013企业专利合作数据的研究[J].科技管理研究,2015,35(22):22-25,31.
[70] Van Rijnsoever F J, Van Den Berg J, Koch J, et al. Smart innovation policy: How network position and project composition affect the diversity of an emerging technology[J]. Research policy, 2015, 44(5):1094-1107.
[71] Zobel A K. Benefiting from open innovation: A multidimensional model of absorptive capacity[J]. Journal of product innovation management, 2017, 34(3):269-288.
[72] Tatarynowicz A, Sytch M, Gulati R. Environmental demands and the emergence of social structure: Technological dynamism and interorganizational network forms[J]. Administrative Science Quarterly, 2016, 61(1):52-86.
[73] 杨张博.网络嵌入性与技术创新:间接联系及联盟多样性如何影响企业技术创新[J].科学学与科学技术管理,2018,39(7):51-64.
[74] 曾德明,王馨翊,戴海闻,赵胜超.网络关系强度、技术多元化与企业产品创新战略[J].科技进步与对策,2020,37(2):82-88.
[75] 杨萍,王闽,朱礼龙.基于Lotka-Volterra模型的企业专利竞争分析[J].情报杂志,2015,34(12):85-90.
[76] 李凯,安实,王成亮,朱晓霞.基于Lotka-Volterra生态模型的企业知识传播竞争机制研究[J].研究与发展管理,2018,30(3):75-84.
[77] 张芳,蔡建峰.基于政府支持的军民合作技术创新演化博弈研究[J].运筹与管理,2021,30(2):8-15.

[78] 张陈俊,俞夏蕾,涂俊玮,庞庆华.供应链企业技术创新投入的演化博弈[J].统计与决策,2020,36(21):163-167.
[79] 杨国忠,陈佳.企业突破性技术创新行为研究——基于前景理论的演化博弈分析[J].工业技术经济,2020,39(5):57-64.
[80] Kim, Kim. Who are the most effective R&D partners for different types of product innovation? Evidence from South Korean manufacturing firms [J]. Applied Economics Letters, 2020, 27(1): 58-61.
[81] Wei J, Wang C. Improving interaction mechanism of carbon reduction technology innovation between supply chain enterprises and government by means of differential game[J]. Journal of Cleaner Production, 2021, 296: 126578.
[82] Deng Y, D You, Zhang Y. Research on improvement strategies for low-carbon technology innovation based on a differential game: The perspective of tax competition[J]. Sustainable Production and Consumption, 2021, 26(4): 1046-1061.
[83] 苏妮娜,朱先奇,史竹琴.技术共享对科技型中小企业协同创新联盟稳定性的影响[J].工业工程与管理,2020,25(2):118-124.
[84] 王凤莲,赵骅.技术创新对集群双寡头 Bertrand 竞争均衡的影响分析[J].管理工程学报,2018,32(1):66-70.
[85] Amir R. Modelling imperfectly appropriable R&D via spillovers [J]. International Journal of Industrial Organization, 2000, 18(7): 1013-1032.
[86] 赵凯,王健.产品差异与技术差距影响研发溢出的理论探讨——基于企业竞争合作策略视角[J].科技进步与对策,2019,36(1):28-35.
[87] 蔡猷花,杨志鸿,杜玲.考虑网络位置的企业研发竞争博弈分析[J].软科学,2021,35(3):69-75.
[88] Burt R S. Structural Holes: The Social Structure of Competition[J]. The Economic Journal, 1994, 40(2).
[89] 张伟,仲伟俊,梅姝娥.伯川德竞争下的混合寡头研发投入[J].系统管理学报,2016,25(4):705-710.
[90] 汪勇杰,陈通,邓斌超.政府补贴机制下研发外包的演化博弈分析[J].管理工程学报,2017,31(2):137-142.
[91] Porter M E. Clusters and the new economics of competition[J]. Harvard business review, 1998: 77-90.
[92] MOORE J F. The death of competition: leadership and strategy in the age of business ecosystems[J]. (No Title), 1996.
[93] 罗发友,刘友金.技术创新群落形成与演化的行为生态学研究[J].科学学

研究,2004,22(1):99-103.
- [94] 蔡朝林.网络环境下产业集群生态系统竞争优势及政策效应研究[D].广州:华南理工大学,2019.
- [95] OECD. Publishing. Handbook on deriving capital measures of intellectual property products [M]. Organisation for Economic Cooperation and Development (OECD), 2000.
- [96] 颜永才.产业集群创新生态系统的构建及其治理研究[D].武汉:武汉理工大学,2013.
- [97] Gulati R, Singh H. The architecture of cooperation: Managing coordination costs and appropriation concerns in strategic alliances[J]. Administrative science quarterly, 1998: 781-814.
- [98] 沈青.区域产业集群与企业技术创新的协同互动思考[J].科学管理研究,2005,23(3):6-9.
- [99] Casciaro T, Piskorski M J. Power imbalance, mutual dependence, and constraint absorption: A closer look at resource dependence theory [J]. Administrative science quarterly, 2005, 50(2):167-199.
- [100] Cohen W M, Levinthal D A. Absorptive capacity: A new perspective on learning and innovation [J]. Administrative science quarterly, 1990: 128-152.
- [101] Gulati R, Sytch M. Dependence asymmetry and joint dependence in interorganizational relationships: Effects of embeddedness on a manufacturer's performance in procurement relationships [J]. Administrative science quarterly, 2007, 52(1): 32-69.
- [102] 刘鸿宇,杨彩霞,陈伟,等.云计算产业集群创新生态系统构建及发展对策[J].求索,2015(11):82-87.
- [103] 孟猛猛,雷家骕,焦捷.专利质量、知识产权保护与经济高质量发展[J].科研管理,2021,42(1):135-145.
- [104] 杨思思,戴磊,郝屹.专利经济价值度通用评估方法研究[J].情报学报,2018,37(1):52-60.
- [105] Yao L, Mao CS, Luo Y. Graph Convolutional Networks for Text Classification [C]. Association for the Advancement of Artificial Intelligence Conference on Artificial Intelligence(AAAI), Hawaii, 2019: 7370-7377.